현상학이란 무엇인가

GENSYOGAKU TO WA NANIKA

by Yoshihiro NITTA

현상학이란 무엇인가

후설의 후기 사상을 중심으로

닛타 요시히로
박인성 옮김

도서출판 b

| 일러두기 |

- 원문에서 강조점이 찍힌 부분은 고딕체로 표기했다.
- [ ] 안에 있는 말은 옮긴이가 넣은 것이다.

학술문고판 서문

초판(기노쿠니야紀伊國屋 신서新書)이 1968년에, 신장판新裝版이 1979년에 상재된 바 있는 본서가 이번에 다시 학술문고의 한 책으로서 간행되게 되었다. 신장판의 서언에서도 언급했지만, 현상학은 현대의 학문으로서 '부단히 생성해 가고 있는 학문'이라는 것을 이번에도 다시 확인해두고자 한다.

금세기 초두 이래 현상학적 사유의 걸음은 금세기를 관통하는 사상의 하나로서 독자적인 변모를 이루면서 오늘날에 이르고 있다. 본서를 썼을 당시 마침 E. 후설 유고의 간행이 시작되고 이에 기초하는 연구가 개시되고 있었다. 철학 전반에서 보면, 점차로 전후戰後 사상의 혼미에서 벗어나고, 근대 과학 문화의 문제점에 대한 반성이 재차 본격적으로 개시되던 시기이다. 그 때문일까, 후기 후설이 남긴 작업, 특히 근대 과학의 객관주의에 대한 비판과 생활세계에 대한 물음, 후기 시간론의 분석 등이 막 큰 주목을 받으려던 참이었다.

그 후 현상학 연구는 동서양을 불문하고 점차로 높이와 넓이를 보여주고 많은 탁월한 연구자를 배출하면서, 현대 철학의 문제들과 씨름하게 되었다. 미리 말해두지만, 본서 간행 이후 후설의 상호주관성에 관한 대부분의 유고가 간행되고, 이는 오늘날에 보이는 타자 문제의 논의를 당기는 방아쇠가 되었지만, 본서에서는 이 문제를 다루지 않았다. 또한 현대 사상의 생명론적 관심이 전개되면서 재차 부상하고 있는 목적론을 둘러싼 논의도 당시에 현상학 쪽에서는 아직 충분하게 진행할 수 없었다. 그 때문에 타자론과 목적론에 관련해서는 후에 다시 주제로 채택해서 논해야 하겠지만, 그러나 후자와 관련해서는 이미 본서의 최후 대목에서 경험의 근저에 살아 있는 자연의 활동으로서 논하고 있거니와, 지금 다시 읽어보아도 문제의 방향은 틀리지 않았다고 생각된다.

마지막으로 언급해두고 싶은 것이 있는데, 현상학은 금세기와 함께 걸어온 학문이니만큼 그 대표적인 창설자나 계승자들, 후설은 물론이고 하이데거・사르트르・메를로-퐁티와 같은 사람들을 필두로 해서 이 사상에 깊이 관련되어 있고 본서 집필 당시에 아직 왕성하게 활동하고 있었던 철학자들의 대부분이 이미 사망했다. 개인적 관계로 보면, 일본의 현상학 연구에 기초를 부여하고 둘도 없는 공헌을 한 은사 미야케 고이치三宅剛一 선생님을 위시해서 본서에서도 자주 인용되는 후설의 고제 E. 핑크, L. 란트그레베 두 교수도 이미 별세했다. 새로운 판의 간행을 맞아 이 선배 제현을 향한 감사의 마음이 더욱 깊어오는 것을 금할 길이 없다. 그러나 동시에 내외를 불문하고 많은 연구자가 탄탄하게 육성되고 있는 현실을 보면서 금후 이 학문이 더욱더 깊어지기를 진심으로 기대하는 바이다.

마지막으로 본서의 신판을 맞이해서, 추천의 호의를 베풀어준 이즈츠 도시히코井筒俊彦 선생님께 깊이 감사드리고, 또 여러모로 보살펴주신 우다가와 마사토宇田川眞人 씨께도 진심으로 감사드린다.

1992년 5월 마지막 날

닛타 요시히로新田義弘

| 차 례 |

제2장 발생적 현상학이란 무엇인가? _ 61

제3장 인간존재의 문제 _ 97

제4장 현대의 현상학적 존재론의 문제 _ 125

제5장 최후의 사상적 경지 _ 151

머리말

오늘날 서독, 프랑스, 벨기에 등을 중심으로 하는 서구의 사상권역 내부에서, 현상학적 운동의 이름으로 불리고 있는 철학의 새로운 움직임을 찾아볼 수 있다는 것은 철학에 관심을 품고 있는 사람이라면 누구나 알아차릴 수 있을 것이다. 이 철학적 사상운동에 동기를 부여하고, 그 기반이 되고 있는 것은 말할 나위도 없이 에드문트 후설의 현상학이다. 후설의 현상학은 이미 금세기가 시작된 이래 그를 중심으로 해서 형성된 현상학파에 속하는 사람들의 작업과 함께, 한 시기를 긋는 철학상의 이론으로 평가되었고, 전전戰前의 일본에도 소개되어 있었다. 그러나 제2차대전을 전후로 하는 시기에 그의 현상학은 시대의 사상적 조류를 어떤 의미에서 대표하던 실존철학의 그늘에 완전히 가려졌고, 실존철학의 진영으로부터 그들의 주장에 방법론적 기반을 부여한 것으로밖에 평가받지 못했다. 그런데 오늘날 실존철학의 내적 변모나 그 사상적 에네르기의 쇠퇴와 때를 같이해서, 재차 후설의 현상학이 주목되어 점차 시대의 각광을 받게 되었으니, 지금이야말로 후설 르네상스(H. 바그너)구나 하는 생각을 드러내기 시작하고 있다.

그 이유는 어디에 있는 것일까? 우선 첫째로 본질적인 이유로서 현상학이 단순히 방법론에 머무는 것이 아니라, 서구 형이상학의 역사에서 본질적 사건이라는 것을 알아차리기 시작했다는 점을 지적할 수 있겠다. 즉, 철학의 운명을 결정하는 엄청난 사건이 거기서 발견되고 있었다고 말해도 좋을 것이다. 둘째 이유로 들 수 있는 것은 풍부한 미공개 자료가 간행되기 시작하고, 점차로 후설에 대한 본격적 연구가 가능해지기 시작했다는 사실이다. 후설이 써서 남긴 방대한 양에 달하는 초고(약 4만5천 쪽에 미치는 속기 수고나, 거의 1만 쪽의 전사본轉寫本)는 후설이 병사한 해(1938년 4월)에 반 브레다Van Breda의 손에 의해 벨기에 루뱅 대학으로 옮겨져, 거기에 설립된 후설 문고에 보관되어 오늘날까지 잘 보존되어 왔는데, 전후戰後 네덜란드의 나이호프Nijhof 서점에 의해 정리가 끝난 초고가 정밀한 원전 주해가 붙여져서 차차 간행되어, 후설 저작집(Husserliana, Bd. I -Bd.XI은 이미 간행됨)으로 세상에 공개되고 있다. 이러한 자료가 공개됨으로써, 이제까지 그다지 알려져 있지 않았던 후설의 후기 작업이 차례대로 모습을 나타내기 시작하고, 그 너무나도 문제적인 사상이 사람들에게 충격을 주게 되었던 것이다.

오늘날 후설 연구나 이를 중심적 위치에 놓는 현상학적 운동은 더 이상 이전의 현상학파가 남긴 연구와는 비교가 되지 않을 정도로 사상의 차원이 깊어졌고, 또 연구 범위가 넓어졌으며, 그 규모도 크다. 무엇보다도 현상학이 갖는 의의가 전혀 달라졌다. 전후의 후설 연구는 후설의 만년에 그의 조교로 근무하고, 또 후설 문고 설립 직후 유고의 해독과 정리를 맡았던 L. 란트그레베, E. 핑크 두 교수를 중심으로 해서 주로 후설문고 관계의 현상학자들의 손에서 개시되었다. 그들은 한편으로는 후설의 만년 사상으로 이끌려가고, 다른 한편으로는 M. 하이데거, 특히 전회Kehre 후의 하이데거의 존재의 사상에 촉발되어, 후설 연구를 통해서 '현상학'의 정체를 깊이 생각하게 되었다.

다른 한편, 후설의 후기사상으로 관심을 유도하는 역할을 수행한 것은, 프랑스의 지금은 살아 있지 않은 M. 메를로-퐁티의 『지각의 현상학』이었다. 이 저작은 전전戰前 하이데거의 『존재와 시간』에 의해서, 또한 전후戰後 J. P. 사르트르의 『존재와 무』에 의해서 각각의 방식으로 고정화되고 결정적인 것이 되어 걸려 있었던 후설의 상像을 파괴하는 역할을 수행했다.

이상 서술한 바와 같이 오늘날의 현상학적 운동은 무엇보다도 후기 후설에 관한 연구를 기초로 해서 출발하고, 끊임없이 그것에 의해 매개되고 있다. 현상학적 연구가 점차 활발해지고 본격적인 높이를 보여주고 있다는 증거는 자주 개최되고 있는 현상학 국제대회의 보고들이나, 『현상학 총서 *Phaenomenologica*』 및 『현상학적 심리학적 연구 총서』를 필두로 하는 연구 문헌의 엄청난 간행과 그 수준의 높이에서 발견될 수 있는데, 이 연구들도 역시 후기 후설에 직접적 또는 간접적으로 관련되어 있는 연구라고 보아도 지장이 없을 것이다. 그러나 전전은 어떻든 전후 일본에서는 후기 후설에 관한 연구 문헌을 찾아본다면 겨우 한두 책을 헤아릴 수 있을 뿐이다. 이런 사정 때문에 한 번 후설의 후기 현상학의 문제적 성격을 일반에게 공개해둘 필요를 통감했던 것이다.

본서는 이미 간행된 후설의 저작집이나 연구 문헌을 기초로 해서, 후설이 그의 만년에 당면했던 문제 상황 속으로 들어가, 의식과 존재, 인간과 이성, 사물과 세계, 과학과 경험, 자아와 시간 등의 근본 문제를 해명해 가면서, 현상학이 도달한 경지를 그려내고, '현상학이란 무엇인가' 하는 물음에 답하고자 하는 의도를 갖고서 작성된 것이다. 따라서 후설의 저작 전체에 걸쳐서 해설을 시도하고자 하는 것이 아니라, 왜 오늘날 후설의 현상학이 현대의 사상 상황에서 파문을 던지고 새로운 철학의 방향을 시사하는가 하는 문제를 새로운 자료를 통해서 탐구해보고자 하는 것이다. 그렇게 함으로써 철학이 오늘날 당면해 있는 과제가 다소라도 명확해진다면 다행이라고 생각한다.

서장　현상학의 출발 입장

1. 의식으로 향한 존재의 물음

후설의 현상학은 그의 해석자 또는 계승자인 현상학자들에 의해서도, 그에게 비판적인 비현상학자들에 의해서도, 실로 여러 가지로 해석되는 형태를 띠고 있을 뿐만 아니라, 현상학 자체가 그 발전의 각 시기에 점차 모습을 바꾸어 갔기 때문에 어떤 시기의 현상학에 초점을 두느냐에 따라서 '현상학이란 무엇인가' 하는 물음에 대한 답도 그때마다 변하지 않을 수 없는 양상을 노정하고 있다. 현상학의 정체를 확인하기 어렵게 하는 이유로, 전전에 간행된 후설의 저작들이 모두 서론에 지나지 않았다는 점, 또 각 저작 상호 간에 전체적인 것을 발견할 수 있게 하는, 정합적 또는 체계적인 정리를 행할 수 없었던 점이 자주 지적되고 있다. 앞의 이유는 지금은 점점 통용되고 있지 않지만, 그 후 계속 간행되고 있는 저작들이나 초고들(1)

에 대해서는 여전히 그 상호 간의 정합적 정리를 기대하기 어려운 면이 있다. 그뿐 아니라, 대체로 같은 시기에 서술된 저작 간에도 대립된 견해, 모순된 방향이 발견되어 이것이 연구자들 간에 여러 논의를 유발하고, 현상학을 이해하기 어렵게 하는 점이 새삼스럽게 통감되고 있다. 현상학을 이해하기 어렵게 하는 점은 전전의 출판 사정이나 그 밖의 외적 사정에 기인하는 것이기도 하지만, 결국 현상학 고유의 성격에 귀착하는 것 같다. 후설은 모든 선입견을 배제하고 사상事象에 즉해서 사상을 주시해 가는 현상학적 연구의 자세를 시종 계속해서 보전하고, 형이상학적 사유에 의해 체계적 구축을 시도하는 일을 엄격하게 거부함으로써 자기의 연구 성과에 공허한 사변적 해석이 개입하는 것을 허용하지 않았다. 후설을 이해하기 어려운 것은 이러한 자각적 자세 때문만이 아니라 그의 충동적이라고도 말할 만한 분석의 꾸준한 전진이, 그가 걸은 뒤에 남긴 엄청난 분석의 성과를 그 전 범위에 걸쳐서 되돌아보고 그 의의를 체계적으로 다시 묻는 충분한 여유를 스스로에게 주지 않았기 때문이기도 하다. 또 역으로 후설은 현상학적 구상을 끊임없이 미래로 기투하고 있었기 때문에, 프로그램적인 자기해석의 형태로 전체가 이념적으로 체계화되었고, 그 결과 자기해석과 분석의 성과 간에 항상 어떤 엇갈림이 계속해서 생겨나고 있었다. 또한 분석이 진행되는 도정에 이전의 분석의 성과가 항상 분석적으로 해체되어 보다 근원적인 차원에서 재검토되었는데, 이렇게 고정된 성과를 원리적으로 허용하지 않았던 데서도 사정을 복잡하게 하는 하나의 원인을 발견하는 것이 가능하다. 이러한 착종된 사상의 전개 속으로 들어가서, 그 속에서 일관된 내적 정합성을 발견하는 일이 현상학의 연구에 부과되고 있다는 것은 말할 나위도 없지만, 보다 어려운 문제는 이 착종된 문제론적인 의미를 풀어내는 것이다. 그것은, 우선 분석의 길과 그 성과의 의의를 규명하려는 기도가 과연 현상학 속에서 양립할 수 있는가 어떤가, 만약 양립할 수 있다면 어디에서 그 가능성을 구해야 하는 것인가 하는 물음을 유발하고, 나아가 현상학적 분석이 최후에 도달한 경지가 예사로운 것이 아니라 거기서 엄청난 사건이 고해지고 있다는 것에서 이러한 분석의 성과의 의의를 규명하는 문제가 새삼스럽게 논의되어야 했던 이유를 발견하는 것일 터이다.

우선, 현상학을 이해하기 위한 준비로서, 후설의 현상학적 구상과 그것에 도입된 분석 속에 철학으로서의 어떤 기본적인 상정이 포함되어 있는가에 대해서 서술해두고자 한다.

후설의 현상학은 여러 가지 규정을 받았지만, 일반적으로 '의식의 본질학'이라든가, '구성적 주관성의 학'이라는 규정이 수용되고 있다. 이에, E. 핑크가 지적하고 있는 바와 같이, '의식'이라든가, '지향성', '구성적 생'과 같은 개념에 현혹되어 현상학 내부에서 활동하고 있는 지극히 중대한 물음이 의외로 간과되는 일이 많은 것이다. 그 때문에 '의식의 학'이라든가, '주관성의 학'이라고 하는 규정에 이르기까지, 현상학이 철학으로서의 근본 문제를 어떤 차원에서 발생하게 하는가를 발견해둘 필요가 있을 것이다. 철학의 물음이라 하는 것이, 항상 자기자신을 철저하게radikal 물을 때까지 묻고, 자기의 근거를 스스로 조명하고, 자기자신을 궁극적 근거로부터 기초지어 가는 물음이라고 한다면, 후설의 현상학도 역시 이 물음을 캐물어 가는 진정한echt 철학이었다고 말할 수 있다. 중요한 것은 어떤 형태로 어떤 상황으로부터 이 물음을 전개해 갔는가 하는 것이다.

현상학에서는 일상성이라 하는 개념을 중시하고 있다. 일상성이란, 우리 인간이 평소 우리를 둘러싸고 있는 여러 존재자와 친숙한 가운데 존재자를 확실히 거기에 있다고 하는 자명성 속에서 의식하면서, 존재자와 교섭하고 있을 때의 우리의 존재방식을 나타내는 개념이다. 존재자는 항상 잘 알려져 있는 것Bekanntes이고, 친숙한 것Vertrautes이고, 자명한 것이다. 이러한 일상성과 달리 존재자를 학적으로 취급하는 과학적 태도도 또한 이러한 존재자와 만나는 방식을 본질적으로 넘어서는 것은 아니지 않을까? 존재자가 실증과학의 대상이 될 때 존재자의 영역은 제한되고 국한되고 있는 것이므로, 실증과학은 개별과학으로 제한된 학學이지 않을 수 없다. 그런데 존재자의 '무엇인가'란 점에서 분지화分肢化되어 있는 존재자의 영역은 실증과학에 의해서 구분된 것이 아니라, 이미 결정된 것으로서 실증과학에게 미리 주어지고 있다. 그런 의미에서 과학은 이미 정립된 것을 전제로 하고 있다. 실증과학자는 그 연구 대상인 존재자에 대해서 그 존재자의 존재가 무엇인지를 묻지 않는다. 실증과학은 이미 선과학적 인식에서 성립하고 있는 지식을 학적 인식을 통해서 완성하는 것이기에, 존재자의 이념Idee은 실증과학에게는 부동의 전제가 되어 항상 그 숨겨진 지반을 형성하고 있다. 그런 한에서 실증과학은 비록 과학이라 할지라도 '존재자'의 존재와 관련해서 선과학적인 일상성을 넘어서는 것이 아니다.

존재자의 존재와 의미에 대한 물음은 존재자에 친숙해 있는 일상적 태도를 돌파함으로써 성립한다. 핑크는 이 돌파는 이 물음을 알아차릴 때 '경이'로 체험된다고 하면서, 예로부터 철학의 시작으로 여겨져 있었던 '경이'라고 하는 인간의 내적 체험을 여기서 발견하고자 하고 있다.(2) 어쨌든 이 돌파에 의해서 모든 학적 인식이나 일상적 행동을 받치고 있던 확고한 지반이 흔들리고, 이제까지 자명하다고 생각되고 있었던 것이 어둠에 떨어지며, 문제없이 성립하고 있었던 것이 물음에 붙일 만한 것으로 전화한다. '경이'라고 말할 수 있는 이 역전은 물론 개개의 존재자와의 교섭의 좌절이라든가, 이로부터 일어나는 의심 등과 동등시되어서는 안 된다. 즉, 그것은 존재자에 대한 일반적 이해의 좌절이고, 존재자 전체를 새롭게 이해하는 새로운 지식의 탄생이며, 단순한 개별적 실증과학에 의해 설명된 전체적 이론과는 차원을 달리하는 보편적universal 세계-지知의 발생을 의미하는 것이어야 한다. 이것이야말로 후설에게 있어서 활동하고 있었던 존재자의 존재와 의미에 대한 물음이고, 이 존재의 물음이 현상학 전체의 방향을 규정하는 근본적 물음으로서 현상학을 동기부여하고 있다는 것을 간과해서는 안 된다. 이 존재의 물음을 캐묻기 위해 의식이 주제화되어 있는 것인데, 이에 대해서 핑크는 다음과 같이 서술하고 있다. "철학이라는 의미에서 현상학을 이해하는 일은 존재 문제가 의식의 주제론의 지평으로서 어떤 폭에 걸쳐서 인식되는가와 관련되어 있다."[3]

그렇다면 존재의 물음이 어떻게 해서 의식의 주제화로서 전개되기에 이르렀던 것일까? 후설은 '사상事象 그 자체로'Zu den Sachen selbst!라는 유명한 연구 격률을 내세웠는데, 이 표어는 방법론적 격률 이상의 것을 의미하고 있다. 이 표어에는 존재자를 어떠한 선입견도 없이 직시하고, 있는 그대로 주시해 간다고 하는 의미에서 사상事象으로의 귀의가 설파되고 있다. 그렇다고 한다면, 항상 존재자를 자명한 것으로, 미리 이미 규정된 것으로 받아들이고 있는 일상적 태도에서는 '존재자란 무엇인가' 하는 물음은 봉쇄되고, 따라서 존재자의 존재와 의미로 직접적으로 접근하는 통로가 막혀 있을 것이다. 하이데거적인 표현이 허용된다면, '존재에서 멀어짐'에 놓여 있다고 말해야 할 것이다. 후설은 일상적 태도를, 의식된 것에 소박하게 향해 있지만 오히려 존재자와 간접적인 관계에 있는 태도로 간주하고, 이를 자연적 태도라고 부르고 있다. 자연적 태도로 계속해서 살아가는 한, 모든 '사물'은 습관적으로 실체적으로 파악되고, 여러 가지 선입견을 통해서 사물과의 교섭이 진행되어 간다. 자연적 태도에는 습관성이나 전통성이라고 하는 현상이 활동하고 있는 것이다. 학문적 태도도 또한 이러한 습관성에 지배되어, 전全 존재를 일정한 시점에서 방법적 편견을 갖고 일의적으로 해석해 가는데, 이러한 습관성의 축적 하에 전통이라 하는 불투명한 태도가 존속하게 된다. 이 습관이나 전통이 자연적 태도가 갖는, 존재자와의 근원적 가까움을 망각하는 일을 차차 결정적인 것으로 만들어 가는 것이다. 이렇게 해서, 일체의 선입견을 거부하고자 내세웠던 '사상 그 자체로'라는 후설의 교계敎誡는 존재자와의 가까움을 발견하기 위해 시향視向의 근본적 변혁이 필요하다는 것을 자각한 철학적 인식에서 출발한 언어라고 보아야 한다. 그런데 이와 같은 철학적 인식에 의해 존재자에 대한 인간의 가까움을 손에 넣기 위해서는, 인간 인식의 원초적 상태의 이념을 철학적으로 기투하지 않으면 안 된다. 바꿔 말하면, 존재자의 원초적 상태에 대한 지식의 원초적 형태를 형성해서, 존재자에 대한 지적인 가까움으로 다가간다고 하는 방법이 취해져야 하는 것이다. 그렇기 때문에 철학적 인식은 존재자와의 교섭을 갖는 일상적 · 자연적 태도에 대해서뿐만 아니라, 존재자의 지식에 관한 실증과학에 대해서도 비판을 내리며, 종래 존재자라고 부르던 불명료한 것의 음미에 머물지 않고, 존재자에 대한 지식이나 개념의 음미를 행하는, 존재자에 대한 지식의 근원성을 묻는 근원적 학으로서 성립하는 것이다. "철학은, 인간 지식의 통일을, <실증과학의 방법론>의 형식에 의거해서 후에 거둔 성과로써 기초부여하는 것이 아니라, 존재와 지식의 연관을 선행적으로 규명함으로써 기초부여해야 하는 것이다."[4]

자연적 태도에서 활동하는 자명성 중에서 가장 근원적인 자명성은 세계의 존재타당성의 자명성이다. 존재자와의 친함의 밑에는, 존재자와 친숙한 장소로서 언제나 세계가 가로놓여 있다. 언제나 이미 거기에 있다고 하는 세계에 대한 암묵적인 이해는 세계가 전체로서 친숙하게 있다는 세계친화성을 나타내고 있다. 그런데 자연적 태도의 자명한 세계이해에는 이 태도를 살아가고 있는 인간의 자기이해의 자명성이 포함되어 있다. 인간은 여러 존재자 속에서 존재하고 있는 하나의 존재자로서, 조금도 의심하는 일 없이 자기의 존재를 이해하고 있다. 이른바 역사적 · 사회적 자기인식도 이 자명한 자기이해를 전제로 해서 성립하고 있다. 말할 나위도 없이 세계친화성 속에서 활동하는 자기친화적 자기이해에는 당연히 존재자의 존재와 의미에 대한 물음이 막혀 있다. 그렇기 때문에, 세계로 향한 소박한 귀의의 강한 일상적 힘으로부터 몸을 떼어내고 존재자와의 친함을 깨뜨려서 존재자의 존재와 의미를 열기 위해서는, 이 자연적 자기이해를 철저하게 변혁해야 한다. 왜냐하면, 자연적 태도를 극복하는 일은 이 태도를 하나의 가능한 태도로 재검토함으로써 비로소 가능하게 되기 때문이다. 그러므로 이 태도를 살아가고 있었던 자가 스스로 태도변혁을 행함으로써만, 존재자와의 친화가 깨지고 세계의 자명성이 어두운 것으로 화하며 물음에 붙일 만한 것이 된다. 이렇게 해서 존재자 전체의 존재의미에 대한 물음으로서의, 세계의 근거에 대한 물음은 자기이해의 근본변혁으로, 철저한 철학적 반성으로 행해져야만 한다. 철학적 반성은 자연적 태도에서 활동하는 습관성이나 전통성으로부터 탈각한다고 하는 상황에서 출발한다. 철학적 반성은 "사물과의 선과학적 직접적 교섭뿐만 아니라, 전통적인 철학적 인식 태도의 근저에 있는 생의 근본적 자기변혁"[5]이다. 전통적인 철학적 선입견을 타파하는 일은 이제까지의 선입견을 하나의 새로운 철학적 주장으로 교체하는 일이 아니라, 선입견 때문에 못 보고 있었던 선입견의 발생 기반을 우선 되찾고, 이 발생 기반인 자연적 태도로부터 다시 몸소 그것을 넘어서 가는 일이다. 그렇기 때문에 후설은 자연적 태도의 뿌리깊은 습관성을 극복하려는 철학적 반성을 "어떤 종교상의 회심에 비교될 수 있는 인격상의 전화"[6]라고 부르고 있다.

세계의 자명성을 극복하는 일이 자기이해를 철저하게 변혁하는 일로서 일어나는 데에는 사상적事象的인 이유도 있다. 후설은 세계의 자명성으로부터 몸을 떼어놓는 일에 이 자명성의 의식(일반정립)을 사용하지 않고, 일체의 기지성과 선타당을 보류하는 판단중지Epoché의 방법을 제창했다. 에포케에 의해 세계관심은 정지되지만, 그것은 세계를 단념하고 방기하기 위한 것이 아니라 '세계현상의 로고스를 탐구하기' 위해 즉 세계의 근거를 묻기 위해 취해지는 방법적 조치인 것이며, 이 물음은 결국 로고스로서 활동하는 '세계통각의 파악의 증시證示'로, 바꿔 말하면 주관성에 대한 물음으로 전화해 가야 한다. 거기에, 세계의 자명성을 돌파하는 일이 자기이해의 근본적인 변혁과 사상적事象的인 관련성을 갖는 이유가 있다.

또, 후설이 존재자와의 진정한 근원적 가까움인 지知를 발견하기 위해 철저한 자성自省으로 향한 데에는 보다 근본적인 이유가 있다. 그것은 후설의 현상학이 전개하는 데에 기축이 되는 근원명증Urevidenz의 이론, 바꿔 말하면 존재자의 자기능여Selbstgebung의 사상이다. 존재자의 자기능여의 사상이란, 우리가 존재자를 미리 어떤 방식으로 소유하는 것이 아니라 존재자가 자기를 내보이는 대로 그것을 규정하는 것이 존재자에 대한 원초적인 지知라고 하는 기본적인 사상이다. 하이데거가 '현상'의 개념을 '그 자신에 있어서 자기를 내보이는 것'이라고 말하고, 현상학의 개념을 '자기를 내보이는 것이 스스로 나타나는 대로 그 자신 쪽에서 보일 수 있게 하는 것'이라고 말한 것은 너무나도 유명하지만, 이 의미의 현상개념은 이미 후설의 명증 사상에서 사용되고 있었고, 현상학의 전개를 처음부터 받쳐주는 기본 상정이 되고 있었다. 핑크도 존재자의 근원적인 자기능여의 사상, 존재자가 현상으로서 스스로 나타난다고 하는 생각은 '문제론적 기투'로서 후설 현상학의 근본 가설Hypothesis이라고 단정하고 있다. 이로부터 그는 "현상성은 존재자가 진정하게 있는 것이고, 현상학은 존재자로 하여금 자기능여로 돌아가게 하는 인간적 지식의 자기근거부여이다."(7)라는 고찰을 제시하고 있다. 그렇지만 후설은 존재자의 이 자기능여에 모든 권리 원천을 인정함으로써 존재물음은 도리어 존재자의 총체성 요구의 물음이 되었고, 세계의미의 발생에 대한 물음으로 전개되어 갔는데, 따라서 이 물음은 존재와 진리의 연관의 면에서 '존재자가 있다'가 무엇을 의미하는가 하는 물음으로 제기된 것은 아니었다. 하이데거가 현상개념의 사상내용事象內容의 면에서 후설보다 일보 앞으로 나아갔다고 자부하는 점은 거기에 있다고 말해도 좋을 것이다. 후설에게 있어서 존재자의 자기능여의 사상은 존재자의 근원적인 원초적 지知의 탐구로 하여금 의식의 분석적 기술로 향하게 했던 것이다. 또 거기에, 형이상학적 선결정에 기초하면서도 형이상학적 물음을 필요 없다고 보고 이를 내버리는 후설 철학의 출발의 자세가 있었다고 보아도 좋을 것이다.

2. 지향성의 이념과 명증이론

후설의 현상학은 그의 스승 F. 브렌타노에게서 지향성의 이념을 계승하면서 성립했다. 지향성Intentionalität 개념은 본래 스콜라적 개념의 intentio에서 유래한다. '~으로 향하고 있다'란 그 의미를 '의식작용의 특성으로서' 꿰뚫어본 것은 브렌타노이다. 그럼에도 불구하고, 브렌타노는 의식의 지향성이라는 것을 끝내 말하지 않았다. 즉, 그는 각각의 의식작용이 갖는 지향적 관계만을 말하고, 이 지향성 개념을 사용해서 의식작용의 분류를 시도했다. 왜냐하면, 브렌타노는 처음부터 인식론적 실재론의 지반 위에 서서 인식론적 물음을 배제하고 있었기 때문이다. 브렌타노의 입장은, 지향적 관계의 원리적 해명을 피하고 어디까지나 지향적 관계를 이용해서 심리작용을 분류하는 기술적 심리학의 입장이었다. 그런데 후설은 지향성 개념을 통해서 인식론적 물음, 즉 대상과 작용의 합치 문제로 눈을 향함으로써 브렌타노의 문제설정을 넘어갔던 것이다.

바꿔 말하면, 후설에게 있어서 지향성은 명증의 문제로 받아들여지고 전개된 것이다. 본래적 존재자에 대한 지향적 의식은 존재자의 자기능여로서의 명증과 다른 것이 아니다. 후설의 규정에 의하면, '대상이 의식에 스스로를 줌으로써 스스로 주어진 것이 된다.' 대상 쪽에서 말한다면 대상이 의식에 적합하고자 의식 곁에 스스로 거기에 있는 것, 의식 쪽에서 말한다면 대상 곁에 '거하는 것', '임하는 것Dabeisein'이고, 대상을 그 자체에 있어서 파악하는 것이다. 지향성 개념은 의식이 어떤 것에 대한 의식이고, 의식과 의식된 것이 상관관계에 있다는 것을 나타내는데, 이는 바로 대상과 대응적·상관적 공존관계를 명증의 사상에 의해 보여주고 있는 것이다. 그렇기 때문에 명증은 '지향성의 일반적 특징'으로서 '전全 의식생에 관여하는 지향성의 본모습'을 나타내고 있다.

후설은 이 자기능여의 활동을 '직관Anschuung'이란 이름으로 부르고 있다. 그렇기 때문에 직관은 반드시 감성적 직관에 한정되는 것이 아니라 모든 의식에 공통된 명칭이다. 그러나 직관은 좁은 의미로도 쓰이는데, 자기능여 중에서도 가장 본원적인originell 직관을 근원적 명증으로 보는 경우이다. 다른 여러 의식은 이 본원적 의식에서 전화한 파생양태이고,

이로부터 명증의 단계성이 설명되고 있다. 본원적 의식이란, 존재자가 '유체적有體的/leibhaftig'으로 '스스로 거기에서' 자기를 주는 의식의 양태이다. 이 양태를 다른 전화양태轉化樣態와 구별해주는 유체성有體性이라는 능여성격은 존재자가 '자기현재적自己現在的'이라는 것을 의미하고 있다. 유체성은 대상이 '자기자신을 현재적으로 내보이는 것'이다.[8] 이 자기현재적인 본원적 의식이 좁은 의미의 직관이며, 이를 후설은 직관이 갖는 '봄'의 기능인 의미부여적 의식으로 보고 있다.

유체적인 자기 현재적 의식의 한 예는 지각이다. 지각 대상뿐만 아니라 판단사태 · 수 · 논리적 형식 등도 그것대로 본원적 소여성을 갖지만, 특히 지각은 본원적 의식의 전형으로서 항상 명증의 원형을 나타내는 예로 들어지고 있다. "지각은 직관의 원양태原樣態이고, 원적原的 본원성에서 즉 자기현재의 양태에서 나타내 보인다."[9] 그래서 지각을 원형으로 해서 이 본원적 의식의 전화양태를 추구해볼 때, 기억Erinnerung이나 상상Fantasie 등은 지각의 양태적 전화轉化인 비본원적 의식이라는 것이 판명해진다. 예를 들면, 어제 본 집을 오늘 떠올린다고 하자. 그 경우 현재의 의식은 과거에 지각된 '집'에 대한 기억이고, 기억 대상은 과거의 지각 대상과 동일한 대상이지만, 그러나 지금 거기서 눈앞에 유체적으로 주어지고 있지 않다. 그렇지만 과거에 본원적으로 지각된 것이기 때문에 그것을 떠올릴 수 있는 것이다. 기억은 본원적 의식인 지각의 전화양태로서 지각의 근원적 명증으로부터 스스로의 명증을 이를테면 길어올리는 것이다.

근원적 명증은 그 배후로 되돌아갈 수 없다. '궁극적으로 원原양태적인 임재臨在'이고, 이로부터 모든 파생적 의식의 변양이 발생한다. "본원적으로 주는 직관은 어느 것이나 직관의 원천이다." 역으로, 비본원적 전화양태에 있는 의식은 자기자신 속에서 본원적 의식을 소급지시하고 있다. 이 소급지시는 지향적 대상의미에 포함되어 있다. 그래서 지향적 대상의미를 '길잡이'로 해서 본원적 의식으로 향하는 반성적 소급이 가능하게 되는 것이다. 이 근원명증의 단계적 전화의 사상은, 우선 첫째로 동일한 대상에 대해서 성립하는 여러 가지 의식을 통일하는 유대紐帶[끈과 띠]가 본원적 명증이라는 점, 본원적 명증의 의식과 비본원적 명증의 의식은 대립하거나 분리되는 것이 아니라 하나의 통일적 연관을 형성하고 상속적相屬的 체계를 만드는 것이라는 점을 가르치는 것이리라. 둘째로, 지향성은 대상에 관한 의식일 뿐만 아니라 의미적으로 함축된 의식의 방식에 대한 의식이라는 점, 바꿔 말하면 의식은 어떤 것에 대한 의식일 뿐만 아니라 잠재적인 의식의 활동에 대한 의식이라는 점도 시사하고 있다. 즉, 지향성은 의식과 대상의 단층적 관계를 나타내는 개념에 머물지 않으며, 의식은 지향적 중층성의 구조를 갖고 있다. 셋째로, 어떠한 의식양태라 할지라도 본원적 명증을 향한 지향적 돌아감의 가능성을 갖는다는 것이 제시되고 있다. 이 점들에서 볼 수 있는 바와 같이, 현상학적 반성은 아무리 착종된 의식의 얽힘도 풀어낼 수 있는 가능성을 갖고 있는 것이 분명한데, 거기서 성립하는 현상학적 방법의 흔들림 없는 확신이야말로 명증이론에 기초해서 형성된 것이다. 이상의 고찰에서 분명해진 것은 후설이 착수한 지향적 분석이 다음과 같은 함의를 갖는다는 점이다. 즉, 존재자에 관한 근원적 지식의 탐구라는 의미를 갖고 있었던 '존재물음'이 존재자의 자기능여라고 하는 기본적 상정에 이끌려서 존재자 전체에 관한 총체적인 지知의 획득의 요구로서 제기될 때에, 그 물음이 의식 전체의 분석적 개시開示로서 전개되지 않을 수 없었다고 하는 점이다.

그런데 여기에 간과할 수 없는 중요한 문제가 있다. 그것은 본원적 명증이 모든 의식의 규준Kriterium이 된다는 것 자체가 도대체 어디에서 보증되는 것일까 하는 문제이다. 본원적 명증이 갖는 권리는 사변적으로 논증되는 것이 아니라, 명증의 자기확인에 의해 궁극적 규준이라는 것이 결정되어야 한다. 만약 확인된 결과 그것이 근원명증이라는 것이 오류로 판명난다면 정정되어야 한다. 확인은 '봄'에 의해 수행되고, 봄의 배후로 되돌아가는 것은 허용되지 않는다. 따라서 자기능여에 대한 자기능여, 명증에 대한 지향적·분석적 명증인 의식의 자기명증에 의해 명증의 정당화가 기도되어야 한다. 따라서 후설의 반성론은 방법인 것과 동시에 명증론의 자기기초부여를 위한 최후의 처소이다. '모든 원리들의 원리'라고 불리는 절대적 명증이론의 전개인 것이다. 후설은 당초 '나는 존재한다Ich bin'라는 데카르트적 이념에 의해 방법적으로 확보하고자 했다. 그런데 후설 사상의 발달을 추적해 가면, 명증의 단계성에 의해 가능하게 되는 반성의 운동은 데카르트적 절대명증의 입장을 스스로 파기하지 않을 수 없는 차원에 봉착하게 된다는 것을 알 수 있다(제2장 3 참조). 후설의 명증론은 존재자의 자기능여라고 하는 기본 상정에서 출발하고 있었기 때문에, 일체를 의식의 소여성으로부터 보아 가는 의식의 현상학으로서 밀고 나아갔다. 그런데 현상학적 연구가 전개됨에 따라서, 후설의 명증이론, 특히 그 반성의 '보는' 기능에 넘을 수 없는 벽이 나타나기 시작할 뿐만 아니라(「살아 있는 현재」 참조), 또한 반성에 의해 보인 의식의 '봄'의 기능이 더 이상 의식(지각)이 볼 수 없는 층에 의해 받쳐지고 있음이 발견되기도 하는 것이다(「현상학적 세계론」 참조). 결국 후설 철학의 강력한 무기인 명증이론은 후설 사상의 발전 과정에서 마침내 그 한계를 드러내지 않을 수 없다. 그런데 한계를 드러내는 것은 한계의 내부에 닫혀 있을 때는 불가능할 것이다. 오히려 한계에까지 이르러서, 한계 저편에[너머에] 가로놓여 있는 것이 나타났다 숨었다 하며 자기를 내보임으로써 비로소 그것이 한계라는 것이 판명나는 것이고, 그 의미에서 한계를 한계로서 드러내는 것은 한계를 어떤 방식에서 넘어서는 것이기도 하리라. 후설이 사용하는 반성은 '봄과 파악함'이라는 성격을 갖고 있는데, 반성의 좌절이란 바로 이 '봄'의 한계가 내보여졌다고 하는 것이다. 반성에 의해 모든 것이 보이려고 하고 있었을 때 이 좌절이 엄습한 것이다. 이 의미에서 후설의 명증이론은 근세 형이상학의 유산을 계승함으로써 근세 철학에 숨겨져 있었던 어떤 근원적 차원으로 가는 통로를 여는 역할을 수행하고 있다고 말할 수 있겠다.

3. 시기적 구분의 시도

연구자 후설의 생애를 되돌아볼 때, 그 철학적 사색의 도정에 끊임없이 우여곡절과 변천이 거듭되고 있는데, 그중에서도 특히 결정적인 전회라고 생각되는 것을 발견할 수 있다. 이 결정적인 전회들이 시작되는 시기로서, 우선 첫째로 현상학적 환원의 방법에 의해 순수의식을 주제적으로 획득하고, 그 본질 구조를 반성적으로 분석하고 개시開示하는 것을 설파한 『이념』 시기의 현상학적 철학의 구상을 들 수 있다. 다음으로 『이념』 시기 이래 답습해 온 데카르트적 입장을 내버리지 않을 수 없게 되고, 의미를 발생적으로 소급함으로써 구성적 의식의 체계적 노정을 기도하는 발생적 현상학의 방법에 의해 풍부한 분석의 성과를 남긴 1920년대(정확히는 20년 직전부터 시작되는 시기)의 실질적인 작업을 들 수 있다. 마지막으로, 이른바 '만년의 후설'이란 이름으로 불리는 1930년대의 그가 써서 남긴 엄청난 양의 유고군에 보이는 몇 가지 사상적 기투를 들 수 있을 것이다. 그중에는 분석론의 방향으로는 '살아 있는 현재'를 중심으로 한 시간론, 환원이론의 방향으로는 현상학의 궁극적 근거지음을 기도하며 '이성의 목적론'을 설파한 『위기 *Krisis*』-노작勞作/Arbeit 등이 포함되어 있다.

물론 이 시기들을 구분짓는 전회는 갑자기 급격하게 일어난 것이 아니다. 공개된 그의 저작이나 유고를 통해서 철학적 사색의 내적 정합성을 추적할 때에 정리될 수 있는 하나의 결과적인 관찰방식이지, 후설 자신이 그의 연구 생애를 이와 같이 구분짓고 있었던 것은 아니다. 또한 그의 연구에 일관되게 보전되고 있는 여러 기본적 견해, 예를 들면 지향성의 이념과 근원적 명증의 이념에 변화가 있었던 것이 아니라 오히려 이 이념들에 의해 조명되는 사상事象이 열리는 방식, 나타나는 방식이 변하게 된다. 이렇게 말한다면, 이념의 수정을 촉구하는 것이 아닌가 하는 반문을 받을지도 모른다. 확실히 일종의 문제론적 기투였던 이 이념들의 효용 범위의 문제는 만년의 후설을 어떤 양의적 상황에 빠뜨렸다. 자주 지적되는, 분석의 성과와 프로그램적인 자기해석 간의 모순과 분열은 특히 만년에 이르러 현저하게 나타난다.

현상학자들의 후설 해석에 보이는 시기적 구분의 시도는, 각각의 저작에 관해서 반드시 견해를 같이하고 있는 것은 아니지만, 대략적으로 공통된 견해를 내리고 있다고 생각된다. 예를 들면, 핑크는 전前 현상학적 시기—『산술의 철학』, 『논리 연구』, 인식론적 시기—『내적 시간의식의 현상학에 대한 강의』(이하 『시간강의』로 약기하겠음), 『엄밀한 학으로서의 철학』, 『순수현상학과 현상학적 철학의 이념들』 제1권(이하 『이념들 Ⅰ』로 약기하겠음), 최후의 제3기—『형식논리학과 초월론적 논리학』(이하 『논리학』으로 약기하겠음), 『이념들 후기後記』, 『데카르트적 성찰』, 『유럽과학들의 위기와 초월론적 현상학』(이하 『위기』로 약기하겠음)의 세 시기로 구분하고 있으며[10], A. 디머는 인식론적 시기와 형이상학적 시기로 둘로 대별하면서 전자에는 『이념들』 Ⅰ, Ⅱ, Ⅲ을 속하게 하는 동시에 『논리연구』를 그 전 단계에 헤아려 넣고, 후자에는 『데카르트적 성찰』, 『논리학』, 기타 논문을 포함시키고 있다[11]. 이상과 같이 현상학자들은 후설 사상이 발전하는 단계를 대략 전 현상학적 시기, 『이념들』을 중심으로 한 시기, 그리고 후기의 세 시기로 대별하고 있는데, 최후의 제3기와 『이념들』 시기 사이에 이행적 시기로서 『제일철학』, 『현상학적 심리학』, 『경험과 판단』, 최근 간행된 『수동적 종합의 분석』 등을 포함시켜서 『논리학』에 이르는 발생적 현상학의 분석론 작업이 행해진 시기를 개재시켜 보는 게 어떨까 생각한다. 그렇게 함으로써, 최후의 시기에 보이는 후설의 작업이 분석론적 시기의 성과를 딛고 있는데도 불구하고 그것이 반드시 분석의 성과와 일치하는 것은 아니라는 사실을 발견하거나, 만년의 후설 사상의 문제적 성격을 일반적으로 한층 더 부각시키는 것이 용이하게 될 것이다. 최후의 시기에는 핑크와 디머도 지적하는 바와 같이, 인식론적 문제설정은 버려지고, 또 본질 분석은 방법론적 수단의 성격을 띠게 된다. 즉, 초월론적 자아 또는 생生의 해명이 중심이 되어 가는데, 그렇다고 해서 이 시기를 디머와 같이 느닷없이 형이상학적 시기로서 각인해버리는 것은 문제가 아닐 수 없다. 이 시기에도 분석은 계속되고 있었고, 특히 후기 시간론의 주제 '살아 있는 현재'로 향한 집요한 도전은 그것대로 위기-노작의 사변적 성격과 대조를 그리고 있기 때문이다. 다만 그때 분석에서 다루어진 사상事象이 더 이상 의식의 지향적 분석과는 다른 주제였다는 것은 말할 나위도 없다.

본서는 우선 『이념들』 시기의 현상학적 구상을 방법론의 면에서 개괄하고, 이 시기 이래 답습되고 있었던 데카르트적 방법의 길이 어떻게 해서 파기되어야 했는가를 『제일철학』의 서술을 통해서 탐구하면서, 후기 현상학으로 전회하게 된 원인을 규명한다. 다음으로, 후기 현상학을 나타내는 발생적 현상학이 성립하게 된 사정을 우선 그 방법론을 통해서 분명히 하고, 특히 발생적 분석의 성과를 내측으로부터 손에 넣기 위해 분석론 그 속으로 들어가서 경험의 분석을 추분석追分析하고, 그 결과 현상학의 근본 문제의 하나인 세계론이 성립하는 차원으로 분석적・사상적事象的으로 도달하는 시도를 행하겠다. 또 다음으로, 세계론의 이해의 전제 하에 후설의 현상학에서 난문aporia을 형성하고 있었던 주관성의 역설, 즉 초월론적 주관성과 인간적 주관성 간의 분열과 합일을 둘러싼 문제를 채택해서, 『이념들 II』의 영역구성론에서 『위기』에 이르는 이 주제를 정리하고, 현상학적 환원에 대한 가능한 해석을 끌어오고자 한다. 또 『위기』에서 다루어진, 과학의 의미를 근원적으로 규명하는 일과 관련해서, 한편으로는 '이성의 목적론'의 이름으로 시도된 후설의 자기 결산의 의의와 그 숨겨진 형이상학적 제약을 폭로하고, 다른 한편으로는 '생활세계'의 문제론을 둘러싸고서 메를로-퐁티나 핑크, 또는 S. 슈트라서, 란트그레베 등의 시도에 나타나는 현상학적 존재론이 성립할 가능성과 그 방향을 검토한다. 이로부터 세계론이나 신체론 등에 보이는 현상학적 분석론의 성과인 존재론적 해석과, 후설의 형이상학적 자기해석의 대립이 어떠한 의미를 갖는 것일까 하는 규명으로 이끌리게 될 것이다. 마지막으로, 후설의 자기해석이 기초하는 사상적事象的 기반이 되고 있지만, 도리어 자기해석에 의해 가려지고 만 '이성의 절대적 사실'의 문제를 '살아 있는 현재'를 통해서 묻고자 한다.

이러한 순서를 밟고서 '현상학이란 무엇인가' 하는 물음을 진행하고자 하지만, 물론 이로써 현상학이 남긴 족적을 그 전체에 걸쳐서 샅샅이 비추어 낼 수 있다고 생각하지는 않는다. 그러나 현상학의 문제적 성격만은 명확하게 해두고 싶다. 그렇기 때문에 본서의 의도는 자주 시도되는, 후설에서 출발해서 하이데거나 사르트르를 거쳐서 메를로-퐁티에 이르는 현상학의 역사에 대한 해설이 아니라, 어디까지나 후설 사상의 전개를 문제론적으로 추구함으로써 현상학의 성격을 그리고자 하는 바에 있는 것으로, 그런 한에서 후설을 떠나서 독립해 갔던 현상학자들의 문제설정을 역으로 후설로 돌아가서 후설 쪽으로부터 조명을 비추어보고자 하는 시도라고도 말할 수 있겠다. 본서의 의도는, 한마디로 말한다면, 현상학이라는 하나의 사건의 의미를 탐구하고자 하는 데에 놓여 있다.

제1장 전기 현상학의 방법과 입장

1. 『이념들』 시기까지의 현상학적 구상의 전개

—칸트로 향한 접근과 괴팅겐학파의 이반

1887년 할레 대학의 대학교수자격논문Habilitation 『수의 개념에 대해서』, 1891년 『산술의 철학』(부제 「심리학적 논리학적 연구」) 등을 발표하며, 수리철학 연구에서 출발해 오랜 세월을 지나 철학적 연구의 길로 들어선 후설은 당시에 수학의 개념의 발생을 심리작용의 분석을 통해서 규명하고자 했다. 그렇지만 이 시기의 사상도 뒷날의 입장에서 되돌아보면, 이미 거기에 현상학적 의식분석의 맹아가 발견된다. 수의 개념을 심리작용의 산물로 보고서 심리작용의 분석을 반성적으로 기술한다고 하는 방법은 무엇보다도 이후의 현상학적 분석 방법의 선구가 되고 있을 뿐만 아니라 본래적 표상과 비본래적 기호표상을 구별하고 있다는 점에서 자기능여와 한갓된 기호적 사념을 구별할 수 있게 하는 원형을 여기서 읽어낼 수 있는 것이다.

1900년은 현대 철학으로 보아서도 세기의 전회를 고하는 해였다. F. 니체의 죽음, M. 프랑크의 『양자론』이나 S. 프로이트의 『꿈의 해석』의 발표 등 이 다채로운 사건으로 장식된 이 해에 후설의 최초의 현상학적 저작 『논리 연구』 제1권이 간행되었다. 후설은 이 저작을 통해서 그때까지의 심리학적 걸음을 그만두고서, 논리학적 형성체 곧 논리적인 것의 객관성을 승인하고, 그것을 심리 과정에 대한 그릇된 주제화로 해소시키는 심리주의와 투쟁하면서 논리적인 것의 이념적인 통일을 확립하고자 했다. 다음 해에 간행된 제2권은 의미의 분석과 이론을 통해서 순수문법론의 이념을 전개했던 연구인데, 이 제2권에서 논리적인 것과 그 주관적 소여의 다양성 간의 관계를 인식의 주관성과 인식내용의 객관성이라는 상관관계 Korrelation에서 파악하고, 지향적 작용이 내용의 차이에 관계없이 동일한 지향적 대상을 가질 수 있는 것은 자기능여적 지향성에서 의미의 충실이 일어나기 때문이라는 점을 보여주었다.

『논리 연구』는, 이미 전 현상학적 시기에 선행적·맹아적으로 설명되었던 지향성 개념을 사상事象적으로 분명하게 주제로 삼음으로써 이후의 현상학적 방향을 규정해 갔는데, 이 점에서 이 책은 이미 현상학적 노작勞作으로 헤아려질 수 있을 것이다. 특히 제2권의 제5연구에서는 지향적 체험과 그 내용에 대한 심리학적 기술을 서술하고 있고, 또 제6연구에서는 초월론적 현상학의 출발점이 되는 형상적인 현상학적 방법을 준비하면서 의미의 지향과 충실, 감성적 직관과 범주적 직관 등에 대해서 고찰하고 있다. 그러나 S. 슈트라서가 말하는 바와 같이, 『논리 연구』는 총합적 연구라고 하기보다는 오히려 의미 있는 발견이 풍부하게 서술돼 있는 연구인바, 그것을 체계적으로 조직화할 정도의 총체적 관찰방식에는 아직 결여하는 바가 있었다고 말할 수 있겠다.(1)

1901년 후설은 괴팅겐 대학으로 옮기는데, 1916년 프라이부르크 대학으로 옮기기까지 대략 15년간 이 대학에 재직한다. 『논리 연구』 제1권 간행 후 후설은 칸트 철학으로 접근하기 시작했다. 그때까지 후설은 브렌타노의 사상에 제약을 받아 칸트 사상에 다소 소원했고, 흄을 중심으로 하는 영국 경험론을 높이 평가하고 있었지만, 후설은 『논리 연구』에 붙였던 나토르프의 논평의 영향을 받아 본격적으로 칸트 철학의 연구로 향했다. 나토르프는 『논리 연구』에서는 아직 질료적인 것, 심리학적인 것, 실재적인 것이 비이성적 잔재로서 순화되어 있지 않은 탓에, 질료적인 것과 형식적인 것, 경험적인 것과 선험적인 것, 심리적인 것과 논리적인 것, 객관적인 것과 주관적인 것 등의 대립들이 충분히 해결되지 않았다고 지적했다.[2] 나토르프의 논평을 인연으로 해서, 또 그 후 계속해서 나토르프와 사상적으로 교류하면서 후설은 칸트 연구에 몰두했다. 그렇게 해서 이성비판의 의의를 배워가면서, 경험적 현상학(기술적 심리학)으로부터 초월론적 현상학을 분리해서 순화하는 방향으로 걸음을 내딛었다.

『논리 연구』의 주요 의도는, 논리적인 것의 이념적 통일과 그 주관적 소여방식의 다양성을 통일하는 데에 놓여 있었다. 물론 이 저작이 그 의도를 충분히 실현할 수 있었던 것은 아니지만, 이 두 동기를 의식 구조의 엄밀한 상관성에서 구함으로써 심리학적 문제를 넘어서는 방향을 보여주고 있었다. 심리주의는 이념적 통일을 내실적reel 작용으로 해체해 간다는 점에서 오류를 범하고 있었기 때문이다. 『논리 연구』 이후 후설은 이 인식의 주관성과 인식내용의 객관성 간의 상관성 연구를, 지향적 대상성의 본질구조와 지향적 대상을 소여성으로 가져오는 체험의 본질구조 간의 상관성으로서 전개하고 있었다. 그런데, 후설 당시의 제자들, 이른바 괴팅겐 현상학파에 속하는 사람들은 이 상관성을 충분하게 고려하지 않고서 각 동기의 어느 한쪽을 강조함으로써, 즉 한편으로는 주관적 측면의 기술적 · 심리학적 모티브에, 다른 한편으로는 대상적 측면의 존재론적 모티브에 편중함으로써, 그들 나름대로 현상학적 연구의 영역을 개척하고자 했다. 어느 모티브를 강조하는 경우든 그들은 현상학의 중심적 의의를 '본질직관'에서 찾아내

감으로써 '방법을 결여한 직관주의'라는 비난을 초래하게 되었다. 그들은 『논리 연구』에서 중심적 의의를 갖는 명증이론, 즉 본래적 지향성인 자기능여적 직관의 의식종합적 기능을 충분하게 이해하지 않았던 것인바, 의식의 다양성통일의 원리를 떠나서 지향과 대상 간을 단순히 본질직관에 의해 결부시키고자 했던 것이다.(3)

『논리 연구』 이후 초월론적 현상학의 구상이 점차 성숙해 가지만, 이는 우선 지향적 상관관계가 성립하는 궁극적 근거를 해명하기 위해 시간의식을 분석하며 착수한 것이었다. 1904/5년의 강의 '현상학 및 인식론의 주요부문'은 의식의 작용이 이미 의식 그 자체에서 시간적으로 구성된다는 것을 주제로 하고 있다. 1928년 하이데거의 손에 의해 『내적 의식의 현상학에 대한 강의』(통칭 『시간강의』)라는 표제로 『현상학 연보』에 수록된 이 강의는, 의식의 전 범위에 걸쳐서 지향성을 활동Leistung(작업作業 또는 능작能作이라고도 번역된다)으로서 파악하고, 의식의 흐름에서 의식 체험이 통일되는 방식을 추구한 연구이다. 이 연구에 의해서 의식의 작용이 의식의 최후적 소여가 아니라, 의식 그 자체에 의한 구성적 산물이라는 점이 밝혀졌다. 내적 시간의식에 의해 의식작용이 지속체로서 구성될 뿐만 아니라, 작용에 의해 주어지는 대상성도 또한 시간적으로 의식되는 방식이 물어지게 되고, 양자의 내재적 통일이 지속체로서 구성되는 방식이 거기서 밝혀지게 되었다. 내적 시간의식에서의 의식의 근원적 통일은 인상 및 그것의 파지적 보유라고 하는 최하층의 지향적 종합의 활동에 의해 일어난다는 것이 확실하게 된 것이다. 심리학적 시간의식의 분석은 객관적 시간을 전제로 해서 지속이 의식되는 방식을 묻는 것인 데에 반해, 후설의 시간의식의 분석은 시간적으로 지속하는 어떤 것을, 다른 것과 관계하는 일 없이 순수하게 자기자신에 있어서 시간적으로 연속하는 것으로 감지하는 방식을 묻는 것이다. 이와 같이 시간의식, 시간유동의 근원적 의식에 대한 물음은 시간의식에 있어서 스스로를 생성하는 어떤 것을 향해 물음으로써 진행된다. 거기서 근원적 시간의식이 자기창조적 유동이라는 것이 밝혀지게 되고,

이제까지의 철학이 발을 들여놓을 수 없었던 절대적 주관성이라는 것이 드러나게 된다. 지향성은 이른바 대상형성적 작용의 층에 머물지 않고, 이와 같은 자기자신을 구성하는 근원적인 유동적 생의 구성적 활동의 총체로 간주되는 것이다.

그런데 여기서 예의 현상학파를 형성한 제자들은 의식의 근원적인 자기창조적 성격을 이해하지 못했다. 의식의 지향적 상관성조차 의식의 본질로서 이해할 수 없었던 그들은 시간의식의 사상을 '심리학적인 현상학적 분석의 특수 문제'로서 매듭짓고 말았던 것이다. 이와 같은 사정도 있었기 때문에, 이 절대적 주관성을 그 순수성에서 취하고자 독자적인 방법을 탐구하고 있었던 후설은 현상학적 환원을 구상하게 되었다. 이미 후설은 1903년 칸트의 선험적apriori 종합판단의 문제를 연구함으로써 칸트의 코페르니쿠스적 전회의 방법론적 의의를 성찰하고, 1905년 '제펠더' 초고에서 그는 환원 사상을 의식에서의 대상구성의 문제와 연관해서 모색하고 있었지만, 환원론을 명확한 주제로서 전개한 것은 1907년 괴팅겐 강의에서였다.(4)

초월론적 현상학의 구상이 체계적으로 서술된 것은, 1910년에 완성되고 1913년에 출간된 『이념들 I』에서이다. 서장에서도 서술한 바와 같이, 후설에게 '존재 문제'는 지知의 총체성에 대한 요구로서 보편성의 요구의 형태를 취하는데, 이렇게 요구된 존재자 전체인 세계에 대한 물음은 의식의 구성적 본질에 대한 물음으로 전화하고, 그 물음은 구성된 존재에서 구성하는 궁극적 주관성으로 철저하게 시선을 전환하는 현상학적 환원에 의해 진행된다. 즉, 현상학적 환원에 기초해서만 보편성에 대한 요구가 제고되는 것이다. 그런 의미에서 현상학적 환원은 단순히 방법론에 머무는 것이 아니라, 후설 현상학의 근본적 입장이 요구하는 보편성을 위해 실시되는 것이니, 그런 한에서 현상학적 분석의 진전에 따라서 끊임없이 새롭게 반복되는 것이다. 그런데 『이념들 I』에서 전개된 '현상학적 환원'은 제자들의 오해를 불식하기 위한 의도도 있어서 '대단히 압축된 프로그램'으로서 서술되었기에, 환원의 실시라기보다는 환원의 실시를 위한 절차를 나열하는 데 그치고 말았다는 생각이 들 수도 있다. 하지만 『논리 연구』와 『이념들 Ⅰ』 간에는 정말이지 초월론적 현상학의 구상이 양성되어 가는 기간이 끼어 있는 이상 거기에는 비연속성이 있다는 것이 인정되어야 하지만, 근본적 의도의 전개라는 점에서는 본질적인 단절이 있을 수 없었던 것이다. 하지만 처음부터 후설의 초월론적 현상학의 방향을 잘못 보고 있었던 괴팅겐학파는 『이념들 Ⅰ』의 환원론에 정면으로 이론異論을 제창하고, '신칸트학파로의 나쁜 접근'이라고 하며 이를 비난하면서, 후설이 그 자신의 본래 방향에서 이반했다고 간주했다. 왜 지향적 분석을 위해 현상학적 환원이 필요한 것인가, 왜 '보편성'의 요구에 기초해서 존재 문제가 의식의 지향적 분석으로서 전개되는가 하는 이러한 현상학적 철학의 기본적인 물음에 대한 이해를 결여하는 한, 그들에게 환원은 '단순히 방법론적 기술 개념'에 지나지 않고, 지향적 대상과 아무 관련이 없는 것으로 이해되고 있었다고 해도 이상하지 않으리라. 후설의 『이념들 Ⅰ』은 데카르트적 이념에 의해 관철되어 서술된 것이므로, 이로부터 현상학적 환원이 갖는 본래의 의의가 여전히 가려진 채로 계속해서 숨겨져 왔다고 말하는 것도 오해를 발생하게 하는 큰 사상事象상의 원인이었다.

2. 『이념들』 시기의 현상학적 방법

—데카르트를 따라가며

1) 자연적 태도를 극복하는 방법—현상학적 에포케

사물에 대한 일상적인 가까움을 갖고서 존재자와 끊임없이 교섭을 갖는 태도를 자연적 태도라고 부른다는 것은 이미 서장에서 보여주었는데, 『이념들 I』의 기술은 이 자연적 태도의 근본적 특징을 자연적 세계의 일반정립general Theses으로서 나타냈다. 자연적 태도란 인간에게 자연스러운, 말하자면 인간의 본성에 뿌리를 내린 자세이다. 이 자연스러운 자세 하에서 우리들은 바로 앞에 있는 사물이나 그 주변에 펼쳐져 있는 사물의 배경을 의식하고 있다. 일상적이지 않은 고도의 문화적 일, 학문적 세계도 또한 자연적 태도 하에서는 우리들의 실천적 · 연구적인 행위의 대상이 된다. 자연적 태도를 이와 같이 넓게 이해할 때, 자연적 태도를 항상 자연적 태도이게 하는 그 기본적 특징은 도대체 무엇일까 하고 물을 수 있다. 후설이 말하는 자연적 태도의 태도성은, 후의 저작을 참조한다면 대략 다음과 같이 정리된다. 그것은 우선 첫째로 의식이 활동적 상태에 있다는 것, 수행 상태에 있다는 것이다. 둘째로, 일상적 생활뿐만 아니라 설사 새로운 학문적 태도를 취할 때도 대상인 것이 의식되고 있다는 자각을 수반하지 않고서 항상 소박하게 의식되고 있다고 하는 것이다. 이것은 동시에 수행 상태에 있는 의식의 망각을 의미한다. 셋째로, 항상 소박하게 의식되고 있다는 것은, 의식된 것이 거기에 있다는 것이 자명하게 의식되고 있다는 것을 의미한다.

후설은 『이념들 I』에서 자연적 태도의 기본적 특징을 이 세 번째 점에서 찾아내고 있다. 게다가 개개의 존재자의 자명성이 아니라 그것들을 포괄하고 또 그것들의 자명성에 선행하는 세계의 존재의 자명성을 채택하고, 자연적 태도로 계속해서 살아가는 한 세계존재의 자명성의 의식이 활동한다고 보았다. 세계는 언제나 '거기에 있다'. 이 확고한 지반으로서 세계가 있다는 것을 믿고 있는 자명성의 의식은 자연적 태도가 존속하는 한 활동하는 의식이다. 그렇기 때문에 이 자명성의 의식은 자연적 태도가 의식에 자연적이라는 그 근원적 뿌리깊음을 나타내는 것으로서 자연적 태도의 기본적인 특징이라고 말할 수 있다. 후설은 이 세계존재의 자명성의 의식을 일반정립이라고 부르고 있는 것이다.

그런데 후설은 『이념들 I』을 기술하면서 자연적 태도에 머물지 않고 이 태도를 근본적으로 변혁하는 일이 원리적으로 가능한가 어떤가 하는 물음을 제기한다. 물론 어떤 일정한 존재자의 현존재에 대한 의식의 경우라면, 즉 현실에 존재하는가 존재하지 않는가 하는 표명적인 판단에 보이는 대상의 존재에 대한 의식의 경우라면, 이 의식이 존재에 대한 의심의 의식으로 전화하는 것이 용이하다. 그런데 일반정립의 경우라면 절대로 의심할 수 없다고 믿고 있는 것을 과연 의심할 수 있는가 하는 난문aporia이 발생하게 된다. 후설은 여기서 데카르트의 보편적인 회의의 시도를 받아들여, 데카르트가 절대적으로 의심할 수 없는 존재영역을 밝혀내겠다는 의도를 갖고서 사용한 이 시도를, 명증적으로 발견해야 하는 것을 취해내기 위한 방법적 수단으로서 사용한다. 보통 우리가 동일한 것을 의심하는 동시에 확실하다고 생각하는 것은 가능하지 않다. 의심하는 일은 확신하는 일을 내버리는 것이기 때문이다. 그래서 의심하는 일을 방법으로서 실시하되, 정립을 반정립으로 또 긍정을 부정으로 전화하지 않고서, 즉 우리들의 확신에 어떤 변화를 가하지 않고서 고유한 변경의 상태에 두는 일이 시도된다. 그러기 위해서는 정립을 내버리지 않지만, 그러나 '사용하지 않는 일'이 필요하게 된다. 후설은 이 조작을, 정립을 '작용 바깥에 둔다'aus Spiel setzen, '괄호 속에 넣는다Einklammerung'는 말로 표현하고 있다. '작용 바깥에 둔다'란, 현상학의 근본적 방법을 나타내는 지극히 중요한 개념인 판단중지Epoché란 말로 표현된다. 또 '괄호 속에 넣는다'는 표현은 '괄호 속에 넣어진 것'의 타당성은 금지되고 있지만, 그러나 괄호 속에 보류되고 있다는 의미이다. 이 표현은 에포케란 말로 표현되는 '작용 바깥에 둔다'를 대상의 영역에 적합하게 비유적으로 보여준 것이다. 의식의 지향적 관계의 순화를 위해 대상이 갖는 실재성을 배제하고 의미로서 그것을 보류한다고 하는 점을 강조하고 있다. 예를 들면, 자연적 태도로 눈앞의 책상을 보고 있다고 하자. 이 보고 있는 의식을 에포케한다면, 책상은 괄호 속에 넣어진 '책상'이 되어, 실재적 대상으로서의 존재타당성을 잃고 의식의 대상으로서 대상의미가 된다. 물론 보고 있는 의식도 마찬가지로 괄호 속에 넣어지는 것이지만, 특히 대상의 비실재화로서의 의미화가 이 말에 의해 강조되고 있다고 생각한다.

그런데 이 에포케의 조작에 의해서 이제까지 활동하고 있던 의식의 작용이 판단중지되어 이를테면 괄호 속에 넣어지고, 활동하고 있던 상태대로 거기서 보류된다고 하는 것을 더 구체적으로 자연적 태도의 일반정립과 관련해서 말한다면 어떻게 될까? 후설은 다음과 같이 서술한다. "자연적 태도의 본질에 속하는 일반정립을 우리는 작용 바깥에 둔다. 즉, 이 정립이 존재의 면에서 포괄하는 모든 것을 우리는 괄호 속에 넣는다. 이것은 이 전全 자연적 세계를 '괄호 속에 넣는다'는 것이다."(5) 즉, 일반정립의 에포케가 자연적 세계를 괄호 속에 넣는다는 것은 자연적 세계에 관한 일체의 학學을 배제한다는 것을 의미한다. 이 학들의 타당성을 배제하고, 이 학들의 모든 명제를 사용하지 않고서, 나아가 이 학들의 기본전제조차 사용하지 않고서 이것을 괄호 속에 넣어서 보류한다는 것을 의미한다.

에포케란 말은 보편적 에포케, 현상학적 에포케, 초월론적 에포케로 각각 나누어 사용되는데, 그 이유는 다음과 같은 점에 있다. 보편적 에포케의 보편성은 보편적인 회의를 시도하는 일과 마찬가지로, 모든 의식의 활동을 에포케한다는 의미의 보편성이다. 그렇게 하면 현상학이 성립하기 위해 필요한 판단도 중지되고 마는 것이므로, 보편성을 제한해서 자연적 태도의 본질을 나타내는 일반정립에 대해서만 실시되는 현상학적 에포케로 이를 한정해야 한다. 그렇기 때문에 현상학적 에포케는 보편적 에포케와 구별된다고 하는 것이다. 보편적 에포케란 말은 『이념』 시기보다 오히려 후기의 후설이 사용하는 방법론적 개념인데, 이때 보편성의 의미가 다소 차이가 난다. 즉, 세계의 존재타당성에 대한 에포케가 보편적 에포케라고 불리는 것이다. 세계의 타당성에 대한 현상학적 에포케가 세계의 존재의미의 발생에 대한 보편적 반성을 가능하게 한다고 하는 의미이다. 그렇기 때문에 오히려 현상학적 에포케 속에서 보편적 초월론적 에포케와 현상학적 심리학적 에포케가 나뉘게 된다. 그것은 어떻든 간에 문제는 오히려 이 에포케가 『이념들 Ⅰ』의 서술에서는 순수의식의 주제적 발견을 위해 초월론적 에포케라고 불린다는 점에 있다. “진정한 각각의 영역과 마찬가지로 개체적 존재의 영역인 하나의 새로운, 즉 이제까지 그 특질에 대해서 한정되는 일이 없었던 존재영역의 획득을 목적으로 해서, 에포케가 실시되는 것이다” 라고 후설은 이 대목에서 서술하고 있다. 고유한 본질을 갖는 의식, 즉 ‘현상학적 배제를 받지 않은 고정된 존재’로서 절대적 본질을 갖는 의식을 하나의 영역으로 발견하는 것을 에포케가 실시되는 이유라고 보고 있지만, 이것은 상당히 형식적인 설명으로 끝나고 있다. 그 때문에 절대적 명증의 발견이라는 학적인 궁극적 인식의 의도를, 너무나도 성급하게 이 인식의 성립의 차원과 결부시킴으로써, 자연적 태도의 일반정립의 본래 의의가 에포케에 의해 드러난다고 하는 면이 거꾸로 애매해지고 말았다. 자연적 태도를 넘어가는 행선지를 우선 확정함으로써 에포케의 실시에 의해 차차로 발견되어 오는 성찰의 과정이 한 번에 비약하고 만 것이다. 이것은 다음에 서술하는 순수의식의 주제적 방법의 획득으로서 제창되는 현상학적 환원의 이론에서 특히 두드러지게 간취될 수 있다.

2) **순수의식을 획득하는 방법**—현상학적 환원

후설은『이념들 Ⅰ』의 현상학적 에포케의 의의를 논하는 대목 뒤에서 순수의식의 일반적 본질에 대해서 서술하고, 이로부터 순수의식의 절대적 존재의 영역을 획득하는 방법인 현상학적 환원을 설명하는 순서를 밟고 있다. 순수의식의 일반적 본질을 서술할 때 우선 현재성顯在性의 의식과 비현재적非顯在的 의식의 상호이행의 가능성이 채택되고 있다. 이 서술에서 시작한다는 것은 방법임을 감안할 때 언뜻 이상하다는 느낌을 받게 되지만, 그러나 이는 환원에 앞서서 환원의 필요와 가능성을 설명하는『이념들

Ⅰ』에 특유한 서술 방법에 기인하는 것이고, 또 특히 이 현재성顯在性 의식의 분석으로부터 후설 현상학의 명증이론의 기본적 입장이 길어 올려지고 있다는 점에 주의하면 충분히 이해될 수 있는 것이다.

의식은 '~로 향하고 있다'라는 현재성의 양태를 취할 뿐만 아니라 비현재성의 양태로 이행할 수도 있고, 또한 역으로 이행할 수도 있다. 즉, 현재성은 항상 비현재성에 의해 둘러싸여 이것에 의해 매개되고 있다. 이와 같이 현재성의 비현재화, 비현재성의 현재화라는 상호이행의 가능성을 지니면서 지향성이 의식의 본질을 형성하고 있다고 후설은 서술한다. 여기에서, 서장에서 서술한, 본원적 의식이 비본원적 의식으로 전화할 가능성의 전제조건인 의식의 유동성이 언급되고 있다. 본원적 의식(지각)이 비현재화했을 때 동일한 의식대상에 대해서 지금 현재적인 비본원적 의식(기억)이 성립한다. 어제 지각된 '집'을 오늘 떠올리고 있는 경우를 예로 취해보면, 어제의 현재적 의식은 본원적이었지만 이미 비현재화하고 있다. 따라서 현재現在의 현재적顯在的 의식인 기억은 본원적 의식의 비현재화를 전제로 해서만 성립하는 비본원적 의식이다. 이와 같이 의식의 현재성-비현재성-상호이행의 가능성은 의식의 본원성에 기초하는 명증이론의 가능성의 제약이 되는 현상이다.

또, 주의성 변양이라고 불리는 의식의 한 양태에 대해서도 서술되고 있다. 이것은 '어떤 것을 알아차림', '주의함'이라는, 의식이 깨어 있는 양태의 것으로 특수한 작용성격을 갖는 현재성 의식이라고 후설은 말하는데, 이는 나중에 이른바 '코기토'라고 불리는 대상화작업의 의식이다. 대상을 '대상으로 정립하는 작용으로서의 지향성'을 나타내고 있다. 그런데 이러한 서술에 이어서 후설은 지각을 외적 초월론적 지각과 내재적 지각으로 구별하고, 전자의 명증이 불충전적인 데에 반해 후자의 명증이 충전적이라는 것을 기술적으로 논증하고자 하고 있다.

후설은 『이념들 Ⅰ』의 이 대목 중 상당히 유명한 논술에서 이미 지각의 의식구조를 어느 정도 상세하게 분석하고 있다. 단, 이 기술은 어디까지나

내재적 지각의 충전적 명증을 확인해서 현상학적 환원 방법의 한 가능성을 열기 위해 도입된 것에 지나지 않는다. 그런데 초월적 지각이란 사물에 대한 감성적 지각이고, 감성적 지각은 사물의 유체적有體的 자체존재의 의식이므로, '진정한(학문적으로 규정된) 사물'과는 원리적으로 구별되어야 한다. 후자는 물리학적 사유의 대상인 데에 반해, 감성적인 사물에 대한 지각은 '동일한 사물에 대한 연속적 연관'을 형성해 간다. 즉, 사물은 일거에 의식에 주어지는 것이 아니라 언제나 다양한 나타남의 방식을 취하는데, 이 다양한 현출을 거치면서 의식은 이를 연속적으로 연관짓고 지향적으로 통일해 간다. 예를 들면, 눈앞의 책상은 언제나 그 일면(전면)밖에 현출하지 않지만 차차로 그 대상의 다양한 현출을 거치면서 다른 면도 알아갈 수 있다. 즉, 지각은 대상의 다양한 현출을 거쳐 가며 대상을 자기동일적 대상으로 통일해 가는 연속적 연관을 형성한다. 다양한 현출은 음영Abschattung이라 불리는데, 이것은 감각여건Hyle으로서 자아에 의해 생화生化된다. 또 이때 지각의 연속적 통일의 파악은 대상적 통일을 이루게 하는 '시현 기능'Darstellung Funktion을 행한다. 그런데 대상은 일거에 그 전면全面을 주지 않는 것이므로, 바로 그 때문에 지각이 연속적 연관을 형성해야 한다는 의미에서 지각은 불충전성을 면할 수 없다. 그럼에도 불구하고, 대상은 있는 그대로 자기를 준다. 즉, 유체적有體的 자체소여성을 지닌다는 의미에서 지각은 본원적 의식이다. 불충전성은 대상의 일면적 소여성에서 유래할 뿐만 아니라, 사물이 항상 수반적 소여를 동반한다고 하는 데에도 기초하고 있다. 다만 『이념들 I』은 이미 지각의 지평 현상을 현상으로서 정확하게 파악하고 있기는 하지만, '세계'와의 현상적 연관을 파고드는 데에는 이르지 못하고 있다.

초월적 지각에서 사물은 현출을 통해서만 주어지는 데에 반해, 내재적 지각은 내재적 존재를 현출을 거치며 파악하지 않고 단적으로 직접 그것을 파악할 수 있다. 즉, '체험은 음영이 없다'는 것이며 "체험의 본모습은 반성이라는 방식으로 원리적으로 지각될 수 있다."[6] 이로부터 후설은 체험의 절대적 존재에 대해 언급한다. "이렇게 해서 주어지고 있는 체험이 실제로는 존재하지 않을 수 있다고 생각하는 것은 배리이다."(7) 요컨대 다음과 같다. 즉, 체험의 절대적 존재를 보증하는 것은 체험 그 자체에 있다고 하는 것이다. 체험에 의한 체험의 파악은 거기에 일체의 우연성을 허용하지 않는 명증을 갖는다고 하는 후설의 이 견해는 서장에서 언급된 바와 같이 후설 현상학의 기본전제가 되어 있다. 반성의 이 데카르트적 직증성直證性에 의해 후설 현상학의 모든 분석 과정이 지탱되고 있는데, 이 전제는 후에 데카르트적 방법을 내버린 후에도 후설 현상학의 방향을 이끄는, 말하자면 후설 자신의 시점視點이 되어 있다.

어쨌든, 내재적 지각의 명증의 충전성에 의해 내재적 체험의 절대적 존재가 입증되면서, 초월적 '사물'이 의식에 의존하는 데에 반해, 내재적 체험이 존재하는 데에는 원리적으로 어떠한 사물도 필요하지 않다는 것이 확인된다. "의식이 그 순수성에서 목도된다면 그것은 그 자체로 완결된 존재연관으로 간주되어야 한다. 즉, 어떤 것이라 할지라도 거기로 침입한다거나 거기로부터 벗어난다거나 할 수 없는 절대적 존재연관으로 간주해야 한다. 이 연관은 어떠한 시공적인 연관도 갖지 않고, 또 이 외계外界의 시공적 연관들 속에서 존재할 수 없는 것이다."(8) 의식이 그 자체로 완결된 존재연관인 데에 반해, 이른바 시공적 존재인 세계는 "그 의미상 단순히 지향적 존재일 뿐이다. 그러므로 의식에 대한 존재라고 하는, 단순히 제2차적 · 상대적 의미를 갖는 존재일 뿐이다." 의식에 대한 존재는 의식에 의해 구성된 존재이고, 역으로 의식은 그 존재성격에 있어서 절대적이다. 단, 의식은 모든 세계존재를 자기 속에 저장하고 그것을 자기 속에서 구성하는 것이지만 세계나 세계적 사물을 모두 자기 속에서 지향적 · 피구성적 의미로서 보류하고 있다.

후설은 『이념들 Ⅰ』의 현상학적 환원론에서 이러한 순수의식을 '원原영역Urregion'으로 간주하고 이 원영역의 획득을 중심적 주제로 해서 전개하고 있다. 순수의식의 영역적 발견을 주제로 하기 위해서는 의식을 순화하는 조작들의 절차를 통해서 '습득적[습관적] 직관에 의한 숙지熟知'라든가, '전승적 이론 구성과 사상적합적事象適合的 방법'을 잘라 버려야만 한다. 이 때문에 세계와 함께 배제되어야 할 것으로서 후설은 과학들과 존재론 등을 들고, 이 학들은 자기자신의 근거부여를 스스로 원리적으로 할 수 없는 독단적 학이라고 하며 물리쳐서 모든 독단적 태도의 혼입을 막고자 하고 있다.

하지만 이 환원론은 세간의 오해를 샀을 뿐만 아니라 현상학자들의 비판을 받게 되는데, 후설 자신도 후에 비판적이고 수정적인 의견을 서술하고 있다. 그 이유 중 하나는 순수의식을 근원영역으로 간주하고 이를 주제적으로 순화하는 일을 절차상 선행하게 한 데에 있다. 이로부터, '환원의 체계적 이론'을 실시하면 순수의식이 일종의 순수추출에 의해 고립된 영역으로서 획득된다는 생각을 드러내고 있다. 그렇게 된 것은 본래 '영역' 개념은 의식에 의해 구성되는 초월적 대상의 본질을 구분하는 개념인데(98쪽 참조), 이것을 의식에 대해서 사용했기 때문이다. H. 바그너는 다음과 같이 서술하고 있다. 한쪽을 절대적 영역으로, 다른 한쪽을 상대적 영역으로 보고 거기다 절대적 영역을 경험가능한 것으로 본다면, 경험가능한 것은 존재자에 한정되는 것이므로 모순에 빠지게 된다. 그렇기 때문에 의식에 대해서는 '영역' 개념 대신 권역Sphäre이란 말을 써야 한다며 비평하고 있다. 경험가능한 것이 초월적 존재자에 제한되는가 어떤가는 의문이며, 오히려 의식에 대한 새로운 경험의 가능성을 열었다는 점에 후설의 획기적인 발견이 있다. 그러나 용어상 문제를 남겼다는 것은 확실하다. 의식의 절대성을 존재 영역의 절대성으로 나타내서는 안 된다. 또한 그러한 기술을 이끈 의식의 절대성의 사상에도 문제가 있었다. 왜냐하면, 『이념들 I』의 입장에서는 이미 현상학적 에포케가 실시될 때 우선 첫째로 일반정립의 배제는 '비존재'의 추정에 의해 세계존재를 배제한다는 의의를 수반하고 있기 때문이다. 『이념들』 시기의 구상은 후에 서술하는 바와 같이 데카르트적 방법의 길을 밟는 데에서 오는 하나의 전기 현상학 특유의 자세를 보전하고 있다. 초월적 대상이 상대적 존재인 데 반해, 의식은 '있을 수 없는 것을 생각하는 것은 배리인' 절대적 존재라는 점을 우선 확정해야 한다고 생각하고 있었다. 내부 지각의 직증성直證性에 기초하는 이 '비존재의 불가능성'의 사상이 환원이론을 짜내게 된 것이다. 결국 그것이 오해를 불러오는 원인이 되었다.

또, 이것과 관련해서, 의식의 절대성을 환원에 앞서서 서술하는 것 자체가 환원의 본래적 성격과 모순된다. 환원에 의해 비로소 발견되는 의식의 본질이 환원에 앞서서 그 '절대성'의 면에서 언급되어야 했던 것에 어떤 부자연스러움이 보이고, 이로부터 『이념들 Ⅰ』의 환원론이 교육적 견지에서 행해진 '순수의식의 방법적 발견의 절차에 관한 구상'으로 시종일관하는 것을 보면, 환원의 실시가 아니라 환원의 예비적 고찰에 머물고 있었던 것을 납득할 수 있게 된다. 물론 환원에 앞서서 의식의 본질을 서술하는 것은 다음의 반성론에서 언급되듯이, 현상학적 방법의 자기회귀성에 기초하고 있다. 문제는, 환원의 가능성을 이끌기 위해 의식의 본질을 예비적으로 고찰하는 데에 놓여 있는 것이 아니라, 의식을 그 절대성의 면에서 주제화하기 위해 이 절대성을 선취적으로 확정하고자 한 데에 놓여 있는 것이다.

3) **지향적 분석론의 방법**—현상학적 반성

후설은 『이념들 Ⅰ』에서 현상학적 환원에 의해 순수의식을 주제적으로 획득하는 일을 서술하고 나서, 이어서 방법론의 예비적 고찰을 거쳐서 순수의식의 일반적 구조의 분석론으로 인도해 간다. 환원에 의해 얻은 의식체험의 무한한 다양을 명석하게 인식하는 방법이 현상학적 반성의 방법이다. 단, 현상학적 반성은 의식의 본질을 기술하기 위해 본질을 인식하는 형상적 방법을 동반하고 있다.

이와 같이 현상학적 에포케, 현상학적 환원과 함께 현상학적 반성의 방법이 또 제창되는데, 이 세 가지 명칭의 방법은 도대체 어떻게 관련돼 있는 것일까를 우선 확실히 해둘 필요가 있다고 생각된다. 후설은 도처에서 에포케와 환원, 또는 환원과 반성을 거의 동의어로 사용하며 서술하고 있기 때문에, 이 용어들을 사용하는 경우마다 그 의미를 이해하는 수밖에 없다고 생각된다. J. M. 브뢰크만을 제외하면 현상학자들 사이에서도 이 용어들을 원리적으로 구별하며 검토하는 일은 일반적으로 그다지 행해지는 것 같지 않다. 왜냐하면, 현상학적 방법이 구사될 때면 항상 이 세 가지 방법들이 서로 얽혀져 하나의 구체성 속에 포함되어버리기 때문이다.

다만 엄밀하게 말한다면, 현상학적 에포케가 현상학적 환원에 필연적으로 속하고 환원의 개시開始 단계가 되는 조작을 가리킨다면, 이에 반해 현상학적 환원은 일반적으로 자연적 태도에서 현상학적 태도로 향하는 태도변혁의 총칭으로 사용된다. 실재적 내세계적 관계 속에 은폐돼 있던 세계 및 일반정립에서 그 은폐를 벗겨내어 이를 지향적 관계라고 하는 의식의 본질로 보아 가는 순수화 조작을 의미하는 것이기에, 환원이란 이름으로 불린다. 즉, 자연적 세계에 대해 말한다면 그것은 '코키타툼'으로서 괄호 속에 들어가서, 의식의 초월론적 현상으로 환원된다. 이와 같이 현상학적 환원을 의식의 초월론적 순화의 방법을 지칭하는 이름으로 삼는다면, 현상학적 에포케는 당연히 그것의 방법적 요소가 되는 것이다.

그런데 현상학적 반성은 좁은 의미에서는 의식체험에 대한 반성, 곧 체험의 체험으로서, 의식의 본질구조를 분석하고 기술하는 방법이다. 그런 한에서 현상학적 환원에 이어지는 구체적 방법이다. 그렇지만 현상학적 환원은 자연적 태도에서 현상학적 태도로 향하는 태도변혁의 방법으로서 이미 사상적事象的으로는 의식의 반성변양의 원리에 기초하고 있는 것이므로, 현상학적 반성은 넓은 의미에서는 현상학적 분석 전체를 진행하게 하는 방법의 전체적 명칭으로서 환원의 방법을 포함하고, 따라서 에포케를 포함하고 있다고 보아야 한다. 그런 의미에서, 현상학적 반성이 초월론적 반성으로도 불린다는 것을 이해할 수 있을 것이다.

의식의 본질에 대한 분석적 기술이 진행되는 것은 좁은 의미의 반성을 통해서인데, 이 경우 반성은 체험의 체험으로서, 지나간 모든 체험을 명석한 소여성으로 가져오는 것이 가능하다. 그러므로 반성은 '보편적인 방법론적 기능'이기에 의식 전체를 개시開示할 수 있다고 간주된다. "반성되고 있지 않은 의식의 양태에 있어서 체험되고 있는 체험들의 흐름 전체에 대해, 학적인 체계적 완전성을 목표로 하는 본질 연구를 실시하는 것이 가능하다." 현상학은 "현상학의 가능한 원리적 성격으로서 반성되고 있지 않은 체험에 대한 본질논정本質論定을 실시한다. 하지만 이 본질논정을 현상학은 반성에, 자세히는 반성적 직관에 힘입고 있다."[9]

그런데 전술한 바와 같이, 내재적 지각의 고유성질이 선취적으로 서술되어, 방법이 기초하는 사상事象이 방법의 검토를 기다리지 않고서, 방법의 구사에 의해 논술된다고 하는 일종의 순환이 거기에 나타나 있었다. 그러나 이것은 순환이 아니라 현상학의 자기회귀적 성격에 기초하는 것이라고 후설은 서술하고 있다. 방법은 방법에 의해 개시開示되는 현상학적 사상事象에 기초하고 있다. 방법은 개시된 사상에 의해 비로소 성립하는 것이 아니라, 사상을 개시함으로써 자기를 방법으로서 확인해 가는 것이다. 즉, 현상학적 반성의 진행은 동시에 현상학적 사상의 자기전개이며, 거기에서 방법의 자기확인을 수반하고 방법의 정밀한 자기규정을 진행하는 것이다. 후설에 따르면 방법의 사태 회귀성은 현상학이 학으로서의 가능성을 스스로 근거부여하는 자기회귀적 성격을 갖는 것에 기초한다고 말한다. 자기회귀적 학은 "뒤에 가서 형성되는 방법이 선취되어 사용된다"는 것을 면할 수 없는 것이다.

그런데 의식의 지향적 본질구조를 다시 주제적으로 반성하고 분석한다는 것이 '지향적 분석론'의 취지이다. 우선 첫째로, 반성에 의해 반성의 기능을 확인하면서 모든 의식체험이 '반성된 체험'으로 변양될 수 있다는 것을 보여주는 것과 함께 반성변양의 무한한 반복가능성이 개시開示된다. 둘째로, 반성변양이 의식의 각종의 변양과 얽혀 있음으로써 의식 전체의 개시가능성이 열리게 된다. 반성은 예의 '명증 문제의 전개'이기에 모든 파생적 의식을 원형으로부터 파생된 것으로 간주할 수 있는데, 이는 각 의식변양에 반성변양이 얽혀져 있으면서도 그것을 풀어내는 것이 가능하기 때문이다. 이로부터 반성에 의해 의식의 전체적 연관을 개시할 가능성이 보이게 된다. 이것은 지향적 분석론이, 숨겨져 있는 지향성을 밝은 곳으로 가져오는 의식의 자기개시라는 점을 의미한다. 셋째로, 반성이 두 가지의 방식, 즉 작용에 대한 반성인 노에시스적 반성과 대상에 대한 반성인 노에마적 반성으로 나뉘고, 노에시스-노에마의 상관적 구조를 양 반성이 보좌하면서 종횡으로 관철해 나갈 수 있다고 명시되고 있다.

여기서, 노에시스 및 노에마의 용어로 다루어지는 의식의 지향적 상관관계에 대해 언급해두고자 한다. 구체적 체험은, 예를 들면 색채여건이나 (쾌감각快感覺, 통감각痛感覺으로서의) 촉감각 등의 감각적 · 내용적 휠레와, 그것을 생화生化해서 파악하고 의미부여하는 기능인 노에시스로 성립해 있다. 구체적 체험에 내실적reel 성분에 속하는 휠레적 계기에, 비내실적인 대상구성 기능인 노에시스적 성분이 더해져서 구체적 노에시스가 되고, 그것에 의해 구성된 것이 노에마이다. 노에시스적 다양성과 달리 노에마는 의미로 통일되어 있다. 자연적 태도에서는 우리들에게 초월적 실재자로서 현존했던 것이 현상학적 환원에 의해 괄호 속으로 들어가서 초월론적 의미형성체로 변할 때 그것은 노에마화한 것이다. 현실에서 지각되었던 책상은 노에마라고 하는 '책상'으로 화한다. 구체적인 노에시스에 대응하는 노에마는 '사념된 대상'으로서의 대상의미뿐만 아니라, 그 대상이 어떻게 의식에 주어져 있는가 하는 '주어짐[소여성]의 상相'을 포함하는 '충실한 노에마'이다. 대상 그 자체는 오히려 '노에마의 핵'에 해당한다. '충실한 노에마'는 노에마적 계기들의 복합체이고, 노에마의 핵을 담당자로 하는 노에마적 성격들을 수반하고 있다. 노에마적 성격들은 우선 '주어짐의 상相에 있어서' 본원적 · 재생적 · 상상적 등의 차이를 보이고, 다시 또 존재양태의 상相에 있어서 현실적 · 가능적 · 개연적 · 의문적 등의 존재성격의 차이를 나타내며, 이 존재양태들 각각이 부정적으로 전화할 때 비현실적 · 비가능적 등의 성격으로 전화한다. 노에마적 성격이라 할지라도, 노에마에 속하는 방식이 차원을 달리하고 있는 것이다. 이 노에마적 성격에 상관적으로 노에시스적 측면에서도, 예를 들면 본원적 주어짐[소여]에는 지각이, 재생적 주어짐에는 준현재화(기억)가 대응하고, 또 현실성에는 믿음[신념]이, 가능성에는 기대지향이 대응하고 있다. 다시 또 이 성격들의 각 차원에는 원형적 성격과 파생적 성격이 있고, 의식변양의 다양한 가능성이 포함되어 있다. 이 변양들은 노에마적 성격에 표시되고, 노에마의 단계적 성격으로서 노에마에 새겨지고 있다. 각 노에마적 단계는 다음에 오는 단계의 소여에 대한 표시이고 그 지표이며, 각 노에마적 상호 간에 노에마적 지향성이 성립하고 있다. 각 변양에 반성변양이 얽혀 있다고 말한 것은, 반성이 각 단계의 노에마를 각각 조명할 수 있는 것과 동시에 단계의 계열을 소급해 가서 최종적 단계에 당도할 수 있기 때문이다. 이것이 노에마적 반성이다.

노에마적 반성은 노에마적 지표를 통해서 일체의 변양된 의식으로부터 그 원형으로 소급해 갈 수 있는 가능성을 지닌다. 그리고 최후의 원형의 노에마로부터 노에시스적 반성에 의해 원原체험으로 돌아갈 수 있는 것이다. 의식의 각 변양은 준현재화변양(또 상상변양) 외에 특히 『이념들 I』에서 강조된 변양으로서, 원형의 '정립'에서 정립의 힘을 뽑아내어 그것을 중성화中性化하는 '중성화변양'이 있고, 『논리 연구』 이래 명사화Nominalisierung라고 불리는 '정초함Fundierung' 등이 있다. 이 '정초함'은 판단사태의 중층화中層化라고 하는 의미에서 역시 하나의 의식의 변양으로 간주될 수 있을 것이다. 'S는 P이다'라는 판단사태는 S라고 하는 경험대상을 기체로 해서 '정초된' 사태이지만, 다시 이 판단사태도 이것을 주어로 하는 고차의 판단에 의해 복잡하게 정초되어 가는 것이 가능하다. 어떠한 의식 변양도 주로 노에마적 반성에 의해 더 이상 소급할 수 없는 원적原的 체험으로 소급될 수 있기 때문에, 지향적 분석론은 '숨겨진 지향성을 소여[주어짐]로 가져오는 것을 과제로 해서 의식 전체의 본질구조의 개시開示를 기도할 수 있는 것이다. 결국 지향적 분석론은 '본원적 소여가 그 근원적 권리원천을 갖는다'는 명증이론의 실천적 전개라고 말해도 좋은 것이다.

그렇지만 『이념들 I』에서 시도된 노에시스-노에마의 분석론은 소여로 가져와지는 지향성이 '살아 있는 것으로서' 발동하는 지향이라는 점을, 충분히 우리들에게 전하는 것은 아니었다. 일종의 모자이크 모양을 떠올리게 하는 지극히 형식적인 정(태론)적 분석은 의식의 변양들이 본래 동적으로 발생하는 것이고, 그것에 대한 소급적 분석도 또한 동적인 발생적 소급이 되지 않을 수 없다는 것을 결코 명확하게 호소하고 있지 않다. 즉, '의식의 역사성'이 원리적으로 이미 제시되고 있기는 하지만, 충분한 구체성과 깊이에서 언급되고 있지는 않은 것이다. 그런데 지향적 분석론은 이른바 구성적 분석론을 위한 준비적 기초 단계이고, 후설은 이후에 구성적 현상학의 구체적인 작업 과정을 영역구성론에서 전개하고 있다. 영역구성론이 갖는 문제점에 대해서는 뒤에 제3장에서 다루기로 하고, 다음에 『이념들 I』 시기의 입장을 이끌고 갔던 현상학적 구상이 부득이하게 큰 좌절을 보게 되는 1920년대의 후설 사상에 일어나는 사건에 눈을 돌려보자.

3. 『제일철학』에 보이는 구상의 좌절과 전회

—데카르트로부터 벗어나며

1) 철학의 '시원'의 이념

후설은 『이념들 I』에서 실현하고자 기도했던 현상학적 철학의 이념을 다시 20년대의 『제일철학』에서 이를 계승하면서 보다 철저하게 실현하고자 기도했다. 즉, 모든 학學이 기초해야 하는 절대적 존재에 대한 근원적인 절대적 학을 수립하고자 시도하는 일이 바로 제일철학의 이념을 실현하는 일이라고 생각했던 것이다. 후설은 데카르트에서 전범을 구했을 때 철학의 절대적 시원을 '나는 존재한다Ich bin'에서 발견하고서, 이 절대적 시원을 절대적 자기인식에서 취하는 길을 걸어가고자 했다. 이 시원이 절대적이고 필연적인 시원이라면, 그것은 그 자체의 내적 본질근거로부터 해서 '최초의 것', 제1의 것이지 않으면 안 된다. 후설은 바로 에고 코기토의 부정할 수 없는 절대적 명증이야말로 이 '제1의 것'이고 절대적 기초여야 한다고 생각했다. 이렇게 해서 현상학적 철학에서는, '모든 원리들의 원리' 또는 모든 진정한 철학의 최초의 명제인 '나는 존재한다'가 무엇보다 우선 절대적 명증성으로 확정되어야 했다.

그런데 이 절대적 명증은 일거에 다다를 수 없는 것이므로, 거기로 통하는 길은 절대적 시원에 서는 철학의 체계의 기초 부분이자 출발 부문으로서 체계에 포함되게 된다. 후설에 의하면, 데카르트는 바로 이것을 상정하고 있었지만 실제로 이 상정된 것을 실시한 것은 아니었다. 이 절대적 명증에 다다르는 방법적 통로는 자연적 태도를 철저하게 변혁해 가는 길인데, 이는 『이념들 Ⅰ』의 서술에 보이는 바와 같이 돌연히 자연적 태도를 넘어서는 것이 아니라, 소박성을 극복하는 동기의 상황을 먼저 성찰하는 것이었다. 『제일철학』에 의하면, 철학자가 현상학적 환원을 행하고자 결단했을 때 이 절대적이고 궁극적인 근거를 부여하는 철학 작업을 시작하는 그 '시초'를 어떻게 이끌 것인가 하는 성찰이 그것이다. 즉, 자연적 태도를 넘어서기 위한 목표가 철학자의 '시초'를 이끌지 않으면 안 된다. 그 목표란 무엇인가 하는 문제인 것이다. 물론 자연적 태도에서는 (현상학적 환원을 하고자) 결단할 때 모범이나 전범이 되는 것이 발견되지 않는다. 그러나 그 싹틈이라고나 할까 하는 것이 학學 일반의 동기부여 속에서 소박성을 극복하려는 경향으로서 활동하고 있는 것을 발견할 수 있다. 학에는 인식의 노력, 진리를 향한 노력이 활동하고 있다. 이 노력은 일체를 빠짐없이 아는 보편성 Universalität으로 향하는 경향이다. 그래서 인간의 생 속에서 활동하는 이 노력에 기초해서, '생을 보편적으로 비판하고' 궁극적인 것에 다다르고자 결단을 내릴 수 있는 것이다. 이와 같이 철학자의 결단은 이미 학적 인식 속에서 활동하는 보편성으로 향하는 경향을 간파하고 생의 자기인식의 궁극성을 목표로 해서 진행되지만, 이 목표 이념은 명증체험을 고려함으로써 인도된다. 명증체험은 전술한 바와 같이 인식할 때 사념된 것의 곁에 임재하는 의식이고, '스스로-거기에'의 의식이고, 사념된 것을 자기소유하는 의식이다. 충전적인 명증은 '사념된 것이 존재하지 않을 가능성은 없음[비존재의 불가능성]'을 포함하는 바, 이를 후설은 필증적apodiktisch인 명증이란 말로 표현했다. 필증적인 명증이란 절대적으로 의심할 수 없는 의식으로서, 직접 '사상事象 앞에 서는 것'이다. 그래서 후설은 필증적인 명증으로서의 경험은 어떠한 경험인가를 검토하는 것에서 시작한다.

일반적으로 경험이란 우선 존재자에 대한 경험을 의미한다. 그래서 우선 존재자의 총체로서의 세계에 대한 경험, 바꿔 말하면 일상적 경험을 채택해서, '세계가 존재한다'라는 명제가 과연 필증적인 명제인가 어떤가를 검토하는 것에서 시작해야 한다. 세계의 존재의 자명성을 나타내는 '세계가 존재한다'라는 명제는 통상 '모든 최후적이고 직접적인 인식 원리의 총체를 자신 속에 포함하고 있는 것 같이 보이기' 때문이다. 그렇지만 과연 자연적 태도의 일반정립인 '경험된 세계가 있다'라는 믿음[신념]이 절대적 근거를 부여하는 방법적 통로의 출발이 되는 필증적인 확실성을 가질 수 있을까? 경험은 동일한 대상에 관해서 지향-충실의 일률적 조화를 갖는 연관을 형성한다. 그러나 만약 지향된 대상이 존재하지 않고, 대상 지향이 충실되지 않을 때는 어떻게 되는 것인가? 확실히 그때 경험의 연관은 중단된다. 그러나 끊임없이 수정의 가능성은 남고, 항상 조화를 이루려는 연관은 보전될 것이다. 그러나 경험의 연관은 끊임없이 대상의 비존재를 가능성으로서 안에 포함하는 흐름이다. 또 경험이 항상 자기수정의 조화를 이루려는 흐름에는 언제나 세계에 대한 추정적인 이념이 활동하고 있다. 하지만 이 추정적으로 믿고 있는 세계의 존재라 할지라도, 경험을 통해서 추정적으로 믿고 있는 한, 비존재의 가능성을 불식할 수 없는 것이다. 원리적으로 비존재의 가능성을 배제할 수 없는, 항상 자기수정의 조화를 이루려는 인식의 우유성偶有性은, 따라서 필증적인 의심불가능성을 나타내는 것이 아니다. 몇 번이라도 말하고자 하지만, 필증적인 의심불가능성은 보고 있는 한 보이고 있는 것이 존재하지 않을 가능성을 생각할 수 없다는 것을 의미한다. 그렇다고 한다면, 지각에 있어서 지각된 것이 존재하지 않을 가능성이 남는 한 '세계가 존재한다'라는 명제에는 불식하기 어려운 우유성이 늘 따라다닌다. 세계믿음(일반정립)은 '실증성의 보편적인 선입견'[10]이고, 선입견으로서 존재의 자명성의 의식이었던 것이다.[11]

그렇다면 필증적인 의심불가능성을 나타내는 명제는 어떠한 명제일까? 여기에서 세계존재의 경험에서 인식 지반을 발견할 수 없었던, 명증을 검토하는 창끝은 '나는 존재한다'는 반성적 자기경험으로 향해진다. 세계경험을 행하는 그 자아의 존재에 대한 반성경험에서 필증적인 확실성을 발견하는 방법적인 길을 걷고자 하는 것이다. 그런데 여기에 하나의 어려운 문제가 놓여 있다. 즉, '나는 존재한다'에 대한 반성은 이미 내가 세계를 경험하고 있기 때문에 이 경험에 대한 반성으로서 성립하는 것인바, 그렇다면 '나는 존재한다'에 대한 반성은 이미 세계의 존재를 전제로 하는 것이 아닐까? 또, 세계경험을 반성하는 나 자신이 세계 내에 존재하고 있는 이상, 세계는 숨겨진 방식으로 전제되고 있는 것은 아닐까 하는 문제이다. 이러한 순환론을 깨트리기 위해 후설은 자아와 관련해서 세계내적인 심리학적 자아와, 어떠한 의미에서도 세계 내에 존재하지 않는 주관으로서 세계를 그 자신 앞에서 발견하는 순수한 자아를 구별한다. 심리학적 반성은 세계의 내부에서 행해지는 세간적 반성의 영역을 벗어나지 않는다. 하지만 순수한 자아에 대한 반성은 세계의 존재와는 관계가 없다. "창조된 세계 즉 나의 경험의 객체가 부정되었다고 해도, 이로부터 자아, 경험의 순수한 자아, 그리고 경험하는 것 자체 등이 부정되는 것은 아니다."[12] "나의 세간적 경험의 본질로 인해서, 세계 그 자체가 지니는 인식우유성 및 이로부터 생기는 모든 것은 그 순수성의 면에서 어떤 자아와 자아-생에 관여하지 않는다."[13] 이와 같이 데카르트적 방법은 자아를 세계로부터 순수하게 분리하기 위해 '철저한 세계 거부'에서 출발했다. '세계가 존재한다'는 명제를 검토하는 일은 나에게 미리 숨겨져 있는 초월론적 주관성을 발견하기 위해 빼놓을 수 없는 절차이지만, 방법론적 통로의 도중에 통과되어야 하는 것이다.

그런데 이 데카르트적 방법을 좌절로 이끄는 사상事象이 『제일철학』의 서술 과정에서 생겨 나왔다. 그것은 초월론적 주관성 그 자체가 하나의 경험가능한 영역으로서 반성의 대상이 됨으로써 생겨났던 좌절이다. 본래 반성은 필증적인 명증체험으로서의 새로운 경험이고, 종래의 전통적 경험 개념을 돌파하는 것이었다. 전통적 형이상학의 입장에서는 필증적인 경험이란 마치 '나무로 만든 철'과 같은 모순된 개념이고, 경험은 항상 무언가 형이상학적 실체에 의해서 보증되는 것이 필요했다. 그런데 후설에게는 그 자체로 성립하는 영원한 진리, 주관성과의 상관관계를 떠난 진리라는 것은 있을 수 없다. 반성경험이 주관성의 절대성을 확증한다 해도, 그것은 숨겨진 지향성을 차례대로 노정해 가는, 진행하는 반성에서만 확인되는 것이어서, 데카르트적 의미에서의 '나는 존재한다'의 절대적 명증을 점적·순간적·현재적 자아의 존재의 확실성에서 구하는 것은 가능하지 않다. 역으로 말하면, 데카르트적 방법으로는 반성에 의해 개시되는 초월론적 주관성의 전체적 장Feld을 발견하는 것이 가능하지 않다. 점적 명증의 순간성은 잠재적 체험의 배경을 수반하지 않기 때문이다. 그렇다면 이 진행하는 반성의 가능성에 의해 열려 오는 초월론적 주관성의 영역의 전체성은 어떤 방법으로 손에 넣을 수 있는 것일까? 바꿔 말하면, 그 전체적 영역을 여는 반성으로 향하는 길은 어떻게 해서 준비되는 것일까? 이와 같은 의혹이 후설로 하여금 비데카르트적 방법으로 나아가게 했다.

2) 비데카르트적 길로

데카르트적 길은 세계믿음을 우선 배제하고서, '나는 존재한다'를 향해 환원을 진행한 것이었다. 그런데 후설은 『제일철학』에서 세계의 존재타당성의 면에서 세계의 비존재의 가능성을 추구하지 않고, 세계의 존재·비존재를 불결정성에 두는 방법을 비데카르트적 길로서 발견하게 된다. 즉, '세계의 존재에 대한 물음을 불문에 붙이는 것'이다. 초월론적 주관성의 자기경험에 다다르기 위해서는 세계의 존재·비존재의 결정을 보류하고서 우선 초월론적 주관성을 발견해야 하고, 세계의 존재는 초월론적 자성自省을 심화해 가면서 의식과의 상관관계 속에서 취해내야 한다고 생각했기 때문이다. 즉, 세계의 존재·비존재는 현상학적 반성에 의해 결말이 나는 것이어서 현상학적 반성 이전에 세계의식의 명증을 논의해서는 안 되기 때문이다. 세계의 존재는 주관적 현출의 방식에서, 주어지는 방식에서, 바꿔 말하면 의식의 믿음양태에서 물어져야 하는 것이다. 그러는 한에서 '나는 존재한다'와 '세계는 존재한다'의 두 명제를 하나로 하면서, 우선 어떻든 세계의 존재가 주관적으로 주어지는 방식에 다다르고자 하는 것이다. 이와 같이 에포케에 의해 주관성을 주제로 하는 한, 모든 비의식적 존재자는 의식에 '미리 주어진 것Vorgegenbenes(선소여된 것)'으로서 발견되는 것에 지나지 않게 된다. 그렇다면 이 '미리 주어진 것'으로부터 어떻게 해서 초월론적 주관성의 전체적 영역에 도달할 수 있는 것일까?

이 비데카르트적 길은 원칙적으로는 각각의 작용에 무관심한 자기성찰의 에포케를 실시한다. 각각의 작용은 그 자체 현재적顯在的이어도 잠복적인 초월론적 경험영역 전체를 대상의미의 측면에서 지시하고 있다. 형식적이고 기계적이기는 하지만 이미 『이념들 Ⅰ』에서 말한 '노에마적 지표'의 역할을 떠올려보고 싶다. 즉, 노에마에 새겨지고 숨겨진 지향성들을 반성에 의해 소급해 간다면, 일찍이 현재적顯在的이었던 체험들을 차차 노정해 갈 수 있는 것이다. 이 방법은, 이미 『이념들 Ⅰ』에서 지향적 분석론의 방법으로 사용되었던 노에마적 반성이 현상학 전체에 걸친 포괄적 방법으로서의 방법론적 의의를 새롭게 부여받아 데카르트적 길에 기초하는 환원 대신에 사용되게 된 것이라고 보아도 지장이 없다. 이 방법은 '은복성隱伏性/Implikation의 방법'이라 불리는데, 마침내 후설의 현상학이 이 방법에 의해 큰 변화를 보이기 시작해 발생적 현상학이라는 역동적인 성격으로 변해 가는 하나의 징표가 되었다.

그것은 어떻든, '미리 주어진 것'을 길잡이로 해서 숨겨져 있는 지향적 잠재성을 차차 밝음으로 가져오는 이 반성의 방법에 의해 초월론적 주관성의 영역의 가능성이 성립하게 되었다. 하지만 '초월론적 주관성을 초월론적 생 각각의 형태대로 알아서 배우고자 하는 당면한 요구'를 충족시키기 위해 우선 첫걸음을 내딛지 않으면 안 된다. 즉, 이 방법은 무엇보다도 우선 주관적인 것으로 시향視向을 바꿔서 각각의 대상이 주어지는 방식을 보고자 하는 것이다. 그와 같이 실제로 이 방법은 초월론적 생 전체의 연관을 노정하는 것에 앞서서, 우선 최초로 초월론적 주관성에 대해서 무언가 아는 일 없이 단지 주관적으로 주어지는 방식에 시향을 바꾸는 단계를 밟지 않으면 안 된다. 이 제1의 단계를 밟는 것이 현상학적 심리학적 방법이라고도 불리는 심리학적 환원이지만, 그러나 이 환원에 머무는 한 세계는 아직 인간적 주관에 타당한 것이며, 또 작용은 인간적 작용임을 멈추지 않는다. 그래서 각각의 작용을 넘어서서 세계라고 하는 의미 전체에 관한 지향성을 노정하는 현상학적 환원이 계속해서 실시되어야 한다. 이 제2의 환원이 '지향적 은복성의 방법'이다.

데카르트적 길은 선행적 세계를 배제함으로써 전全 자연적 세계를 배제해버리는 것으로, '초월론적 생의 개별적 형태를 알아 배우고자 하는 당면한 요구'조차 충족시키지 못할 뿐만 아니라, 절대적이고 점적인 "나는 존재한다"의 명증에 머묾으로써 새로운 경험의 영역을 배척하게 되어, 초월론적 주관성의 철저한 자기이해에 도달할 수 없었다.

비데카르트적 길은 보편적 에포케에 의해 세계를 '미리 주어진 것'인 초월론적 의미형성체로 화하게 한다. 이 구성된 의미형성체는 모든 존재자를 포함하는 구체적 보편인바, 초월론적 주관성의 구성적 작업의 상관물로서 해명되게 된다. 이 해명이 진행됨으로써 의식의 여러 지평이 개시되고, 이로부터 초월론적 주관성이 무한성을 그 자신에 잠재적으로 포함하는 구체적 무한성으로서 노정되게 된다. 절대적 명증으로서의 궁극적 존재의 이념 대신에 이 무한성으로 향하는 무한한 자기성찰이, 진리로 향하는 무한한 노력이 거기에 등장하게 된다. 초월론적 주관성은 이렇게 해서 세계와 세계의식을 상관적 계기로 하는 세계경험적 생으로서 발견되게 되는 것이다. 후설은 나중에 "총체적인 태도변혁의 활동은 현실적이자 가능적인 세계경험의 무한성을 현실적이자 가능적인 '초월론적 경험'의 무한성으로 변혁한다. 초월론적 경험의 최초의 것으로서 세계와 그 자연적 태도가 '현상'으로서 경험된다."고 『위기』에서 서술하면서 『이념들』의 데카르트적 길에 결함이 있었다는 것을 인정하고 있다.(14) 그러나 세계경험적 생으로서의 무한성은 도대체 무엇을 의미하는 것일까? 세계의 무한성에 기초하는 것인가, 초월론적 생의 무한성인 것인가? 또 세계라는 개념은 너무나도 불명확한 다의적인 울림을 주고 있는 것은 아닐까? 이러한 물음은 다시 묻기로 하고, 여기서는 후설의 현상학이 1920년대에 『제일철학』을 구상할 때 영원의 철학으로 향하는 지향에 실패하고, 『이념들』 시기 이래 계속해서 걸어왔던 데카르트적 길을 내버리지 않을 수 없게 된 그 좌절 체험이 당면한 문제이다.

이 시기에 후설은 여기서 든 비데카르트적 길 외에 여러 가지 가능한 방법을 구상하고 있다.(15) 그러나 여기서 든 방법이 그 후의 그의 철학적 작업에 결정적으로 방향을 부여하고 있다. 20년대 후반에, 여러 가지 방법도 이 방향으로 하나로 수렴되고, 데카르트적 길은 수정된 형태로 『데카르트적 성찰』에 재등장하는 것 외에는 배경으로 물러나게 된다. 철학의 '시원'에 관한 이론은 더 이상 체계의 기초 부분으로 편입되지 않게 되고, 오히려 분리되어 '현상학적 환원의 현상학'으로서 최만년의 『위기』-노작에 새로운 옷을 입고 등장하게 된다.

『제일철학』은 후설의 사상이 진행되는 과정에서 결정적인 전회를 이루게 한 저작이다. 란트그레베는 이 책을 읽는 독자의 눈앞에 "무역사적인 선험주의 및 근대 합리주의의 완결을 의미하는 초월론적 주관주의의 좌절"이 벌어지고 있다는 점을 지적하고 있다. 또, 오늘날 하이데거가 '형이상학의 종말'이라는 것을 제창하고 있는데, 그와 같은 표현방식은 이 시기에 후설과 자주 대화를 주고받은 하이데거 자신이 당시 후설의 이 좌절 체험을 함께 체험했다고 하는 사정을 헤아리지 않는 한 올바르게 이해할 수 없는 표현방식이라고 말하고 있다. 왜냐하면 이 저작 곧 『제일철학』이 '형이상학의 종말'이라는 사건을 보여주고 있기 때문이다.

문제는 꽤 복잡하다. 『존재와 시간』의 현상학적 입장에서 후기의 존재사유의 입장으로 이행해 간 하이데거의 사상의 전회가 그의 저작 『진리의 본질에 대해서』의 서술에 보이는 바와 같이, 후설의 현상학적 구상의 좌절과 전회도 또한 이 『제일철학』의 서술 과정에 보인다. 양자의 전회를 비교해 볼 때 전회의 형태는 완전히 상이하지만, 전회가 기초하는 사건은 '형이상학의 종말'이라는 완전히 동일한 사건이라는 것을 알 수 있다. 하이데거는 이 사건을 그의 철학의 주제로 삼아 자각하고 이에 정력적인 사유를 집중하지만, 후설은 이 사건의 와중으로 몸을 찢어 갔다. 그 결과 후설의 사상의 걸음은 이후 계속해서 비극적인 분열에 사로잡히게 되었다. 후설에게 있어서 사상事象 그 자체에서 발생하는 이 좌절은 한편으로는 현상학의 방향을 크게 전회하게 하고 방법상 새로운 국면을 다시 심화해 가는 자세를 취하지만, 다른 한편으로는 그의 철학의 기본적 입장에서 오는 자기해석은 이 사건의 본래의 의미를 은폐해 가게 된다. 후기의 후설에 특히 현저하게 나타나는, 분석의 성과와 자기해석 간의 엇갈림은 이 전회가 후설에게는 자기이해적인 전회가 아니라 사상 자체에 의해 어쩔 수 없이 초래된 전회라고 생각된다. 특히 의미와 존재를 둘러싼 관념론적 해석과 실재론적 사상 간의 불안정한 긴장과 교체에 채색되어, 후기의 현상학의 전개는 한층 깊은 문제층을 파고들게 되는데, 그 때문에 그 본래의 의의에 대해서 너무나도 다양한 해석을 불러일으키고 있다.

제2장 발생적 현상학이란 무엇인가?

1. 발생적 현상학의 방법

—의미의 역사

1) 과학적 대상에서 경험적 대상으로 회귀함

1925년 프라이부르크 대학 여름 학기 강의에서, 후설은 『제일철학』 이후 걸어갔던 비데카르트적 길의 심리학적 방법을 분명히 내세우고 있다.(1) 이 강의는 현상학적 방법을 규명하고자 현상학적 심리학을 주제로 한 것이 아니라, 오히려 『논리 연구』 이래의 현안이었던 심리학과 현상학의 관계를 철저하게 파고들어 심리학의 새로운 가능성을 수립하고자 기도한 강의이다. 하지만 거기서 후기 후설의 발생적 현상학의 구상이 역력하게 대두하는 것을 볼 수 있다. 편자 비멜의 말과 같이, 심리적인 것에 대한 현상학적 파악을 위한 준비가 그대로 현상학의 근거설정Grundgebung의 역할을 행하고 있다.[2] 이 강의에서 주목해야 할 점은 심리학에서 기술과 선험적인 것이 어떻게 관련되어 있는가 하는 본래의 주제와 얽혀서, 형상적 환원이 자유변경의 방법으로서 큰 의의를 갖게 된다는 것이다. 또 하나는 현상학적 심리학과 초월론적 현상학을 구별하기 위해 자연적 태도를 검토하는 일이 새로운 각도에서 시도되었다는 점이다. 서론에서 후설은 연구를 착수하면서 과학적 · 계역적界域的으로 규정된 자연과 정신에서 선이론적 세계소여성으로 회귀할 것을 요구하고 있다. 이 기술은 만년의 『위기』와 그 밖의 저서에 보이는 생활세계로 귀환함에 대한 기술의 선행적 위치를 점하고 있다. 여기서는, 이 강의의 현상학적 방법에 관한 기술을 주로 해서 검토하고, 이른바 발생적 현상학의 구상을 확인해두고자 한다.

우선 과학적 진리의 기반으로서 경험의 영역을 발견해 가는 일에 대해 말하고 있는데, 그 경우 후설은 과학적 진리라는 것을 어떻게 생각했던 것일까? 후설은 과학적 진리는 방법적 추상을 실시함으로써 형성된 것이라고 말하고 있다. 왜냐하면, 고차적인 의식 작업인 사유가 이론적 관심에 이끌려서 객관적 · 궁극적인 진리를 목표로 할 때 이미 경험적 세계가 지반으로서 주어지고 있기 때문이다. "과학적 주제로서의 자연과 정신은 미리 거기에 있는 것이 아니라 자연적 · 선이론적 경험을 기반으로 해서 이론적 관심 및 이로부터 이끌리는 이론적 작업에 의해 비로소 형성된다. 그것들(자연과 정신)은 거기에서는 근원적으로 직관적인 착종과 공재의 형태를 취하며 나타난다. 선과학적인 경험세계의 이 구체적인 직관적 통일에서 출발하고 나서 다시 그것이 어떤 이론적 관심과 사유 방향을 예고하는데, 그때 자연과 정신이 어떻게 해서 통일적 · 보편적 주제가 되고, 또 끊임없이 불가분리하게 상호 관계할 수 있는가 하는 것이 명시되어야 한다."[3] 과학적으로 규정된 진정한 세계는 고차적인 인식의 소산으로서 이미 경험적 현실성을 전제로 하고 있다. 경험적 세계는 진정한 존재에 대한 모든 물음의 전제가 되고, 모든 학문적 연구가 거기로부터 완성되어 오는 원초적 영역이다. "모든 사상이나 그 밖의 정신적 능동성에서 출발하는 이론적 형성체의 최후의 기반은 경험적 세계에 있다."[4] 이것을 망각한다면 그릇된 자연주의적 자기해석에 빠지게 되는데, 예를 들면 심리학이나 정신과학은 "정신을 질료적 신체의 한갓된 인과적 부속물"로 해석하거나, "물리적 질료성과 평행적인 인과계열"로 해석해서, 자연주의적 심리학 또는 정신과학으로 타락하게 된다.

그렇다면, 경험세계의 지반적 성격은 어떤 점에서 성립하는가? 여기서 후설은 경험의 일률적 조화성Einstimmigkeit(율조성律調性)이라는 용어로 나타내는 경험의 연속적 통일적 성격에 대해서 언급한다. "우리들은 경험적 세계라는 명칭 하에서 틀림없이 떠올려야 하는 것은 우리들의 경험이 진행될 때에 몇 번이라도 취해내는 율조적 전全 현실의 통일성분이다. 우리들의 경험은 각각의 것에 있어서는 때로 난조성亂調性이 일어나는데도 불구하고 결국 모든 것은 하나의 율조성의 조화 속으로 녹아들어간다는 성질을 갖고 있다. 바꿔 말하면, 어떤 가상도 그 위치에서 진정한 존재가 대응하고 있는 것이며, 그래서 진정한 이 존재는 율조적으로 연계하고 있고 경험에 의해 발견될 수 있는 것이다."[5] 경험은 존재-가상-존재라고 하는 전화轉化를 관통해서 전체로서 항상 율조성을 보전하고 있다. 이 율조성은 지평의 현상에 기초하고 있다. 이로부터, 경험의 통일적 존재확실성을 받치고 있는 것은 각각의 경험을 통해서 주어지고 있는 하나의 세계의 지평 현상이라는 것이 분명하게 된다. 경험의 확실성이 항상 중단하는 일이 없는 율조성의 근저에는 세계가 항상 개방적 외부 지평으로서 현상하고 있는 것이다. 경험적 세계의 지반적 성격은 각각의 경험 대상에 지평으로서 항상 동일한 세계가 속하고 있다는 것을 보여주고 있다. 각각의 경험은 항상 세계의 단면의 경험으로서 세계의 연관 내부에서 행해진다는 것이 이로부터 이해되는 것이리라(지평 현상과 세계의 연관에 대해서는 제2장 제3절 참조).

그런데 후설은 이 경험적 세계구조의 연관을 명확하게 취해내는, 경험적 세계의 보편적 구조형식에 관한 보편적인 학이 성립가능하다고 말한다.

그리고 구체적인 개별성에 질서를 주는 세계의 보편적 형식에 관한 이 세계학은 각각의 과학에 대해서 그 기반이 되고 그것을 제약하는 선험적인 보편학이며, 전체로서 정합적으로 통일된 세계뿐만이 아니라, 세계에 관한 각각의 내적 구조라든가 영역들에 대해서 또 보편적 형식인 시간과 공간 및 그 밖의 보편적 성질들에 대해서 타당한 학이어야 한다고 생각하고 있다. 그 때문에 세계의 일반적 구조를 명확히 하고 자연적 세계개념을 완성해야 한다고 하는 것이지만, 자연적 세계개념은 현상학적 반성에서 어떤 역할을 수행하는가, 또 후설은 이 자연적 세계개념을 정말로 완성한 것인가 어떤가, 또 자연적 세계개념을 획득하는 방법이라고 하는 이념화란 어떤 방법인가, 이러한 물음들에 답해야 한다. 우선 이념화 방법을 검토하고 자연적 세계개념을 획득하는 의의를 묻기로 하자.

2) 이념화의 방법과 자연적 세계개념

후설이 『이념들 Ⅰ』에서 형상적 환원이라고 부르는 방법은 방법으로서는 아직 충분하게 음미된 것이 아니며, 『논리 연구』에서 말하는 본질직관과 함께 전통적인 플라톤적 이데아관과 그다지 다르지 않았다. 단지 경험을 넘어선 선험으로 향한 일종의 경험으로서, 오로지 본질대상의 지향적 대상성으로서의 성격이 지향적 상관관계의 면에서 강조된 것에 지나지 않는다. 또 형상적 환원이란 명칭은 『이념들』 시기 이후에는 거의 사용되지 않았다. 그런데 자유변경freie Variation이라든가 이념화라고 불리는 방법이 『심리학강의』, 『경험과 판단』, 『논리학』 등에서 꽤 정밀하게 분석되고 있다.

그 분석이 보여주는 바에 의하면, 본질은 한 번에 파악되는 것이 가능하지 않다. 본질을 파악하는 일에는 우선 사실적인 것에서 분리해내는 일이 필요하고, 상상의식의 자유로운 활동을 기다려야 한다. 그 조작이 자유변경이라 불리는 방법이며, 이 방법은 상상에 의해서 유례적類例的인 것을 임의로 변경해 가는 과정을 밟는다. 그 결과 여러 가지 변경체가 거듭되는 것을 통해서 비변경체가 '언제든 다시immer wieder' 잔류해 오는데, 그것이 동일자로서 다시 능동적으로 직관된다고 하는 것이다. 이념화란, 자유변경의 과정을 포함하는 본질직관을 이름하는 말이다. 자유변경의 과정은 반드시 임의의 전형이 되는 유례에서 출발하고 어디까지나 개방적인 무한성을 갖고자 하는 것이기 때문에, 그 과정 자체가 임의성의 성격을 잃어서는 안 된다. 즉, 임의성이라 하는 것이 자유변경의 기본적인 성격이다. 즉 어떤 현실성은 다른 가능성들 중 하나의 가능성에 지나지 않는 것이므로, 에이도스의 순수성은 개개의 현실성, 개별성과의 결부를 배제하는 데에서 성립한다. 그리고 각 임의의 변경체의 중층적 중복을 통해서 동일자의 합치통합이 생겨나는데, 『경험과 판단』이 되면 이 합치통합의 동적 과정이 수동성의 현상으로서 분석된다.(6)

후설은 에이도스를 경험적empirisch 일반성과 구별해서 다음과 같이 비교하고 있다. 경험과학의 방법이 되는 경험적 일반화는 어떤 일정한 수의 유사대상을 비교해서 그것에 공통되는 일반자를 획득해 가는 방법이지만, 이 일반자는 언제나 경험된 주변과의 관계에 있어서 공통성 · 일반성을 갖는 것에 지나지 않는다. 이에 반해서 이념화에 의해 파악되는 에이도스는 순수한 일반자이고, 항상 무한한 변경을 관통하는 단 하나의 것이다. 이것과 비교한다면 경험적 일반성은 오히려 '임의의 동등한 것'에 머물고 있다. 또 차이의 이념도 에이도스라고 하는 동일한 공통자를 전제로 해서만 명확하게 된다. 변경은 각각의 계열을 갖고 있지만 보다 포괄적인 계열로 종합되고, 최후로 최상위의 본질일반성의 영역이 발견된다. 어쨌든 이 계열들의 구체적인 추적은 기술적으로도 상당히 어렵고 이 생각 자체에도 문제가 남아 있지만, 후설은 이 자유변경을 현실성을 탈각해 가는 정신의 자유로운 활동으로 보아, 경험적 세계의 보편적 구조의 본질파악의 가능성을 거기서 탐구하고자 한 것이다. 왜냐하면, '자연적 세계개념'에 관한 보편학의 이념을 확립하고자 했기 때문이다.

후설은 실증과학에 의한 세계의 사실적 경험의 총괄이라든가 경험적 일반성의 획득이 아니라, 세계의 보편적 본질에 관한 선험적인 학의 이념을 생각하고 있었다. 칸트는 세계를 경험의 대상에서 제외했지만, 후설은 세계를 경험가능한 것으로 보았다. 그래서 현실에서 경험된 세계사실로부터 이념화에 의해 세계의 선험적인 구조를 취해내고자 했던 것이다. 그렇다 해도 후설은 왜 우선 최초로 자연적 세계개념의 완성을 의도했던 것일까? 뒤에서 서술하는 바와 같이, 그것은 적절한 '길잡이' 개념을 손에 넣어서 초월론적 주관성의 체계적인 노정을 가능하게 하고, 보편적 세계구조와의 상관관계 속에서 초월론적 주관성의 보편적 본질을 개시할 작정이었기 때문이다. 물리학적 자연 개념을 중핵으로 하는 이 자연적 세계개념에는 세계의 내부로 편입되었던 정신성의 선험도 포함되고 있다. 후에 서술하는 『이념들 II』의 영역존재론 고찰도 이 자연적 세계개념을 총체적으로 작성하기 위한 시도임에는 틀림없지만, 후설은 이 개념을 완성하는 일 없이 개개의 소여에서 출발하는 현상학적 환원의 길을 걷고 있었다.

그 이유로서 몇 가지를 생각해볼 수 있다. 우선 첫째로, 경험에 주어지는 세계는 지평으로서만 현상하며, 존재자 전체를 대상적・주제적 파악하고자 할 때는 도리어 모습을 감추고 마는 현상이기 때문이다. 즉, 대상의 총체로서의 세계 개념을 '길잡이'로 해서 보편적 세계의식을 개시하는 것은 수동적으로 활동하는 세계의식을 개시하는 것이 아니다. 요컨대 후설이 사용하는 세계개념은 현상학적 분석에 의해 얻은 세계의 분층화分層化에 의해 다의화한 것이기 때문에, 보편적 세계학의 주제인 세계의 본질구조와, 현상학적 분석에 의해 노정되는 세계의 세계성은 완전히 다른 차원의 것이다. 세계의 세계성은 자연적 세계개념을 길잡이로 하는 초월론적 반성에 의한 것이기보다는 현실에서 후설이 걸어간 길에서 오히려 그 본래적 의미를 보여주고 있었다고 생각된다. 둘째로, 물리학적 자연을 중핵으로 하는 자연적 세계개념은 최만년의 후설에게 있어서 생활세계 개념으로 대치되고, 그 일상적 주위세계를 나타내는 생활세계 개념이 후설 현상학의 기본적 성격의 어떤 수정을 촉구하는 면을 갖고 있기 때문이다. 이 사정들은 후기의 현상학이 당면한 상황을 나타내는 유력한 문제군으로서 그 해명을 독촉하지만, 당장은 발생적 현상학의 방법적 기축이 되는 은복성의 방법이 어떻게 정비되어 오는가, 현상학적 반성의 방법으로서 어떤 위력을 발휘하는가 하는 이 점에 대해서 서술하겠다.

3) '길잡이Leitfaden'의 방법

발생적 현상학의 방법은 최초에 현상학적 심리학의 방법으로서 설파되었지만, 차차 형태를 정비해 가면서 1929년 『논리학』에서 '의미발생의 소급적 노정'의 방법으로서 정면에서 제창되었다. 이 저작은 주로 판단사태에서 판단기체인 대상으로 향하는 의미의 발생적 소급을 취급하고 있다. 이 방법은 원리적으로는 『논리 연구』 이래의 모든 '명사화 변양 또는 정초작용'에 『이념들 Ⅰ』의 노에마적 반성을 엮어 넣음으로써 성립하는 것이지만, 이 책에서는 단지 술어판단에서 선술어적 판단으로 향하는 반성적 소급만을 설명하는 것이 아니라, 의식의 모든 작업의 산물에서 의미발생의 역사를 보고서, 어떤 대상이라 할지라도 의미의 역사를 그 자체에 떠맡고 있는 이상 그것을 역으로 발생(사)적으로 본래의 원초 경험으로까지 더듬어 되돌릴 수 있다고 하는 보편적 통찰에까지 이끌리고 있다. "의미는 발생의 역사를 숨기고 있다." "모든 의미형성체에 대해 그 본질적 의미역사를 묻는 것이 가능하다. 이 놀랄 만한 고유성이 구성적 지향성으로서의 의식일반에 속해 있다. 지향적 분석의 본래적 의미는 지향적 함축성을 노정하는 것으로서 규정된다."(7) 즉, '사전에 주어진 것'은 초월론적 노에마로서 그것의 구성에 참여한 일체의 지향적 작업을 역사로서 그 자체에 포함하고 있다. 그렇기 때문에 현재적顯在的 대상의미는 잠재적潛在的 지향성의 지표인 것이다. 그러므로 그것을 '길잡이'로 해서 역사적으로 침전된 지향성을 노정해 가는 것이 가능한 것이고, 현상학적 반성은 이런 의미에서 '지표' 또는 '길잡이'의 방법이라 불리고 있다. 이 방법이 단지 의식의 지향적 분석의 방법(예를 들면 노에마적 반성)으로만이 아니라 구성적 분석의 방법으로도 사용된다는 점에 획기적인 의의가 있는 것이다. 일체의 과학적 대상을 포함하는 모든 것은 구성적 산물로서 이 방법에 의해 그 구성적 근원으로까지 발생적으로 해체할 수 있기 때문이다. 놀랄 만한 것은 이제까지의 모든 현상학적 연구의 성과라 할지라도, 이 발생적 성찰의 제물이 되어 '길잡이'로 화한다고 하는 점이다. 현상학이 이 시기(『심리학강의』 이후)에 급속하게 변모하기 시작한 것은 이 때문이다.

그렇다면 종래의 현상학은 어떻게 재검토되고 있었을까? 후설은 이 새로운 현상학을 발생적genetisch 현상학의 이름으로 부르는 것과 동시에 이제까지의 현상학을 정(태론)적statisch 현상학이라 부르고 있지만, 양 현상학 상호의 관계는 단순히 시기적 변천만이 아니라 내적인 구조적 연관에도 보인다. 정적 현상학은 "각각의 유형을 추적하면서 그것들을 질서지으면서 체계화해 가는 기술"을 가리키는 것이기에 기술적 현상학이라 불리고, 이에 반해서 발생적 현상학은 설명적 현상학이라 불리고 있다.(8) 후설은 다음과 같이 말한다. "내가 정적이라 부르는 현상학의 연구는 구성하는 의식과 구성되는 대상성 간의 조건을 추적하고 발생적 문제 일반을 배제하는 연구이다."(9) U. 클레스게스도 지적하고 있지만, 정적 구성은 이미 전개해 온 주관성에 관한 대상의 구성이어서 주관성의 자기구성(시간적)을 전제하지만, 발생적 구성은 의식의 자기구성으로서 사상적事象的으로는 정적 구성에 선행한다.(10) 그러나 이론(방법)의 면에서는 정적 구성의 쪽이 선행한다. 이 지적으로부터도 간취되는 바와 같이, 정적 구성 자체가 초월론적 주관성의 발생적(시간적) 자기구성으로 회귀하는 것을 위한 길잡이가 되고, 스스로 그것을 준비했다고 말할 수 있는 것이다. 정적 현상학이 발생적 분석의 지표로 화하는 것을 보면, 『이념들 I』의 의식분석론이나 『이념들II』의 영역구성론이 자주 지적되는 바와 같이 중간적 준비적 성격을 벗어나지 않았다는 말의 진정한 의의가 충분히 이해될 수 있을 것이다.

'지표의 방법', '길잡이의 방법'은 이와 같이 전기 현상학과 후기 현상학을 내적으로 관련짓고, 전자에서 후자로 이르는 전회를 현상학의 자기전개로 보는 해석을 촉구한다. '길잡이의 방법'에 의해 현상학의 분석이 모두 잠정적 예비적 성격을 면할 수 없는 숙명에 놓여 있다는 것이 폭로되게 된다. 연구의 성과라고 하는 발견된 사상事象이 '길잡이'의 역할을 수행함으로써 보다 심층의 의식활동이 노정되고, 분석 자체가 재차 재검토되고 수정되게 된다. 후설 현상학의 방법은 이런 의미에서 발견의 방법으로서 변증법적 성격을 갖는 것이고, 후설이 일생 동안 수행한 연구의 궤적이 자기부정적 운동의 동적 과정을 그리고 있는 것도 사상事象에 기초한 이 방법에서 유래한 것이라고 이해할 수 있지 않을까?

의미발생의 소급적 방법은 잠재성을 노정하는 방법인바, 그것은 의식의 지평을 개시하는 것을 의미한다. 지평은 '현재적顯在的인 것에 있어서의 잠재성의 지시연관'이다. '지표'는 지평의 개시開示로서, 대응하는 의식의 규칙구조를 갖는다. 이로부터 적절한 '길잡이'가 필요하게 된다. 핑크도 초월론적 길잡이를 적절하게 주는 것은 구성적 현상학의 가장 중요한 과제 중의 하나라고까지 말하고 있다. 본질적 세계구조는 의식의 본질과 대응관계를 갖는 것이기에, 자연적 세계개념이 초월론적 주관성의 구성적 체계를 노정하기 위한 완전한 '길잡이'라고 생각되고 있었던 것이다.

발생적 현상학의, 의미발생적 소급의 방법에 의해 의식의 분석을 진행하는 일은 특히 경험의 분석에서 풍부한 성과를 가져왔다. 의식의 능동적·정립적 지향성뿐만 아니라 수동성이라고 불리는 선정립적 지향성의 층을 발견하기에 이르렀기 때문이다. 후설의 분석론의 성과를 충분히 받아들이고자 한다면, 바로 이 경험의 분석 속으로 들어가서 스스로 추분석하면서 사상事象의 전개를 추적해야 한다. 해석자로서 그 자신의 사유의 과제를 여러 가지 발견한다고 해도, 이 조건만은 지키지 않으면 안 된다. 따라서 다소 난해하다고 생각될지도 모르지만, 다음에 경험의 분석을 전개하는 일을 추적하고 싶다. 이 추분석을 게을리한다면, 후설 현상학의 근본 문제의 하나인 세계론으로 가는 통로가 막혀버리지 않을까 하는 두려움이 있다.

2. 수동성의 현상학

—경험의 분석

1) 선코기토에서 코기토로

발생적 현상학에 의해 의식의 구성기능의 심층이 차례대로 밝혀져 나오게 되는데, 이때 『이념들 Ⅰ』에서 막연하게 단지 '비현재성非顯在性에서 현재성顯在性으로 향하는 전화轉化'라고 말했던 주의성 체험 즉 코기토의 성립에 관한 일련의 현상이 특히 정밀한 분석을 받게 된다. 코기토로서의 객관화 의식에 층위적 구조가 있다는 것은 이미 서술한 대로이지만, 다시 코기토, 상세히는 대상으로 향하는 자아의 능동적인 대향Zuwendung의 성립에 앞서서 이미 대상의미의 자기구성이라고 불리는 선코기토적 현상의 층이 발견되는데, 이것을 후설은 수동성의 현상으로서 다루면서 주제적인 정밀한 연구를 바치고 있다. 수동성의 연구는 대체로 1920년 전후에 시작하고 현상학의 전회에 크게 기여했다고 말하는데, 이미 전전戰前에 란트그레베가 편집하고 간행한 후설의 초고 『경험과 판단』(1939년)은 이 방면의 연구를 상당히 상세하게 전하는 것이었다. 최근 간행된 『수동적 종합의 분석』(저작집XI)은 부분적으로는 보다 정밀한 분석이지만, 전체적으로는 『경험과 판단』 쪽이 보다 정리되고 또 새로운 분석군을 포함하고 있다. 이러한 연구들에 의해 밝혀진 것은, 대상의 구성에 관한 의식의 기능이 크게 능동성과 수동성, 즉 코기토와 선코기토의 두 단계로 나뉘고, 다시 또 각각 두 단계로 나뉜다는 것이다. 수동성의 단계로서 (1) 수동적 원原지향성 (2) 촉발Affektion, 능동성의 단계로서 (1) 수용적인Rezeptiv 자아대향 (2) 자발적인 고차작용, 이 네 단계이다. 최후의 고차작용을 제외한 나머지 단계들의 경험의 구조분석을 고찰해보겠다.

우선 첫째로, 수동적 원지향성의 분석은 휠레의 문제를 중심으로 해서 전개된다. 『이념들 Ⅰ』의 분석에서 휠레는 단지 노에마 쪽에 속하는 내실적인reel 계기에 지나지 않았지만, 발생적 분석에서는 무엇보다도 '선소여성'의 해명이 중심 문제가 되고 있는 이상, 휠레의 문제는 여러 가지 방식의, 의미의 원초적 발생이란 점에서 물어지고 있다. 왜냐하면, 선소여성의 영역에 내재적 합법칙성의 현상이 보이기 때문이다. 휠레는 대상화되지 않는 한 본래의 의미에서 아직 대상이라고 할 수는 없지만, 그럼에도 불구하고 그 영역은 결코 혼돈인 것이 아니라 이미 일정한 구조와 분지화分肢化를 갖고 있다. 즉, 어떤 의미에서 이미 대상의미로서의 통일성을 갖고 있다. 후설은 이 통일을 수동적 종합으로 파악하고 그 기능에 연합Assoziation이란 명칭을 부여했다. "연합이란 명칭이 지시하는 것은 이 내재적 발생의, 의식일반에 속하는 형성과 합법칙성이다."(11)

물론 의식생을 관통하는 가장 근원적인 구성기능은 의식의 시간적 자기구성으로서 근원적 시간의식에서의 시간대상성의 구성이지만(후술함), 이 연속적 종합의 활동은 어떤 의미에서 내용을 추상한 것이고 또 시간질서와 의미내용의 질서는 다른 것이기 때문에, 의식의 대상구성적 기능은 시간의식의 근원층을 딛고서 활동하는 이 연합기능에서 비로소 영위된다고 보는 게 좋을 것이다. 그것은 또한 시간의 근원적 기능이 실제로는faktisch 이 연합기능으로서 활동한다는 것도 의미한다. "연합적 발생의 현상은 이 수동적 선소여성의 영역을 지배하는 것이고, 내적 시간의식의 종합 위에서 층위가 부여되는 것이다."(12) "연합의 현상학은 근원적 시간론이 보다 고차적으로 계속繼續되는 것임을 단번에 알 수 있다. 연합에 의해 통각의 모든 단계를 순회하며 구성적 작업이 확대된다."(13)

연합은 '의미의 친근성의 현상'이고, 의미내용이 상호 여러 가지 통일을 일으키는 활동이다. 이전에 의식에 의해 능동적으로 구성된 의미가 의식의 영역에 가라앉아서 습득적인habituel 소유가 되고, 그것이 언제나 재차 새롭게 환기되고, 서로 합치종합을 일으키고, 스스로를 윤곽짓고, 분지화하고, 군群을 형성하고, 스스로를 통일체로서 형성한다. 이 종합은 동질성과 이질성이라는 두 근본적 방식에 기초해서 동등성과 유사성의 합치를 일으킨다. 동질적인 것은 서로 융합을 일으키고 이질적인 것에 대해서는 대조를 이루어 윤곽을 형성한다. 더욱이 융합에서 대조까지는 종종의 정도성이 성립한다. 요컨대 '어떤 것이 어떤 것을 상기하고', '어떤 것이 다른 것을 지시하는' 순수내재적인 기능이어서, 그 기능에 의해 개별적인 의미가 자기를 통일함으로써 의미의 장場으로부터 자기를 부각시키고 자기를 부상시키게 되는 것이다.(14) 이렇게 해서 "수동적 선소여성의 장인 지각장은 이미 종합적 합일에 의해서, 또 많은 의미영역의 상호관련에 의해서 구성되어 있다."(15) 하지만 수동적 통일은 결코 본래적 의미의 대상이 아니다. "연합은 어떠한 대상도 만들지 않는다. 어떤 것이 대상이 되려면, 오히려 연합을 기초로 해서 단지 '이름이 없는' 어떤 것으로서만 나타날 수 있는 통일에 종사하는 초월론적인 자아론적 능동성을 필연적으로 전제한다."(16) 본래의 대상화로서 활동하는 코기토에 앞서는 대상의미의 이 자기통일은 '어두운 코기토'로서 표명적인 코기토에 앞서서 그것을 준비하는 선행적 단계이다. "연합적 수동적 구성의 단계들은 초월론적 작업이 코기타치온에서만 행해지는 것이다. 이는 코기토적으로 확실하지 않은 것으로서 선코기토적 사건이라고 특징지을 수 있다."(17) 이렇게 해서 선소여성 즉 의식에 앞서서 주어지는 것이 이미 의식의 심층에서, 그것도 현재現在의 의식의 장에서 대상화 활동 이전에 수동적으로 종합되고 있다는 것이 분석적으로 발견되었다.

다음으로, 이 수동적으로 구성된 의미의 통일은 자아를 촉발하는 경향을 갖는다. 의미가 자기를 통일하는 정도나 대조의 강약의 정도에 의해 촉발의 정도도 다르게 된다. 배경에서 부상되어 오는 의미의 통일은 자아로 향해서

침압력浸壓力을 갖는 데 반해, 자아는 '촉발되고 있다'고 하는 관계방식을 갖는다. 이 촉발적 경향에 자아가 응답할 때 수동적 경향은 능동적 코기토로 전화하고, 자아는 객체로 향해서 능동적으로 대향한다. 모든 촉발에 자아가 응답하는 것은 아니지만, 그러나 자아는 항상 "사실상의 실시에 대한 전제를 이루는 작용 실시의 가능성의 상태인 잠재성으로서 깨어 있다."(18) 이는, 비현재성非顯在性이 '대기함'으로서 현재적顯在的 코기토에 앞서 있다는 점을 말하고 있다. 이 선코기토적 현상들은 코기토 이전의 것이라고 말할지라도 시간적으로 선행하는 것은 아니다. 촉발은 대향의 전제이지만, 선행적 현상이 아니라 동시에 대응하고 있는 것이다. 촉발과 (작용) 지향은 코기토의 깨어남을 촉구하는 '자아를 부르는 것'과 일체가 되고 있다. 후술하는 바와 같이, '초월론적 현재現在'에서의 동시성은, 이러한 이른바 주관-객관 분열의 원초적 발생이 사건Ereignis으로서 생기한다는 것을 이해시키는 것이리라.

셋째로, 코기토 즉 자아의 능동적 작용은 촉발적 경향에 자아가 응낙함으로써 일어난다. 이른바 객관화적 구성인바, 충분하게 의식되어 수행되는 코기토이다. 그러나 능동성은 수동성과 정면적으로 대립하는 것이 아니라, 이미 구성된 의미로 자아의 눈을 향하게 하는 것이다. 따라서 촉발에 응낙하는 자아의 활동은 수용적 성격을 면할 수 없다. 후설은 능동성의 최하의 단계에 지각이라든가 기억 등 직접적 체험을 수용적 의식으로 산입하고, 자발적 의식인 판단과 그 밖의 고차의식에서 이것을 층위적으로 구별해내고 있는데, 이로부터 여러 가지 촉발적 경향에 둘러싸인 자아의 경험적 영역의 복잡한 유동적 성격이 이해되는 것이리라. 자아의 눈에 들어오는 것에 주목해서 그것을 수용한다는 자아의 대향은 '어떤 면에서는 본원적인 나타남에서의 한갓된 의식소유'이기도 하고, 또 '다른 면에서는 그것을 넘어서서 확대해 가는 지각의 영역 중에 깨어 오는 대상에 대한 능동적 파악'이기도 하다. 대향은 경험의 개시점Einsatzpunkt에 지나지 않는다. 대상으로 향하는 관심Interesse이 있기에 최초로 대상을 향한 연속적인 경험의 연관이 성립한다. 거기서, 대상의 '존재'에 대한 의식, 대상을 존재자로서 유체적有體的 현재現在에 파악하는 믿음작용을 핵심으로 해서, 동일한 대상을 끊임없이 새롭게 나타나는 대상의 방식을 통해서 다시 계속 규정해 가고자 하는 대상 시향의 태도가 발생하게 된다. 후설은 이를 관심이라고 이름하지만, '이 관심은 아직 특별한 의지작용과는 어떠한 관계도 없다.' 고차적 단계에서는 본래적인 의지가 되는 것이라 해도, 이 단계에서는 '보통의 지각의 본질에 속하는 얻고자 애씀Streben'에 지나지 않는다. 그러나 거기에는 대상에 '더 가까이 가고 싶다', '대상을 완전하게 자기의 것으로 하고 싶다'고 하는 얻고자 애씀이 활동하고 있다. 이 얻고자 애씀에 의해 지각의 어두운 지평이 불러일으켜지고, 지각의 연속적인 조화적 연관이 형성된다. 이 '얻고자 애씀'이 갖는 지향성의 원초적 충동은 의식 현재에서 행하는 자아의 활동으로서, 최만년의 후설은 이를 원초적 목적론의 운동으로서 재검토하고 있다. 일반적으로, 코기토의 성립은 최후의 연구에서는 시간론적 분석에 의해 재검토되고, 현상학적 의미의 면에서 수정되게 되지만, 여기서는 선코기토적 수동성의 해명 없이는 코기토의 성립은 이해가능하지 않다는 점을 아는 것으로 족할 것이다. 정립적 의식으로서의 코기토에서만 의식의 지향적 활동을 보는 현상학자(예를 들면 사르트르)는 이 시기의 후설의 분석, 즉 수동성의 현상학에 대한 이해를 완전히 결여하고 있다고 생각된다.

2) 지각에서의 지평 현상

후설은 의식의 분석론에서 주로 지각을 선택해서 분석하는데, 이는 지각이 본원적인originell 명증의 의식이고 다른 변양된 의식의 원형을 보여주고 있기 때문이다. 하지만 또 고차적인 여러 의식 태도를 정초하는 활동을 갖는다는 것도 이유가 되고 있다. 여러 태도의 기초에 이 지각이 놓이는 것은 대상의 동일성을 계속 보전하는 활동, 즉 대상의 존재의 믿음이 지각에 보이기 때문이다. 앞 절에서 코기토가 성립할 때 대상을 계속 규정해 가고자 하는 관심이 활동하는 일에 대해서 서술했는데, 관심의 활동은 지각에서 세 가지의 방식으로 나타난다. 그래서 후설은 지각을 세 종류로 나누고, 이것들을 단적인schlicht 관찰적 지각 혹은 파악작용Erfassen, 해명작용Explizieren, 관계부여작용Beziehen이라 이름하고, 대상의 동일성을 보전하면서 연속적 연관을 형성해 가는 지각의 구조를 각각 분석하고 있다. 상호 구별되는 세 종류의 지각은 의식작용에 일어나는 수동성의 현상이며, 그것과 상관적으로 지각의 지평 현상이 모습을 나타내 온다.

우선 단적인 관찰적 지각에 대해서. 의식작용의 수동적 현상을 후설은 '여전히 움켜쥐고서 보전하고 있음noch-im-Griff-behalten'이라 부르고 있다. 단적인 지각이란, 하나의 대상을 그것으로서 계속 지각해 가는 체험인데, 그 자체 '내재적 시간적 통일'을 갖고 구조의 다양성을 보여주고 있다. 하나의 대상이 다양한 현출을 통해서 하나의 대상으로서 파악되는 것은 이 시간적 통일 때문이다. 후설이 들고 있는 예는 지속해서 울리는 음을 듣는 체험이다. 음은 시간의 흐름이나 그 울림의 위상의 연속적 변화를 통해서 연속적으로 동일성을 보전한다. 각각의 위상은 이 동일한 대상인 음이 나타나는 방식이다. 음은 '지금' 시점 및 한쪽에서는 연속적인 과거의 지평, 다른 한쪽에서는 미래 지평을 갖는 구체적 현재現在 속에서 나타나지만, 이 현재는 끊임없는 유동이다(제5장 참조). 파악작용은 본래 음으로 향하고 있지, 음의 소여 위상으로 향하고 있지 않다. 즉, 목하momentan의 위상은 연속적으로 변화해 가지만, 파악작용은 이 변화하는 현재를 통해서 통일로서의 음으로 향하고 있다. 이와 같이 파악작용은 생동적인 현재의 연속하는 위상을 통해서, 바꿔 말하면 음의 요소를 통해서 음으로 향하고 있는 것이다. 그런데 어떠한 '지금'의 위상도 끊임없이 유동하고 지나가고 있는데도 불구하고, 지나가고 있는 능동적 작용은 여전히 보전되고 새로운 능동적 작용과 하나가 되어서 능동적인 통일적 연관을 형성하고 있다.

이 통일로서의 음으로 향하는 능동성의 자기합치는 어떻게 성립하는가? 지나간 능동성과 곧 오는 능동성을 '지금' 활동하는 능동성과 함께 활동해 가면서 하나의 동일한 대상으로 향하게 하고, 항상적으로 자기합치를 행해 가면서 능동성의 통일적 연관을 형성하게 하는 것은 이 '여전히 움켜쥐고서 보전하고 있음'이라고 하는 일종의 수동성의 활동이다. 이와 같은 능동적-수동적인 '여전히 움켜쥐고서 보전하고 있음'이라는 현상에 기초해서 지각 대상은 지속하는 대상으로서 파악된다. 이 수동성은 연합적 수동성과는 이질적인, 작용 속에서 활동하는 수동성이다. 요컨대 자아가 대상을 움켜쥐고서 떠나지 않을 때 작용 그것에 이 수동성이 활동하고, 거기서 경험의 연관이 형성되어 가는 것이다.

이 수동성은 여러 가지 형태로 활동한다. 예를 들면 차례로 대상을 바꿀 때에도, 동일한 대상의 파악작용이 갖는 수동성과는 다른 방식으로 이 보전적 수동성이 활동한다. 후설은 동일한 대상에 관계할 때의 수동성을 '인상적' 수동성, 관심이 교체하는 경우의 수동성을 '비인상적' 수동성이라 해서 이 둘을 구별하고 있다. 어느 것이든 이 수동성은 작용이 갖는 수동성으로서 능동적인 성격을 잃지 않는다. 다만 순수한 시간의 유동적 현상인 '파지Retention'와 구별되어야 한다. 파지는 '내적 시간의식의 근원적 구성의 합법칙성'에 속하는 근원적인 시간의 흐름이다. 이 시기의 후설은 근원적 시간의 흐름과 자아가 맺는 관계방식을 그다지 강조하고 있지 않다. 오히려, 자아적인 것이 맺는 일체의 대상관계의 유무에 관계없이, (근원적 시간의 흐름을) 자아의 일체의 작용이 따라야 하는 흐름이라고 보고 있다. 연합을 설명할 때 서술한 바와 같이, 수동성은 실제로faktisch 의식이 활동할 때 일어나는 시간의 의식침투적 기능이라고 말할 수도 있는데, 이 '여전히 움켜쥐고서 보전하고 있음'이라는 현상도 '<여전히noch>란 양태에서의 현실적 능동성'이며, '현실의 작용의 구체성에 있어서, 변양되어 들어오는 것이 현실에서 발동하고 있는 성분'이다.

다음으로 해명적 지각에 대해서. 파악작용이 하나의 대상에 대해서 연속적 연관을 형성해 가는 것에 대해서, 어떤 대상을 그 고유성질이라든가 부분계기에 의해서 규정해 가는 지각체험은 해명작용이라 불리고 있다. 대상을 보다 상세하게 고찰해 갈 때 대상에 대한 어떤 기대가 활동한다. 이 기대는 대상을 이미 무언가의 방식으로 알고 있다고 하는 예료적 지향인데, 이 예료적 지향이 대상에 대한 규정으로서 활동하는 것이다. 거기서 대상의 내부 지평이 예료 지평으로서 현상하게 된다.

우선 파악작용과 어떻게 구별되는지 탐구해보자. 대상 S가 색이라든가 모양의 내적 규정 α, β에 의해 규정된다고 하자. 그 경우 S에 대한 관심으로부터 발생하는 과정은 S → α → β의 순을 밟는 것이 아니다. "S의 파악에서 α, β 등의 파악으로 이르는 각 작용의 전 과정으로부터 우리는 S를 알아서 배워 간다. 전 과정은 전개(해명)하는 관찰이자 분지화된 관찰의 통일이다. 전 과정을 통해서 S는 주제의 성격을 보전한다. 우리들은 계기에서 계기로, 부분에서 부분으로 일보씩 파악해 간다. 계기와 부분은, 일반적으로 말하면, 고유성질의 규정이다. 어떤 것도 그 자체로서 있는 것이 아니라 대상 S와 관련해서 있는 것이고, 대상 S로부터의 대상 S에 있어서의 어떤 것이다. 고유성질을 파악할 때 우리는 대상을 알아서 배우고, 고유성질을 대상의 고유성질로서 안다. 규정되지 않은 주제 S는 전개할 때 현출해 오는 고유성질의 기체가 된다. 고유성질은 대상에 있어서 그것의 규정으로서 구성되는 것이다."(19) 규정 α, β로 이행하는 것은 S로 향하는 관심이 약화하는 것이 아니라 오히려 S로 향하는 관심이 진행해 가는 충실이고 그 고조이다. '대상을 보다 상세하게 알고 싶다'고 하는 대상으로 향하는 지배적 관심의 속행續行이다. 붉고 작은 꽃을 '붉음', '작음'이라 하는 고유성질에 의해 규정해 가는 것은 막연하게 꽃을 꽃으로 관찰하는 관심보다도, 대상으로 향한 관심이 보다 지속적이고 강도적인 것이다.

해명작용은 대상을 그 규정에 있어서 전개해 가는 것인데, 후설은 여기서 이 해명작용을 논리적 의미형식의 '기체'와 '규정'의 관계로서 파악하고 있다. 본래 해명작용은 선술어적인 종합 과정이지만, 이른바 논리적 카테고리의 원초적 발생 위치를 거기서 보는 것이 가능하다고 말하고 있다. 물론 이 해명적 종합은 예의 동일적 사물의 다양한 현출의 연속적 종합에서의 동일성 합치와 혼동되어서는 안 된다. 해명작용에서의 기체와 규정은 상관항Korrelatglied으로서 구성돼 있는데, 여기서 규정은 기체가 갖는 동일성을 갖지 않는 해명사Explikat에 지나지 않는다.

그런데 해명작용은 각 부분 파악을 통해서 전체를 파악하는 활동이지만, 전체 즉 대상으로 향하는 능동성은 각 규정작용으로서의 능동성이 활동할 때 양태를 변양해서 계속 보전된다. 여기서 해명작용에서의 '여전히 움켜쥐고서 보전하고 있음'이란 수동성의 현상이 발견되는 것이며, 해명작용이 계속하는 한 S는 Sα가 되고 다시 (Sα)β가 되어서 언제까지나 S로 향하는 능동성은 수동화해 가면서 보전되고 있다.

그렇다면 또 하나의 수동성인 연합은 이 경우 어떻게 활동하고 있는 것일까? 대상을 규정해 가는 해명작용의 과정에서 이 규정은 예료로서 활동한다. 각각의 대상은 결코 고립되어 있는 것이 아니라, 유형적으로 이미 친숙하고, 미리 알려져 있는 지평을 갖고 있다. 즉, 연합이 예료에로 활동하고 있기 때문이다. 대상의 유형적 예료의 지평은 항상 유동적이고, 예료는 충실되거나 수정되거나 하며 간다. 지각의 연속적 연관은 바로 지평(예료) 지향의 충실 과정이다.

체험은 항상 근원적인 '지금'의 양태로 나타나지만, '지금'은 '파지'로 이행해서 차차로 사라져 가고, 마침내 '완전히 공허한 무생동한 과거로의 침묵'에 다다르고, 대상의미와 함께 망각되어 간다. 그러나 결코 흔적 없이 소멸해버리는 것이 아니라, 단지 잠재적latent인 것이 되는 것에 지나지 않고, 습득적 소유로서 언제든 항상 연합에 의해 호출돼 깨어나지기를 기다리고 있다. 그렇기 때문에 대상의 해명작용은 예료 지평을 수반함으로써 연합의 활동을 받고, 대상을 언제나 이미 기지의 '친숙함이 있는 것'으로서 지향하고 있다. 새롭게 구성된 의미는 재차 새로운 습득지가 되고, '잔류하는 획득물'이 되어 대비해 간다. 경험은 그런 의미에서 습득 속에서 새롭게 습득을 계속 만드는 것이고, 습득의 반복에 의해 기지성의 정도가 심화하고, 세계는 항상 친숙함을 심화해 가는 것이다. "미지성은 기지성의 양태이다" 하고 후설이 기술했을 때 그 이유가 여기에 있는 것이다.

마지막으로 관계부여작용에 대해서. 해명작용은 개별적 대상을 그 부분계기나 고유성질에 의해 규정해 가는 지각이지만, 지각은 대부분 그 대상이 다른 대상과 함께 주어진다. 눈앞의 집은 담이나 정원수와 함께, 책은 잉크병이나 펜과 함께 눈에 비친다. 다수 대상의 소여는, 하나의 대상이 다른 대상과 함께 촉발해 오는 것을, 하나의 대상의 수반적 소여로서 다른 대상이 주어지는 것을 말한다. 후설은 이 수반적 소여로서의, 대상의 주변을 외부지평이라 부르고 있다. 관계지각이란, 지각관심을 외부 지평으로 뻗치고, 대상을 다른 대상과 관계를 맺게 해서 보다 상세하게 규정해 가는 지각이다. 외부 지평은 자아의 대향을 유발하는 정도는 아니지만, 대상과 함께 대상의 배경에 있으면서 다음과 같은 역할을 수행하고 있다. "그러나 대상의 배경에 있는, 본원적으로 지각가능한 수반소여는 관계부여작용적인 관찰에, 그리고 상대적 규정의 획득에 동기를 제공할 뿐만 아니라 각 대상이 사전에 주어지는 유형적 예지성의 지평을 제공한다."[20] 그리고 이 유형적 예료는 당연히 연합에 기초해서 행해진다.

관계부여작용에서 대상의 규정은 상대적 규정이라 불리고 수반소여에 의해 동기부여되고 있지만, 이 수반소여는 반드시 지각 대상일 필요는 없다. 즉, 관계부여작용은 하나의 지각의 직관적 통일의 내부에서 가능할 뿐만 아니라, 예를 들면 지각 대상과 기억 대상 또는 상상 대상 간에도 성립한다. 그러나 그러기 위해서는 능동적 작용에 앞서서 수동적으로 직관의 통일이 여러 방식으로 주어져 있어야 한다. 즉, 동등성과 유사성의 관계가 이미 수동적으로 성립해 있어야 한다.

관계부여작용은 다수의 대상을 단지 차차로 파악해 가는 집합적 총괄작용kollektive Zusammennehmen과는 달리 어디까지나 주요 주제와 관계를 맺고 있는 상태에서 다른 대상으로 눈을 돌리는 것이다. '여전히 움켜쥐고서 보전하고 있는' 주요 주제와, 그것에 이어지는 관계 주제에 관한 두 파악작용은 순차적으로 병렬하고 있는 것이 아니라 이중시향二重視向의 것이다. 예를 들면, '펜대'가 주요 주제로서 움켜쥐어서 보전되어 있고 시향이 '연필'로 이행해 갈 때, 그 시향은 이중시향이 되고, 전자를 '보다 굵은 것'으로서 규정해 가는 것이다. 관계부여작용은 처음부터 독립 대상에 관한 것이기에, 각각의 관계항은 관계의 기체로서 교환가능하다. 다만 관계 그것을 주제적으로 파악해 가는 것은 고차의 자발적 술어작용이며, 선술어적 지각의 단계는 관계 그것의 근원적 기저를 이루고 있는 것에 지나지 않는다.

그런데 관계부여작용으로서의 지각의 직관적 통일은 촉발해 오는 대상들의 동시성의 통일이다. 다수 대상의 동시적 통일은 연합에 의한 수동적 통일과는 완전히 다른 방식의 통일이다. 후설은 동등성과 유사성의 합치통일인 직관의 장의 통일보다 동시성과 계시성에 의한 직관통일을 더 근원적인 것으로 통찰하고 있다. 이 두 상이한 직관의 통일, 두 종류의 수동적 통일은 도대체 무엇에 기초해서 구별되는 것일까? 여기서 상당히 세부에 걸쳐서 후설의 경험의 구체적 분석을 추적해본 것은 첫째로는 수동성 현상의 연구가 후설의 경험 분석으로 하여금 한층 풍부한 성과로 몰아세우고 있었다는 점을 지적하고, 발생적 현상학이 가져온 구체적인 연구 성과를 소개해두고 싶었기 때문이지만, 그보다 여기서는 후설 현상학의 근본 성격을 결정짓기 위한 몇 가지 단서 중 가장 유력한 것인 구체적 분석(세계론)으로 나아가는 길을 내고 싶었기 때문이다. 그 길은 다음에 보여주는 직관의 두 가지 통일 방식을 구별하는 근거의 규명을 통해서 '세계'의 존재가 의식에게 어떠한 관계 방식을 행하는가 하는 문제로까지 이끄는 것이다.

3) 직관의 두 가지 통일

지각에서의 직관의 통일 지각할 때 다수의 개체가 '의식의 지금'에 있어서 동시에 촉발하는 것으로 주어질 수 있는 것은 직관의 통일이 근저에서 성립하기 때문이다. 하나의 개체가 주어질 때 그 개체는 근원적으로 시간적으로 구성되고 있지만, 다수의 개체가 주어질 때 그 개체들은 동시성 또는 순차성의 기능에 의해 통일되고 있다. 이렇듯 지각할 때의 직관은 능동적 작용에 의한 객관화 이전에 감성적 · 수동적으로 통일되고 있다. 이러한 대상의 주어짐[소여]의 통일성은 시간의 개체구성적 기능에 의해 형성되는 것이라고 설명되고 있다. 후설에 의하면, 이 시간은 의식시간이 아니라 "대상의미에 공속共屬하는 객관적 자연시간"이다. 시간은 '포괄적 연속체'로서 하나의 지속이고, 이 지속의 개별화에 의해 모든 대상은 지속하는 개별체로서 구성된다. 즉, 지속으로서의 시간은 시간형식으로서의 자기를 개별화함으로써 시간질료의 개별화 가능성의 제약이 된다. 왜냐하면, 개개의 대상은 하나의 시간 내부에서 각각 고유한 시간위치를 점함으로써 하나의 시간의 내부로 편입되기 때문이다. "따라서 이 지속하는 개체가 있는 한, 시간형식은 개체의 형식일 뿐만 아니라, 또한 개체들을 결합하는 통일에 이르기까지 합일하는 기능을 갖는다. 그렇기 때문에 다수 개체의 지각의 통일은 결합하는 시간형식을 기초로 한 통일이다." (미리 말해두지만, 이 개체구성의 이론은 20년대에만 보이는 시간론이다.[21])

그런데 이 시간은 이 경우 지각체험의 주관적 시간이 아니라 '대상의미에 공속하는 객관적 시간'이다. 대상적 · 객관적 시간의 형식이 지각의 직관의 통일을 가능하게 한다고 하는 것이다. 아니 그뿐만 아니라 지각의 주위세계와 기억된 대상의 주위세계, 또 타인이 말하는 타인의 기억적 주위세계까지도 하나의 세계에 속하게 되는 것은 이 시간의 활동 때문이다. "감성의 형식으로서의 시간을 기초로 해서, 자아(및 자아공동체)의 모든 지각과 정립적 현전화의 지향적 대상들이 필연적으로 연관을 갖는 것"이다. 역으로 말하면, "이 상이한 기억적 주위세계의 모든 것은 하나의 동일한 세계의 부분에 지나지 않는다"는 것이다.

본래부터 주어지는 한, 지각이나 기억의 대상은 '현상적 시간'을 갖지만,

동시에 객관적 시간을 가짐으로써 모두 이 하나의 세계에서 위치부여되어, 이 객관적 세계에 확고한 시간위치를 갖고 그것에 의해 통일되는 것이다. 후설은 다음과 같이 서술한다. "우리들은 칸트의 명제 '시간은 감성의 형식이다. 그러므로 시간적 · 객관적 경험 각각의 가능적 세계의 형식이다'의 내적 진리성을 이제 이해한다."[22] 시간은 "최초의 형식인 동시에 근본의 형식이고, 모든 형식의 형식이고, 그 밖의 모든 통일을 창설해 가는 결합형식의 전제이다."[23] 여기서 객관적 시간이란 말은 객관화적으로 구성된 시간을 의미하지 않는다. 자아에 의해 자아와 함께 구성되고, 또 이념화되어 비로소 본질형식으로 파악되지 않는 한, 정확히는 객관적이고 객관화된 시간이라고 말할 수는 없다. 그렇지만 후설이 여기서 객관적 시간이 직관의 통일의 기능을 갖는다고 말할 때 그 기능은 어디까지나 시간의 수동적 기능을, 또 선객관화적 · 선코기토적으로 활동하는 근원적 기능을 가리키는 것이다. 의식의 능동성 이전에 의식시간이 아닌 이 자연시간이 의식의 장에서 의식작용의 전제로서 활동하는 것을 말하고 있는 것이다. 후설은 모든 대목에서 시간과 공간이 세계의 보편적 형식이라는 것을 반복해서 서술하고 있지만, 존재형식인 이 시간이 형식으로서 기능하고, 또 의식직관에서 수동적으로 기능한다는 것을 보여준 것은 『경험과 판단』의 분석론에서뿐이다. 이것은 상당히 중요하다고 생각된다. 왜냐하면 「세계론」에서 보여주는 바와 같이, 근원적 세계의 현상이 이 수동적 세계시간의 분석을 통해서 파악되고 있는데도 불구하고 후설은 이것을 결국 주제화할 수 없었고, 이 분석을 현상학이 학이 되기 위한 자기규정으로 살릴 수 없었기 때문이다. 그렇다고 해도 세계시간이 의식시간에 대해서 이질적 시간이라고는 생각되지 않는다. 그 점에서 최후 시기의 시간론은 선시간적 현재를 설명함으로써 세계시간과 의식시간이 분화되지 않은 차원을 개시하고, 이로부터 시간의 발생을 추적하고 있다(후술함).

연합에 의한 직관의 통일 그렇다면 현실에 존재하지 않는 대상에 관한 의식, 즉 비정립적 의식에서 직관의 통일은 어떻게 가능할까? 현실의 연관

내에 위치부여되지 않는 대상, 예를 들면 상상 대상은 이 연관에 편입되지 않는다. "상상 대상성에는 절대적 시간이 결여해 있다."(24) 하나의 상상의식의 직관통일, 또는 임의의 두 가지 상상의식 간의 연관이 성립하기 위해서는, 현실의 세계와 같이 근저에 절대적 시간질서가 존재하지 않기 때문에, 동등성과 유사성의 관계에 기초할 수밖에 없다. 예를 들면 지각 대상과 상상 대상 간에 객관적인 연관은 성립하지 않지만, 그러나 직관의 통일은 성립한다. 그것은, 내적 시간의식에 의한 시간대상의 구성을 딛고서 근저에서 연합이 활동하기 때문이다. 내적 시간의식에 의한 통일은 아직 직관의 통일이 아니다. 그러나 모든 대상은 '내적 시간의식의 흐름 속에서 집결되고 구성되고 있는 것'을 기초로 하고, 연합의 기능에 의해 통일된다. '동등한 것'은 '동등한 것'을, '유사한 것'은 '유사한 것'을 연합적으로 불러일으키고, 생동하지 않는 과거의 의미를 생동하게 함으로써 의식이 정립적이든 비정립적이든 상관없이 모든 것이 수동적으로 연관지어지고 통일된다. 그런 한에서 연합에 의한 직관의 통일은 수동적인 객관적 시간에 의한 통일보다 '보다 넓은 의미에서의 직관의 통일'이다. 후설은 이 직관의 통일에 대해서, "직관의 통일은 직관적 대상의식의 통일이고, 상관항으로서 대상성의 직관적 통일을 갖는다"고 말한다. 또, 이 명제로부터 다음과 같은 명제를 이끌어내고 있다. "시간직관의 통일은, 모든 시간객관인 어떤 결합된 다수의 객관에 대한 각 직관통일의 가능성의 제약이다."(25)

수동적 결합의 본래의 의의 후설은 직관의 통일을 이상과 같이 좁은 의미와 넓은 의미의 두 가지 다른 방식으로 취한다. 이로부터 이해할 수 있는 것은 다음과 같은 것이리라. 넓은 의미의, 즉 연합에 의한 직관의 통일은 동등성과 유사성의 관계, 한마디로 말해 비교의 관계의 기저를 형성하지만, 현실성 관계를 형성하는 것은 아니다. 이에 반해서 현실성 관계는 시간적 질서에 편입된 개별적 대상 간에만 성립하는 관계이다. 연합적 통일은 반복가능한 의미내용에 기초를 두고, 세계시간에 의한 통일은 필연적으로 시간의 일회성에, 즉 시간내용을 개별화하는 생성에 기초를 둔다. 즉, 한쪽은 반복이고 다른 한쪽은 생성의 시간성격을 갖는다. 또, 전자는 궁극적으로 내적 시간의식에 기초하고, 후자는 세계시간에 기초한다. 또, 전자가 대상의 의식내용의 결합인 데에 반해, 후자는 대상의 현실성으로서 대상의 존재의 제약이다. 결국 전자는 의식 전반에 걸친 결합의 가능성을 의미하고, 후자는 현실성의 의식에만 관여하는 결합의 가능성을 의미한다.

이상 꽤 상세하게 경험의 분석을 수동성의 차원에서 추적해보았는데, 후설의 현상학에서 수동성의 현상이란 의식의 자기결합을 위한 통일화 기능의 현상이라고 이해할 수 있을 것이다. 지금 활동하는 의식의 영역에 코기토로서의 대상구성적 객관화 의식 이전에 언제나 '이미 선소여적인 것'이 통일적으로 주어지고, 의식도 거기서 집중적으로 통일되고 있다. 지금 활동하는 의식과 함께 의식의 전 연관이 수동적으로 함께 활동하고 있는 것이다. '지향성이 언제나 이미 기능을 수행하고 있는fungieren 상相'이 바로 이 수동적인 기능이 활동하는 차원에서 발견되어야 하며, 수동성은 현상학적 반성을 철저히 할 때 비로소 발견되는 의식 심층의 가장 포괄적인 구성기능과 다른 것이 아니다. 수동적 현상은 층위적으로 근저에서 시간의 근원적 기능을 기저로 하고 있지만, 이 근원적 기능이 실제로faktisch 활동할 때에는 바로 이 수동성 현상으로서 기능하게 되는 것이다. 그런데 연합기능이 의식시간을 기저로 하고 있는 데에 반해, 세계시간에 의한 대상의 개별화나 연관지음의 활동은 의식시간이 아닌 자연의 시간기능이다.

본래 수동성의 문제론은 휠레의 현상학적 분석과 다른 것이 아니다. 그런데 '선소여적인 것' 곧 휠레에 관한 분석은 후설 해석을 좌우하는 중요한 열쇠가 되고 있다. 왜냐하면, 연합에 의한 대상의미의 선구성은 의미로서의 선구성이고 의식의 역사성에 깊이 뿌리내리고 있지만, 지각에서의 '선소여적인 것'의 현실성의 선구성은 어떠한 역사적 발생에도 앞서는 자연의 선역사적 근원성을 나타내는 것이기 때문이다. 여기에 이르러서 비로소 현상학적 분석론에서 '세계'가 어떻게 주제화되고 있는가를 묻는 것이 가능하게 된다.

3. 현상학적 세계론

—근원적 자연의 발견

1) 세계지평

후설이 세계의 문제론에 집중적인 정열을 품은 것은 환원이론과의 관련 때문이며, 이는 대략 1924년경부터 시작되었다.[(26)] 그러나 세계를 주제로 하고 세계 현상의 분석으로 통하는 방향으로 걸음을 내딛는 것은 상당히 이른 시기에 보이는데, 지각을 분석할 때 행하는 대상의 배경의 성격 등에 대한 기술이 그것에 해당한다고 말할 수 있겠다. 『이념들 Ⅰ』에서 일반정립을 기술할 때는 이를 아직 충분히 규정하고 있지는 않지만, 얼마 안 있어 이 일반정립의 문제를 환원이론의 중심적 주제로 보고 점차 파 들어가게 된다. 이와 거의 병행해서, 발생적 분석에 의한 수동성 현상의 연구가 초월론적 현상으로서의 세계를 지평 현상으로서 해명하는 길을 열게 된다. 전술한 바와 같이, '길잡이'로서의 '자연적 세계개념'을 정성 들여 완성하는 일 없이 의식의 분석을 서둘렀기 때문에, 세계 및 세계의식의 해명이 현상학적 분석 전체 중에서 명확한 위치부여를 획득하지 않았던 경향이 있고, 이에 더해서 자연적 세계 · 생활세계 · 세계일반 등의 개념들이 상호 중첩하면서도 상호 충돌하고 있었던 바이기에, 정연하게 주제적으로 전개된 세계론의 성립이 어렵게 된 사정을 간취할 수 있는 것이다. 하지만 이러한 개념들의 착종에도 불구하고, 후설의 논고들은 분석론의 내부에서 세계의 문제론이 가장 핵심적 위치를 점하지 않을 수 없는 사정을 고하고 있다. 이는, 자연적 태도에서 초월론적 태도로 향하는 태도변혁에서 주제가 되는 세계개념과 경험의 분석에서 지평 현상으로서 발견되는 세계개념을, 다시 진행시킨 '현상학적 환원이론'에서 하나의 주제로 수렴시키는 것을 볼 때, 세계개념이 현상학의 근본 성격을 다시 결정짓는 활동을 하게 되었다는 것을 말하는 것이다. 이 시도는 후설이 의도한 당초의 현상학의 구상과 합치한다고 말할 수 없을지도 모른다. 그렇지만 후설의 현상학에서 일어나고 있었던 근세 형이상학의 전회를 보여주는 그의 분석론의 성과의 의의와, 후설의 자기해석 간에 생긴 균열의 정체를 확인하기 위한 강력한 단서를 제공하는 것은 바로 이 '세계의 문제론'이다.

전장의 고찰은 경험의 분석이 동시에 경험에서의 지평 현상의 해명이라는 점을 보여주었다. 예를 들면 지각물은 일면적으로 또는 일부분의 계기에 의해 규정되지만, 아직 규정되어 있지 않은 것의 규정가능한 측면 또는 계기를 항상 남기고 있다. 이 '규정가능한 미규정성'의 지평에서 활동하는 것이 유형적 예료이며, 경험의 연속적 연관은 예료-충실의 연속적 유동과정이다. 이 과정에서 활동하는 예료는 항상 과거에 침전된 의미의 수동적 재생에 기초하기에, 이로부터 '미지성은 기지성의 양태이다'라는 표현을 취하게 된 것이다. 지각물의 예료 지평은 동일물을 내부로부터 규정해 갈 때 수반되는 내부 지평과, 지각물을 수반객체로부터 규정해 갈 때 나타나는 외부 지평으로 이해된다. 함께 '기지성과 미지성의 장으로서' 의식의 규정연관에 상관적으로 현상하고 있다. 그런데 외부 지평 쪽은 정립된 대상을 중심으로 해서 주변으로 확대하는 '수반객체의 개방적 무한'의 지평으로서, 이것을 차차로 확대해 가는 것이 가능하며, 최후로 '시간공간성의 개방성 지평으로서의 세계지평'을 극한 현상으로서 갖고 있다. 이 지평 현상으로서의 세계는 경험할 때마다 그때마다 서로 다른 개개의 경험 대상과 함께 '언제나 이미' 현상하고 있다. 눈앞의 책상의 외부 지평으로서 이 방이, 이 방의 외부 지평으로서 이 집이, 이 집의 주변에 이 거리가 하는 식으로 확대해 간다면 세계가 극한 현상으로서의 지평으로서 발견돼 온다. "이와 같이 우리를 촉발하는 모든 것은 세계의 지반 위에서 촉발한다."[27] 전체 세계의 존재는 자명성을 갖는다고 말하는 것도 이 '지반현상'으로서의 포괄적 지평성격이 경험 대상의 지평을 받치고 있기 때문이다. 자연적 태도에서는 자명한 것이라 해서 의심되는 일이 없던 세계의 존재는 동시에 그 자체 시향의 대상이 될 수 없었던 것이었지만, 현상학적 분석에 의해 비로소 지평 현상으로서 모습을 나타내 오는 것이다.

후설에 의하면, 이 세계지평과 상관적으로 세계존재를 믿는[신념하는] 세계의식이 작동한다. "세계의식은 믿음확실성 양태의 의식이다."[28] 하지만 이 세계의식은 각각의 경험의 일정한 작용과 같이 대상의 존재를 믿는 객관화 의식이 아니라, 오히려 이 작용들의 근저에서 작동하는 수동적 원原믿음이다. "모든 것은 믿음확실성의 세계의식을 전제하고 있다."[29] 이렇게 해서 『이념들 Ⅰ』에서 말하는 일반정립은 수동적인 성격을 갖는 존재믿음으로서 재검토된다. 그런데 이와 같이 세계지평이 수동적인 것과 상관적으로 세계의식도 또한 수동적으로 활동하는 것이기 때문에, 세계에 관한 이론적인 학, 전체로서의 세계의식은 나중에 실시되는 것에 지나지 않는다. 이 점에 대해서 후설은 다음과 같이 말한다. "전체로서의 세계는 언제나 이미 수동적으로 확실성에서 사전에 주어지고 있다. 그리고 발생적으로는 전체로 향하는 인식보다 개개의 존재자로 향하는 인식이 더 근원적이다."[30]

그런데 세계지평은 지평인 한, 개개의 외부 지평과 마찬가지로 미규정적 규정가능성의 성격을 갖는다. "세계의식의 기본 구조 또는 이와 상관적으로 모든 경험가능한 개별 실재의 지평으로서의 세계의 기저구조는 기지성과 미지성의 구조이다."[31] 이와 같이 후설은 세계 현상을, 개별적으로 그때마다 상이한 외부 지평과의 유비에 의거해서 이해하는데, 여기에 중대한 문제가 숨겨져 있다. 우선 첫째로, 외부 지평의 '극한 현상'으로서 '언제나 이미'의 성격을 갖는 세계지평은 더 이상 외부 지평과는 다른 차원의 것이 아닌가 하는 점이다. 둘째로, 세계의식이 수동적 믿음인 이상 존재믿음의 의식이며, 능동적 원믿음과 같이 직관의 충실을 갖는 의식이 아니라고 해도 그러나 현실성의 의식이고, 단순히 예료적 지향과 같이 의미내용을 획득하는 현상과는 다른 것이 아닌가 하는 점이다.

우선, '언제나 이미'라고 하는 선행적 현상이 갖는 선행성의 성격으로부터 곧바로 추찰할 수 있는 것은, 하이데거의 기초존재론에서 전개된 선존재론적 존재이해가 갖는 존재론적 선행성이다. 확실히 후설의 세계 문제론에는 역으로 하이데거의 존재론으로부터 받은 영향이라는 것이 감지되는데, 이는 오히려 현상학적 사상事象 중에 하이데거 쪽에서 표명된 현상학적 문제론의 기반이 이미 포함되어 있었던 것을 하이데거로부터 자극을 받고 자각적으로 전개했을 따름인바, 이러한 문제론의 주제적 전개를 실제로 촉진했던 인연으로서 하이데거의 등장이 생각된다 해도 사상事象 그것은 양자 간에 그렇게 이질적인 것이라고는 생각되지 않는다. 각각의 경험(존재자와의 지향적 관계)의 가능성의 제약을 하이데거는 해석학적 방법을 통해서 존재론적으로 이해했다고 한다면, 후설은 현상학적 반성에 의해 의식분석을 행하면서 노정해 가고자 하는 것이니, 일반적으로 말해서 후설의 수동성의 분석이야말로 작용지향성의 가능성의 제약을 철저히 규명한 것이었다고 보아도 좋은 것이다. 물론 후설은 이 지점에서 현상학의 기본적 성격을 결정하려는 시도를 단행하고 있지 않다. 그러나 그럼에도 불구하고 이 세계지평 및 세계믿음의 수동성 현상의 발견이야말로 "나는 존재한다"는 데카르트의 명증에 기초하는 근세 의식이론의 한계를 넘어서는 사건이었다고 말해도 좋은 것이다.

자연적 태도에서 활동하는 세계 존재의 자명성의 현상, 세계가 가장 자명한 것, 숙지된 것으로서 나에 대해서 언제나 이미 단순하게 거기에 있다고 하는 현상은, 바로 각각의 작용과 함께 세계 지평의 수동적 원믿음이 항상 작동한다는 것, 그리고 이와 상관적으로 그 세계 지평이 여러 지평들을 다시 넘어서 '언제나 이미' 현상하고 있다는 것에서 유래하는 것이며, 거기에 초월론적 이유를 갖고 있다. 개개의 것은 '세계의 단절면'에 지나지 않지만, 그럼에도 불구하고 세계는 그 자체로서 이 단절면에서만 자기를 고시하고, 전체적으로는 공타당성의 방식으로서만, 즉 절대적 지평으로서만 현상한다. 이와 같이 세계 지평은 항상 개방적 무한성을 갖고서 '결코 완결되는 일이 없는 지평'이라는 점에서 개개의 지평에 앞서고 그것을 넘어서 현상한다. 이 선행적 근원 현상은 G. 브란트가 말하는 바와 같이 '모든 존재자가 거기에서 거기에 기초해서 이해되는 바의 것으로서' 개별적인 것에 지반을 주는 것이다. 그런 의미에서 "세계는 지평들과 동일한 방향에서 발견되지 않는다. 세계는 지평들을 넘어서 지반으로서 있는 것과 동시에 목표로서 있다."(32)

이로부터 브란트는 후설이 세계의 이 고유성을 '초월'이란 말로 파악했다는 점을 지적하고, 친화성의 포괄 지반인 이 세계는 일종의 세계-직관이라고 말하고 있다. 즉, 각각의 경험과 동시에 활동하면서도 선행하는 세계기투의 활동을 거기서 보고자 하는 것이다. 확실히 세계지평과 세계믿음의 수동적 현상은 이와 같은 세계기투의 성격을 갖는다. 또 브란트에 의하면, 세계기투는 자아의 초월로서의 운동이고, 이 운동은 여러 지평들을 연속적으로 세계로 향해서 넘어서 가는 자기초월의 운동이다. 그때 자아가 개개의 존재자에 앞서서 세계를 지반으로 해서 갖기 때문에 이 운동은 가능하게 되는 것이며, 자아의 이 세계소유는 자아의 "나는 할 수 있다"고 하는 능력이다. 즉, 자아가 세계를 소유하기 때문에, 각각의 경험은 끊임없이 변화 교체하는데도 불구하고 하나의 조화 속으로 들어올 수 있는 것이며, 그런 한에서 세계는 존재의미를 보증할 수 있는 능력이라고 말할 수 있을 것이다. "초월은 세계소유적이니, 세계 내에 존재하는 자아의 지반임과 동시에 운동이고 목표이다."(33) 세계가 자아의 능력이라는 것은 세계가 자아의 어떤 소질로서 자아에 속한다고 하는 것이 아니다. 자아와 세계는 본질적으로 상속적相屬的인 고유한 연관을 형성하고 있는 것인바, "세계는 자아에 대해서만 존재하고, 자아는 세계 내에 존재하는 것으로서만 존재한다". 세계와 세계의식의 상관적 공속관계는 '세계경험적 생'인 의식생의 본질이다.

더구나 이 세계경험적 생의 활동은 끊임없이 세계로 향해서 자기자신을 넘어서 가는 자기초월의 운동이다. 브란트는 '세계 내 자아Ich-in-der-Welt'의 '내in'는 자기자신과 모든 존재자를 세계로 향해서 초출하는 것을 나타낸다고 말하고 있다. 또 세계경험에서의 자아의 탈자-존재를 "자기소외의 자기수행"[34]이라고 이름하고, 자아가 이질적인 것으로 향해서 본질적으로 자기자신을 이탈하고 자기자신을 소외시켜 간다는 운동과 함께, 이 탈자-존재가 이질적인 것 내에 있다고 하는 이중의 의미를 갖는다고 서술하면서, 그 이유를 다음과 같이 해석하고 있다. 그것은, 세계의식은 믿음확실성의 의식이지만 이 확실성은 다른 모든 확실성에 선행하는 '최초의 부동의 확실성'인 이상 언제나 이미 미리 있지만, 그러나 세계친화성은 동시에 '서먹서먹한 것'이고, 그런 의미에서 초월은 이 이질적인 것을 기지화해 가는 가능성이다. "세계는 미지성과 기지성으로 연속적으로 전화하는 가능성"[35]이기 때문에, 초월의 운동은 이 미지성의 기초 위에 서 있다. "믿음확실성 양태의 세계는 친화성임과 동시에 추적할 수 없는 미지성이다." 세계는 개개의 존재자를 기지화함과 동시에 항상 미지성에 머물고 있다. "모든 존재자는 세계의 친화적 미지성을 기초로 해서만 자기자신에 있어서 자기를 내보인다. 따라서 존재자는 그 자신에 있어서 자기를 내보인다는 점에서 아직 의식되고 있지 않은 미지성과는 본질적으로 다른 항상적 미지성 내에 있다. 존재자는 그 근원적인 자기자신을 내보일 때 총체적 기지화를 배제한다. 존재자는 언제나 이미 알려져 있지만 동시에 또한 서먹서먹한 것이다."[36]

브란트의 해석은, 세계지평을 단순한 외부 지평과는 이질적인 것으로 즉 자아의 초월의 목표인 것으로 해석함으로써 자아와 세계의 근원적인 상관관계가 모든 지향성 성립의 가능성의 근거가 된다는 것을 논한 것이다. 여기서 세계가 단순히 객체화된 의미형상이 아니라 객관화의 조건이라는 점이 통찰되고 있다. 여기에서 세계는 '기투된 것'으로, 의미 전체의 선행 현상으로 이해되고 있다.

그러나 세계의 '언제나 이미'라고 하는 선행 현상에는 세계기투와 함께 활동하는 세계수용이라는 사태가 간취될 수는 없는 것일까? 지각의 시간적 · 직관적 통일로서 활동하는 자연시간의 근원적 기능은 세계 쪽이 의식에 활동을 가하는 기능이라고 말할 수는 없을까? 또한 이 시간기능은 현실성의 연관을 형성하는 활동으로서 의식에 수동적 원믿음을 일으키게 하는 것은 아닐까? 후설에 의하면, 믿음의식은 존재의 의식이고, 대상이 현재에 있다고 하는 의식이다. 지각 등의 정립의식에서 지향적 대상이 충실됨으로써 대상이 '지금 거기에' 있다는 것이 확인된다. 그런데 수동적 원믿음은 세계가 거기에 '언제나 이미' 있다는 것을 확인하게 하는 의식이다. 세계가 이미 거기에 있는 것이고 의식 자체가 이를 수취하고 있는 것이라면, 의식으로 하여금 세계의 존재를 믿게 하는 것은 어떤 의미에서는 세계 쪽의 활동이라고 말할 수 있다. 지각적 직관의 통일이 가능할 수 있는 것은 세계가 의식에 침투해 오기 때문인 것이다. 수동적 원믿음의 수동성의 의미는 바로 이 수용의 의식을 나타내고 있다. 그렇기 때문에 세계의 현상에서 하이데거가 말하는 '세계기투'의 존재론적 의의를 발견하는 것은 그릇되지 않다고 해도, 일면적이다. 이 활동을 행하는 것은 더 이상 세계의 이름으로 부르는 것이 허용되지 않는다. 오히려 후설이 대지Erde의 이름으로 부르는 것에 상당한다고 말할 수 있겠다.

세계기투의 자기연관을 받치고 있는 것은 바로 이 세계수용이고, 굳이 하이데거적으로 말한다면 '정황성Befindlichkeit'의 현상이라고 말할 수 있다. 이 문제에 대해서 란트그레베는 다음과 같이 서술하고 있다. "하지만 자연의 자체존재는 선先과학적 경험으로 환원함으로써만, 그리고 모든 과학에 앞서서 언제나 이미 이해되고 있는 세계구조로 환원함으로써만 발견된다고 하는 그의 방법적 요구는 올바름을 보전하고 있다. 그런데 이 선과학적 경험이 자연의 존재로서 경험되는 것은 재차 주관의 형성적 능동성으로 환원될 수 없다. 오히려 그것은 세계에 불가분하게 속하고, 존재자의 한가운데에서 그 정황성을 성격짓고 있는 인간적 존재의 정립계기로 이해되지 않으면 안 된다. …… 이와 같은 자연 해석에서 자연은 우선 인간을 떠맡고, 동시에 인간에게 반항하는 대지로서 나타난다. 이것은 후설에 의해 요구된 <코페르니쿠스적 전회의 역전회>이다."[37] 란트그레베는, 후설이 만년에 세계지평의 기본적 구조계기인 대지에 관한 연구에 전념했지만, 그렇다고 해서 현상학적 태도의 변경에 다다른 것은 아니었다는 취지를 전하고 있다.

이 근원적 사태는, 바로 하이데거가 존재의 은닉성을 나타내는 대지와, 존재자의 현현성을 나타내는 세계의 항쟁적 상속相屬이라고 말하는 것에 해당할 것이다. 스스로 숨음으로써 존재자를 존재자로 있게 하는 존재의 근원적 활동은, 바로 의식에 의해 형상화된 세계의 배후에 몸을 숨기면서 의식의 대상화를 촉구하는 대지의 자기를 보내는 활동이라고 말할 수 있을 것이다. 후설이 보여준 세계의 문제론은 이러한 존재문제의 차원에 닿는 것이지만, 그러나 의식의 분석론의 테두리 내에서 존재의 근원적 동향을 시사하는 것에 머물고 있다. 후설이 대지의 존재의미를 구체적으로 말한 것은, 구체적인 인간존재를 그 주위세계와의 상관관계 속에서 고찰하고 '생활세계'를 주제로 하는 세간적mundan 현상학에 관한 유고에서이다. 그 유고에서 후설은 대지는 '근원적인 고향의 장소'로서 모든 생과 존재에 대해서 모든 것을 떠맡는 '어머니인 근거'라고 부르면서, 여러 가지 유형을 보여주는 여러 가지 주위세계의 근저에서 최후로 발견되는 고향지반Heimatboden으로 현상하는 것이라고 말하고 있다.[38] '모든 생활영역Territorium 중에서 가장 보편적인 인간의 영토인 대지'는 그러나 의식의 초월론적 분석론에서는 그 자체 대상화되는 일이 없이 대상화를 가능하게 하고, 대상화에 의해 자기를 숨기는 근원적 자연의 현상으로서 모습을 나타내고 있다. 그리고 이 자기를 보내는 활동은, 앞 절에서 서술한 바와 같이, 자연시간에 의한 휠레의 수동적 구성에서 볼 수 있다고 생각된다.

핑크는 후설에게서는 "지평이 세계에 기초하는가, 혹은 세계가 지평의 현상에 기초하는가 하는 물음"[39]에 대한 결정적 회답을 발견할 수 없다는 점을 지적하고 있지만, 『경험과 판단』의 지각의 분석에 관한 한, 지평이 세계에 기초한다는 사정이 충분히 간취된다. 그런데 후설이 걷는 길은 결코 이 분석에 의해 성과를 내고 있지 않다. 세계가 한갓된 의미 산물이라고 하는 전제 하에 전개되는 자기해석이 이 성과를 가려버리고 있다. 1951년

브뤼셀Brüssel에서 개최된 제1회 현상학국제대회 석상에서 핑크가 후설의 초월론적 구성의 의미가 의미 형성과 창조 사이를 동요하고 있어서 총체적 생의 존재의미가 정해지지 않은 채로 있다는 점을 지적한 것은 이미 잘 알려져 있다.[40] 핑크의 이 발언은 현상학자 간에 논의를 빚게 되었고, 특히 '생활세계'를 중심으로 한 후설 해석을 떠들썩하게 만들게 되었지만, 후설의 현상학의 근본성격을 결정짓는 열쇠를 어디서 발견할 것인가 하는 것은 지극히 어려운 문제이다. R. 잉가르덴도 1956년 크레펠트Krefeld에서 개최된 제2회 현상학국제회의 보고에서 핑크와 거의 같은 취지의 발언을 하고 있다. 잉가르덴에 의하면, 『이념들 Ⅰ』과 그 밖의 저작에서 후설은 '순수의식'을 절대성으로 표현한 반면 실재적 세계를 존재상대성으로 표현하고 있지만, 그러나 절대성과 상대성이라는 것을 어떤 근거에서 발언하고 있는가는 결국 알 수 없는 것이어서, 현상학의 기본적 개념은 본질적인 점에서 명석하게 확정되어 있지 않은 것이다. 하지만 잉가르덴은 실재적 세계가 노에마적 구성층과는 다른 것이라는 점을 시사하는 데에 머물고 있다.[41] 후설의 현상학을 관념론으로 보는가, 실재론으로 보는가는 해석자의 철학적 입장에 좌우되는 일이지만, 그 이상으로 자주 언급되어 온 바에 따르면, 후설의 프로그램적인 자기해석과 실제의 분석의 성과 간에 항상 어떤 엇갈림이 발견되는 것이 해석을 어렵게 하고 있는데 이 엇갈림은 후설 자신에게 동요로서 나타났던 것이다. 그렇기 때문에 엇갈림의 정체를 간파하기 위해서도 후설의 동요가 어디에서 유래하는가를 분석론에서 확인해둘 필요가 있다. 그런 의미에서 세계가 의식의 의미 산물인 것인가, 아니면 의식에 완전히 흡수되지 않는 것인가 하는 해석을 양분하는 문제가 실은 수동성 현상의 두 가지 형태, 즉 의식시간을 근저로 하는 의식의 자기통일과, 자연시간에 기초하는 의식의 통일에 현상現象상의 기반을 갖는다는 점을 다시 지적해두고자 한다. 다만 이 분석의 성과를 필요 이상으로 사변적으로 해석하는 것은 위험하다. 예를 들면, 디머는 내부 지평과 외부 지평의 극한에 각각 세계가 절대적 지평으로 현상하는데, 절대적 기체가 되는 절대적 내부 지평은 대지를, 절대적 외부 지평은 '열려진 것'으로서 창궁을 의미한다는 해석을 내리고, 하이데거의 이른바 창궁과 대지, 신들과 죽음을 면하지 못하는 것의 넷이 '거울유희Spiegel-spiel'의 세계를 이로부터 이끈다고 그렇게 말하고 있다.(42) 사상적事象的인 가까움은 있다고 해도, 이러한 해석은 후설의 분석의 성과의 의의를 묻기보다는 하이데거의 존재사유에 극히 형식적으로 그것도 견강부회하게 대응시키는 해석이 되고 말 것이다.

2) 세계존재

후설의 분석에 의거하면서 세계지평과 세계존재의 차이에 예리한 관심을 보여준 사람은 M. 토이니센이다. 그에 의하면, 지평이 갖는 '보다 이상mehr'이라고 하는 성격과, 의식에는 본래 보이지 않는 '보다 이상'은 구별되어야 한다고 말한다. 이미 『이념들 Ⅰ』의 노에시스-노에마 분석론에서, 노에시스와 노에마의 지향적 관계가 성립하는 것은 노에마의 중심핵인 지향적 대상이 존재로서 지향되고 있기 때문이라는 것을 보여주고 있었고, 이 존재지향에 의해 존재자로서의 노에마의 현출이 가능하게 된다는 것을 통찰하고 있었다. 대상을 나의 앞에 갖는 것이 가능한 것은 나의 앞에 갖는 것이 가능하지 않은 것을 내가 지향하고 있는 일이 있기 때문이다. 이렇게 해서 토이니센은, 존재자와 그 존재의 차이는 또 『데카르트적 성찰』의 제2성찰에 나오는 '보다 이상'의 개념에서 발견된다고 말하고 있다. 집의 앞면을 보면서 뒷면을 예료하는 것은 지평지향인바, 지평지향은 집 그것으로 향하는 존재지향에 수반되고 있는 것에 지나지 않는다. 마찬가지로, 세계지평과 세계존재는 구별되어야 하고, 또 세계지평으로 향하는 지향과 세계존재의 보편적 의식은 구별되어야 한다.(43) 토이니센이 말하는 존재의미로서의 세계는 브란트가 말하는 초월의 목표로서의 세계지평과 거의 동일한 것을 가리키고 있다. 세계의식이 더 이상 지평지향으로서가 아니라 존재일반의 선이해로서 활동하는 것이라고 한다면, 세계의식을 지평의식과 구별해야 한다고 말하는 것은 경청할 만한 견해이리라. 존재자 전체의 현상은 지평 현상이지만, 존재 그것은 존재자 전체로서 현상하지 않고 의식에 의해 먼저 지향되고 있다고 하는 것이다.

하지만 브란트든 토이니센이든 세계의식을 존재이해로서의 세계기투로서 해석하는 한에서는 세계의식의 믿음성격이 갖는 수동성의 의의를 충분하게 파악하고 있다고 말하기는 어렵다. 확실히 세계기투는 의미지향의 가능성의 제약으로서 의식의 심층에서 기능하는 존재이해의 활동일 것이다. 그러나 그것은 어디까지나 의식 쪽으로부터 행하는 의미기투이다. 그런데 이 의미기투를 촉구하고 의식을 세계로 향하게 하는 것은 의식이 아니다. 그렇다 해도 그 활동은 의식에서 독립한 세계 자체로부터 보내져 오는 것이 아니다. 그와 같이 이해한다면 소박한 형이상학적인 독단에 빠지고 말 것이다. 오히려 의식과 세계는 근원적인 상호침투의 관계에 놓여지고, 촉구와 회답이 동시적으로 생기하고 있다고 보아야 한다. 세계는 의미로서의 의식에 의해서 구성되지만, 그 존재는 의식으로부터 주어지는 것이 아니라 오히려 구성에 앞서서 의식에게 자기를 보내면서 의식으로 하여금 자기를 대상화하도록 촉구하는 활동에서 드러난다. 토이니센이 말하는 '기투를 촉구하는 것Entwerfenheit'이라는 용어는 이 근원적인 사건을 가리키고 있다고도 생각된다. 그는 그 경우 원原자연이라고 말함으로써 하이데거식의 존재역사를 생각하고 있다. 대상화를 촉구하는 활동은 '보이지 않는' 근원적 자연과 의식의 마주침으로서 발생한다. 의식을 떠난 형이상학적 실체가 아니라, 의식에 수동적으로 현현하는 한에서 의식에 의해 수용되고 있는 자연이다. 그렇기 때문에 그것은 상호침투로서만 반성에 비추어진다는 것으로밖에는 있을 수 없는 것이리라. 이 근원적 자연은, 자연적 태도에서는 '보이는 것'으로 대상화된 자연에 의해 항상 숨겨져 있다. 의식의 대상화 작업은 '보이지 않는 것'에 지탱되어 생기하는 일종의, 자연으로 다가가는 소박한 반응 또는 회답이라고 말할 수 있지 않을까?

수동성의 분석이 보여주는 바와 같이, 후설은 대지-세계의 근원적 상속相屬 관계를 자연과 의식의 상호침투의 원原사실로 파악했다. 이 상호침투의 사실로부터, 초월론적 생을 세계와 자기의 상속성相屬性을 본질로 하는 세계경험적 생으로 해석하고, 현상학적 환원을 실존론적으로 해석하는 것도 가능하며(후술하는 생활세계의 문제론), 혹은 의식의 본질을 대상화적 기능으로 해석하는 근세 의식철학의 한계를 돌파해서 하이데거적인 존재의 사상으로 심화해 가는 방향을 거기서 읽어내는 것도 가능하다. 하지만 이 현상의 해석은 또 휠레의 문제론이나 신체론, 그리고 이성의 목적론의 검토와 밀접한 관련을 맺고 있을 뿐만 아니라, 의식의 '원초적 현재'의 이론과도 관련을 맺고 있다. 특히 뒤에서 서술하는 바와 같이, '제3의 자연', 또는 자연의 '어두운 기저'라고 하는, 종래의 철학이 간과하고 있었던 중요한 차원을 전하고자 하고 있다.

제3장 인간존재의 문제

1. 인간적 주관성의 구성

—인간과 이성의 패러독스

1) 자연과 정신

앞 장의 고찰을 통해서 초월론적 주관성은 세계를 구성적 생의 계기로 삼는 세계구성적 생이라는 것을 알게 되었다. 또 이제까지의 고찰을 통해서 초월론적 주관성이 의식의 순수한 기능으로서 인간의 생의 핵심에서 활동하는 통일적 이성이라는 점도 밝혀지게 되었다. 따라서 후설은 이 초월론적 주관성을 그대로 곧바로 인간적 주관성과 동일시하는 관찰방식을 엄격하게 물리치고 있다. 그래서 후설이 '인간'적 주관성을 현상학적 분석론의 내부에서 어떻게 고찰하고 있었는가를 묻기로 하자. 인간의 문제가 취급되는 것은 우선 영역 구성의 문제론에서이다.

후설은 『이념들 I』의 말미에서 존재영역 구성의 프로그램을 예고했다. 그 초고는 이미 1912년에 작성되기 시작해서 1915년경에는 완성되어 있었지만, 일반에게 공개된 것은 전후戰後 1952년이었다. 후설은 1913년의 강의 「자연과 정신」에서 이미 구체적 주관의 문제로서 상호주관성이나 주위세계 등에 관한 기초적 문제론을 정리했는데, J. M. 브뢰크만에 의하면, 그는 구성 문제를 두고 약 15년간 씨름하고 있었다.

영역Region이란 다수인 존재자를 구별하는 존재자의 본질 구분에 관한 근본 카테고리 개념이다. 과학적으로 규정된 대상이 과학적 사유에 주어질 때 이미 대상은 어떤 계역Gebiet에 한정되어 있는 것이다. 이 대상을 한정하는 것이 영역이며, 영역 및 영역적 카테고리들은 대상의 본질을 특징짓고 대상의 대상 영역을 선험적으로 보여주는 기능을 갖는다. 그것을 규정적으로 전개하는 것이 철학적 학과에 속하는 영역존재론인바, 이 존재론은 경험과학의 근저에 있고 경험과학에 선행하는 본질학이다. 이 존재론은 경험학에 앞서서 구상되는 것은 아니니, 그 자체로서는 사실에 선행해도 그 발견은 나중에 오는 것이기 때문이다. 영역존재론 및 그보다 상위上位의 대상일반의 형식을 다루는 형식존재론은, 상관적으로 대상의 소여방식에 대해 묻는 현상학적 반성의 '길잡이'의 역할을 수행하는데, 영역존재 구성 및 영역존재론 등의 구상은 『이념들』 시기에 특유한 생각이며, 전술한 바와 같이 '이미 전개해 온 주관성을 전제로 해서' 전개되는 구성적 연구이다. 후기의 후설은 영역 개념을 완전히 방치하지는 않지만, 『이념들』 시기의 정적 분석에 의한 영역 고찰은 보이지 않는다. 그러나 영역적 고찰의 성과는 후설의 현상학을 이해하는 데 지극히 중요한 의의를 갖는다.

여기서는 각각의 영역에 대해서 상세하게 검토하는 일을 피하고, 주로 정신 영역을 중심으로 해서 인간존재의 구성이 어떤 방법으로 시도되었는가를 살펴보기로 하자. 다만 그러기 위해서는 역시 영역 전체 및 영역 상호 간의 관계를 일람해두는 것도 필요할 것이다.

영역	(질료적)	자연	(동물적)	정신
근본 개념	물物	신체	심心	인격
시간 개념	지속	투묘화投錨化 시간 대응	발전	역사
공간 개념	연장	투묘화投錨化 국소 (위치) 부여	중층	영유領有
근본 법칙	인과성	조건성	조건성	동기부여
관련 과학	질료적 자연과학 (수학적—)	생물학	자연과학적 심리학 (정신물리학)	정신과학
태도	객관적	객관적	주관적 객관적	주관적
	자연주의적 태도			
	인격주의적 태도			

영역구성론에서 질료적 자연은 세계구성의 최하의 단계로서, 다른 영역은 질료적 자연에 의해 '정초된' 고차 영역으로서 고찰되고 있다. 다만 '정신'의 영역이 정초되어 있다는 것은 정신적 · 인격적 지향작용이 지각물을 의미 기저로 하는 의미작용을 갖는다는 것을 말한다. 후설이 말하는 바와 같이, 세계내속적 주관이 초월론적 주관성의 자기구성태인 한, 심Seele과 정신 Geist(인격Person) 모두 일단 세계에 내속하는 주관이라고 말할 수 있지만, 자기구성태를 초월론적 주관성에 의해 초월론적으로 구성된 의미 산물이라고 말하는 한, 하나의 문제가 있다. 심적 주관이든 정신적 주관이든 모두 신체와 결합해서 세계 내에 편입되고, 신체를 통해서 세계 내에 위치부여되어lokalisieren, 의식시간과 세계시간이 합치 대응하게 된다temporalisieren. 신체는 주관이 세계화하기 위한 조건이다. 그런데 심적 주관성은 신체와 정신물리적 의존관계를 갖고, 신체가 자연연관에 속함으로써 자연연관에 의해 조건지어져서 객관적 세계의 성원으로 화하게 된다. 이에 반해, 정신적 주관성은 지향적 상관물인 주위세계의 중심에 거하는 신체와 항상적 기능 관계를 갖는다. 이렇게 신체와 결합하는 방식에 의해 양자의 차이가 설명되고 있다. 하지만 존재영역을 달리하는 이 양자의 차이가 신체와 결합하는 방식이 정신물리적인가 아니면 지향적인가에 놓여 있다고 해도, 결국 그것은 두 영역을 고찰하는 방식의 원리적 차이에 기초하는 것이다. 후설에 의하면, '자연' 영역으로 향하는 태도와 '정신' 영역으로 향하는 태도 사이에 인식 주체의 고찰 태도가 전환하는 일이 개재되고 있다. 영역에 고유한 양식을 갖는 존재사는 그 영역에 내응하는 고찰 태도에 의존해서 대상이 되는데, 그 경우 고찰 태도는 주어진 것을 일정한 점으로부터 조준하는, '시점'의 태도이다. 예를 들면, 자연으로 향하는 태도라면 자연물을 단순히 물건으로만 취급하고, 모든 정신적 술어를 시종일관하게 무시해버릴 것이다. 인격 주관의 추상을 수반하는 이 태도는 이윽고 자연의 부당한 절대화를 초래하게 되는데, 후설은 이 태도를 자연주의적 태도라고 부르고, 정신적 태도로 향하는 시점視點인 '인격주의적 태도'와 구별하고 있다. 인격이란,

주위세계의 중심에 있으면서 주위세계를 '자기로 향해서 가짐'으로써 그것을 향한 관심으로 살아가는 지향적 주관성이고, 이 주관성을 주제로 하는 태도가 인격주의적 태도이다. 이 태도에 기초해서 정신과학이 성립한다. 이에 반해, 자연과학이 기초하는 자연주의적 태도는 주위세계에 속하는 자연영역적 대상성만을 주제로 한다. 그러나 두 가지 태도는 동등하게 정당한 것으로 간주되는 태도가 아니다. 두 가지 태도는 모두 인격적 주관의 태도이며, 그런 한에서 인격주의적 태도는 자연주의적 태도의 주제인 자연을 지향적 주위세계에 편입해서, 자연주의적 태도를 그 자신에 포섭할 수 있는 것인바, 이 점에서 일종의 우위를 차지하고 있다.

자연을 주위세계에 의미 산물로서 포섭하는 인격주의적 태도의 우위성을 말할 때, 자연의 상대성에 대해서 정신의 절대성을 말하는 일종의 절대적 관념론의 입장을 표명하고 있다고 볼 수 있다. 『이념들 II』가 취급하는 자연은 '객관화된 자연'이고 의식은 '객관화적 통각'으로서의 의식이기에, 수동성 층의 의식이 자연과의 관계 속에서 주제가 되고 있지 않는데, 만약 수동성 의식을 문제로 한다면 이런 종류의 포섭관계는 이렇게 간단하게 성립하지는 않게 될 것이다. 란트그레베도 『이념들 II』의 이 대목에 대해서 정신을 절대화하고 자연을 형상화함으로써 감각내용을 자기생산하는 의식을 논하는 절대적 관념론의 입장이 도입되고 있는 것은 아닌가 의문을 품고 있다.[1] 하지만 수동적 자연의 차원을 승인한 뒤에 대상화된 의미 산물로서의 자연을 채택하는 것이라면, 이 우위적 포섭관계에 대한 후설의 통찰은 역시 뛰어난 통찰이라고 말할 수 있을 것이다. 후설은 모든 정신을 세계로부터 말살한다면 어떤 자연도 더 이상 존재하지 않지만, 자연을 말살해도 개별적 정신은 남게 된다고 말하는데, 객관화된 의미형성체는 객관화적 기능으로서의 정신의 존재를 전제하고 있는 것이다. 그런 한에서 "자연과학의 성과인 자연은 각 시대의 세계상으로서 정신과학의 내부에 포섭된다."[2]

그러나 객관화될 수 없는 자연도 후설은 이 저작에서 취급하고 있다.

특히 신체의 현상이 이런 종류의 자연을 보여준다. 『이념들 II』의 공적은, 신체의 문제를 다룸으로써 존재층의 절대화가 불가능하다는 것을 명시하고, '보편적인 자연화의 한계를 보여준 데'(3)에 있다. 신체론에 들어가기 전에 정신의 이름으로 불리는 인간존재를 후설이 어떻게 이해하고 있었는가를 언급해두고자 한다.

2) 인격과 타자

'정신' 영역에서 다루어지는 인격적 주관성은, 한마디로 말한다면 일상적 생활을 하며 살아가는 경험적empirisch 주관을 의미한다. 여러 상황하에서 그때마다 사전에 주어지는 것을 향해서 행동하는 지향적 주관으로서의 인간이 '인격'이란 이름으로 불리는 것이다. 인격은 '순수하게 절대적으로 자기를 고시告示하는 통일' 즉 자기통각을 통해서 스스로를 통일해 간다. 이 통일은 사물과 같이 현상의 다양성으로부터 이루어지는 통일이 아니라, 내적으로 고시하는 방식으로 주어지는 통일로서 '생의 흐름 내에서 구성되는 통일'이다. 이 통일로서의 자아는 '다른 모든 통각과 하나가 되어 그 자신을 함께 구성하고 형성하는 자아'로서 타자와의 관계를 거기에 포함하기에, 그 자신을 인격이란 이름으로 부르는 것이다. 인격의 중핵에는 '어떠한 의미에서도 고시하지 않는 순수자아' 즉 코기토의 순수주관이 '모든 고시의 비실재적 담당자'로서 활동하고 있다. 말하자면 순수자아를 핵으로 해서 경험적으로 채색된 의식의 통일이 인격적 주관성인 것이다.

그런데 이 인격적 주관성은 주위세계와 상관적인 지향적 관계를 맺으며 살아가고 있다. 능동적 · 수동적 · 수용적인 갖가지 기능을 갖는 자아가 주위세계로부터 촉발되고 그것을 객관화적으로 구성해 감으로써, 주위세계는 최하층에서 사물을 기저로 해서 종종의 고차적 대상, 예를 들면 문화대상 등으로 형성되고 있다. 주위세계는 나에 대해서 주위세계이지 결코 그 자체로서 존재하는 세계가 아니다. 이 주위세계에는 촉발의 방식이 아니라 동기부여의 관계를 통해서 기능하는 타자의 인격이 속해 있다. 그렇기 때문에 주위세계는 주관결합적인 사회적 주위세계인 동시에 다수 주관들에 의해 구성된 고차적인 이념적ideal 주위세계이기도 하다. 상호주관적으로 구성된 이 고차적 주위세계는, 나만의 주위세계가 주관적으로 상호 개별적인 데에 반해, 객관성을 갖는다.

후설에 의하면, 인격은 이성과 감성적 기저의 통일이 될 때 비로소 온전한 인격성으로서의 개별성을 갖는다. 본래의 인격은 태도결정의 주체로서 자유로운 이성의 자립성이지만, 자연아自然我인 감성을 '어두운 기저'로 해서 이것과 경험적으로empirisch 통일된 것이 통일적 인격이다. 자유로운 태도결정의 자아는 이성의 동기부여로 살아가는 자아이며, 이성이라고 하는 점에서, 바꿔 말해 자기책임적이라는 점에서 인격이다. 결코 수동적이 되는 것이 아니라 (논리적 이성으로서든, 실천적 이성으로서든) 자기자신으로부터 결단해 가는 자아이다.

이에 반해서, 기저가 되는 감성은 정신 안으로 편입된 심Seele으로, 수동성의 층을 나타낸다. 비본래적 지향성으로서의 이 수동적 기저는 원적 감성인 인상(감각소여)을 원적 소유로 하고, 제2차적 감성인 연합을 제2차 소유로 하는데, 특히 이 연합은 '정신적 생을 관통해서 머물고 있는 어두운 규칙'으로서 습득[습관]을 형성하고 있다. 이전의 이성체험은 생의 어두운 저층에 침전되고, 이로부터 활동을 가해 온다. 그렇기 때문에 인간은 이전과 유사한 상황에 놓이게 되면, 이전과 유사한 행동을 하도록 유혹을 받아, 마침내 거기에서 하나의 경향이 습득으로서 활동하게 된다. 인간 행위의 '동기는 자주 깊이 숨겨져 있는 것'이며, 일반적으로 그 동기부여는 의식 내에서 알아차려지지 않고 눈에 띄지 않는 것이다. 하지만 구체적인 인격의 행위는 자유로운 결단과 습득적인 경향이 혼합되어 성립하는바, 이성의 자유로운 결단이 개성적인 것이 되는 사정도 거기서 발견된다. 후설은 이러한 통일적 인격을 능력의 개념으로 규정하고 있다. "통일로서의 자아는

<나는 할 수 있다>의 체계이다." 이성적 동기에 따르는 능력은 또한 실제로는 그 인간에게 고유한 소질, 그가 속하는 연대 등에 따라서 유형적 양식을 띠게 된다. "정신적 자아는 능력의 유기체이다. …… 능력은 결코 공허한 가능이 아니라 적극적인 잠재성이며, 그때마다 현재화顯在化되는바, 항상 대기하다 행동성으로 전환한다. 동기부여는 의식에게 열려진 것, 명명백백한 것이다. 동기부여된 결단은 동기의 종류와 힘에 의해 그와 같은 것으로서 있다. 결국 모든 것은 주관의 원능력을 소급지시하고, 그 이전의 생의 현재성顯在性에서 생긴 획득된 능력을 소급지시한다."(4)고 후설은 서술하고 있다.

상호주관적 공동적 주위세계라든가 그것에 속하는 타자라든가 하는 것을 말하고 있는데, 도대체 타자는 어떻게 구성되는 것인가? 후설은 타자에 대한 경험을 감정이입 또는 간접제시Repräsentation의 방법으로서 해명하고 있다. 이 방법은 자아의 신체와 유비적인 물체로서 나타나는 타자의 신체를 매개로 해서 타자의 자아를 구성하는 유비적 파악이다. 우선 타자의 신체가 나의 신체와 함께 자아의 제일차적 주위세계로 나타나고, 또 나의 신체의 정위定位 영점의 '여기'에 대해서 '거기'의 관계를 갖고서 주어질 때 '거기의 양태로 공재하는 에고'로서 통각을 받는다. 감정이입은 재현전화(기억)와 유비적인 관계에 있다고 보고 고찰하고 있다. 즉, 신체를 매개로 해서 타자를 다른 자아로 정립하는 것은 자아가 과거의 체험을 현전화해서 그 체험을 산 과거의 자아를 현재의 자아와 동일한 자아로서 정립하고 확인하는 것과 유비적인 관계에 있다고 보는 것이다. 직접 주어진 것은 신체이지만 그 신체는 자아를 지향적으로 소급지시하고 있다. "주관성은 근원적 소여성에 있어서 원임현原臨現/Urpräsenz을 전제하면서도 원임전原臨前에 있어서 주어지지 않는다고 하는 고유한 객관성을 갖는다."(5)

타자 경험의 해명은 객관적 주위세계의 가능성을 수립하기 위해 의도된 것이지만, 근본적으로는 초월론적 주관성이 보편적·객관적 세계를 구성하기 위해 상호주관적 성격을 갖지 않으면 안 된다고 하는 문제로까지 심화한다. 따라서 타자구성의 문제는 초월론적 주관성에서 초월론적 타아를 초월론적으로 구성하는 문제로서 전개되어야 하는 것이다. 후설은 『데카르트적 성찰』에서 결국 초월론적 자아 일반이라고 하는 말을 꺼내지만,(6) 방법론적으로 난점을 남기고 있다. 이 문제는, 한편에서는 초월론적 차원에 있는 신체성의 문제를 초월론적 사실성의 차원에서 취급함으로써 타자와의 초월론적 공재를 규명하고, 다른 한편에서는 타자 경험에 앞서는 타아와의 공재를 체험구조적으로 해명할 수 있다면, 해결되는 것이리라. 왜냐하면, 재현전화와 마찬가지로 감정이입도 정립적 파악이므로, 파악하는 자아와 파악되는 자아 간의 자아분열을 매개로 해서 자아동일을 확인하는 것은 재현전화의 경우와 같이 시간적으로 나중에 확인한 것에 지나지 않기 때문이다. 확인된 자아는 항상 시간적으로 변화한 자아에 지나지 않아, 초월론적 공재로 가는 길은 막혀버릴 것이다. 파악에 선행하는 동일적 또는 공재적 자아를 비정립적·선정립적으로 이해할 가능성이 성립하지 않는 한, 초월론적 주관성의 이론은 설득력이 없는 공허 또는 한갓된 요청에 빠지고 말 것이다. 단, 이 초월론적 공재에 대한 선파악적 이해의 가능성은 최만년의 '살아 있는 현재'의 분석에서 시사되고 있다.

3) 신체의 이중 현상

신체는 세계내속적인 주관인 심이나 정신을 세계 내에 위치부여하는 작용을 하지만, 심과 정신이 신체와 결합하는 방식은 서로 다르다. 후설은 이 결합방식을 '정초관계'로 설명하는데, 심의 경우는 신체와의 정신물리적 관계가, 정신의 경우는 신체를 주위세계의 중심에 있는 지향적 산물로 볼 때의 이 신체와의 지향적·항상적 관계가 각각 고유한 결합관계라고 말하고 있다. 그러나 『이념들 II』의 '정신' 영역의 고찰에서는 구성되는 신체와 구성하는 정신의 결합방식을, 신체를 지향적 산물로 봄으로써, 오히려 불분명한 상태로 몰아넣고 있다. 그런데 '심'을 고찰할 때 행하는 신체의 분석은 만년의 연구에서 취급된 주관적-객관적 이중성격에 기초하는 신체의 매개적 기능의 문제론의 맹아를 포함하고 있다.

우선 심적 영역의 고찰에 의하면, 신체를 관찰하는 방식에는 내적 관찰방식과 외적 관찰방식이 있다. 첫째로, 내적 관찰방식이 취급하는 것은 감각소여와 신체의 특유한 내적 관계이다. 신체는 지각기관을 통해서 사물지각의 정상성Normalität의 상태에서 활동한다. 예를 들면 병든 신체 때문에 지각의 정상성이 이상성異常性에 떨어지는 일이 있다. 지각의 정상성을 위한 조건을 몇 가지 들고 있는데, 신체도 또한 그 하나이다. 그러나 신체의 가장 주목해야 할 역할은 감각의 국소화Lokalisation의 현상 및 자유운동의 담당자라고 하는 점에서 발견된다. 국소화란 지각할 때 감각이 대상과 '함께 그 자리에 있음Mitdabeisein'의 현상이다. 예를 들면 촉감각의 경우 감촉하는 것이 감촉되는 것과 동일한 지점에 있다. 손으로 물건을 만질 때 만지는 손은 만져지는 공간 물체의 위치에서 촉감각을 얻는다. 이 현상을 감각이 신체에 국소화되어 있다고 하는 것이다. 신체는 '국소화된 감각의 담당자'이다. 또 후설은 국소화된 감각을 '감각태Empfindnisse'라고 부른다. 신체는 이와 같이 감각되는 것의 시간 · 장소 등을 보여주는 활동을 하지만, 이러한 국소화는 촉감각의 경우에 부각되어 있지, 이와 비교해서 시감각이나 청감각의 경우는 눈이나 귀에 보인 것이나 들린 것이 국소화되어 있지 않다. 지각의 경우 사물과 감각의 공재를 보여주는 것은 오로지 촉감각일 뿐이다. 촉감각은 신체를 구성할 때 근원적 역할을 수행한다. "신체는 이와 같이 근원적으로 오로지 촉각성에서만 구성될 수 있다."[7] 국소화의 현상은 감각이 외적 객체의 징표Merkmal일 뿐만 아니라, 신체라고 하는 객체의 감각이라는 것을 보여준다. 후설은 여기서는 아직 언급하고 있지 않지만, 이것은 곧 감각이 어떤 것의 감각인 것과 동시에 자기-감각을 갖는다고 하는 것을 의미하고 있다. "신체는 근원적으로 이중의 방식으로 구성된다."[8] 즉, 신체는 한편으로는 질료적 사물, 물리적 사물로서 구성되지만, 다른 한편으로는 내가 신체를 갖고 신체상에서 감각하는 한, 여기서 활동하는 신체는 더 이상 사물로서 구성된 것이 아니다. "감각태의 국소화는 실제로 모든 질료적 사물을 규정할 때의 연장延長과는 무언가 원리적으로 다른 것이다. 실재적인 사물의 성질은 음영 다양성을 통해서 구성되지만, 감각태에 대해서 이와 같은 말을 하는 것은 아무런 의미가 없다."(9) 신체는 사물인 동시에 사물이 아니다. 신체는 사물과 같이 보일 뿐만 아니라 '신체는 신체가 된다'는 것이다. "촉감각은 질료적 사물 <손>의 상태가 아니다. 오히려 바로 손 그것이다."(10) 고차적인 지향적 기능에 있어서 휠레는 직접적·본래적으로 국소화되고 있는 것은 아니지만, 지각에 유비적으로 자신의 신체 그것에 속하고 있다. 후설은 이 감각태를 기술할 때 공간의 연장의 위치성에 감각의 위치-요소가 대응하고, 감각의 내부에는 현출하는 연장과 합치해 가는 질서가 있다고 하면서, 연장질서에 대응하는 가능적·기능적 결과의 체계를 거기서 지적하고 있다. 그런데 감각을 국소화하는 것과 함께 신체는 다시 의지기관으로서 자아의 자발적 의지에 의한 자유운동의 담당자이기도 하다. 후설은 이미 이 대목에서 신체의 자유운동을 운동감각Kinästhese이라고 부르고 있는데, 이 키네스테제의 개념은 『위기』-노작에서 지각 분석의 중심 개념이 되고 있다.

둘째로, 신체의 외적 관찰방식에 의해서, 질료적 사물인 신체와 함께, 다른 공간적 사물과 주관적 영역의 중간에 개재하는 정위영점定位零點 곧 공간적인 원근법적 현출의 중심점을 보여주는 성격의 신체가 채택된다. 여러 가지 공간물이 '보다 멀다', '보다 가깝다', '위', '아래', '오른쪽', '왼쪽'으로 구별되는 것은, 신체가 궁극적인 중심적 '여기'가 되고 다른 사물은 '여기'와 관계를 맺고 있는 '거기'로서 중심과 정위질서定位秩序에 놓이기 때문이다. 신체를 정위영점으로 해서, 주위세계의 모든 사물이 원근법적으로 배열되어 오는 것이다. 그런데 또한 이 정위영점도 공간점이 되어 방금 서술한 자유운동의 능력에 의해 그 교환이 가능하게 되고, 또 각각 여기에 존재하고 있는 각 주관 상호 간에도 이 공간적 장소의 교환이 가능하게 된다. 그 밖에 외적 관찰방식에 기초하는 신체가 갖는 여러 가지 역할, 예를 들면 신체와의 거리의 일정성, 감각을 도외시했을 때 나타나는 인과관계항으로서의 신체, 이 의미의 신체가 외계와 주관의 접점이 되어 인과관계를 조건관계로 대체해서 정신물리적 관계로 편입해 가는 활동 등이 고찰되고 있다.

'정신'의 영역에서는 주로 표현의 문제를 둘러싸고서, 언어 통일, 인간 통일, 그리고 타자로의 감정이입 등을 신체의 역할로 보고 기술하고 있다. 그러나 '심'의 영역에서 취급된 신체와 주관의 결합에 관한 성과들이 여기서 충분하게 도입되어 살려지고 있다고 말하기는 어렵다. 정신의 고찰에서 심은 정신의 기저로서 통일적 인격에 편입되어 감성층을 형성하고 있어서, 어디까지나 지향적 기능의 면에서만 조명을 받고 있다. 하지만 '자연의 기저'인 신체는 '자연 일반의 가능성에 대한 구성적 제약'으로서 활동하는 것이기 때문에, 국소화 · 자유운동 · 정위 영점 등의 현상은 당연히 정신의 고찰에서 되살려지지 않으면 안 된다. 즉, 정신이 신체에 대해서 정신물리적 관계가 아니라 항상적 기능관계를 갖고, 신체는 오히려 이 기능의 구성적 제약의 차원에서 기능하기 때문에, 심적 영역의 고찰의 성과가 거기에서 되살려져야 하는 것이었다. 그런데 왜 영역적 고찰에서 신체의 이 근원적 기능이 고찰되지 않았던 것일까?

후설이 지향적 기능에 대한 신체의 이 역할을 정면에서 논한 것은 『위기』에서 키네스테제를 다룰 때이다. 초월론적 주관성의 의식분석론에서 신체가 갖는 '자연적 기저'의 현상을 정확하게 주제로 삼음으로써, 신체 현상의 양의적 성격이 갖는 의의가 충분히 구체적으로 이해되고 있다. 『위기』의 분석은 지각의식과 키네스테제의 결합에 대해서 언급하고 있다. 키네스테제의 개념은 운동kinesis과 감각aisthesis의 두 계기로 되어 있다. 예의 촉감각의 키네스테제가 보여주는 바와 같이, 촉감각이 현출물의 위치에 '함께 그 자리에 있다'는 것은 위치감각이 자기-감각으로서 주어지고 있다는 것이다. 이 위치감각은 현출물의 성질을 구성하는 국면감각(Aspekt 여건)과 함께 공간물의 감각이지만, 위치감각은 신체운동의 능동성에 의해 스스로 운동하는 감각이 된다. "의식에서 이것들(지각기관)은 항상적으로 하나의 역할을 보여주고 있다. 봄 · 들음 등의 작용을 행할 때 그것들에 속하는 자아의 운동성, 이른바 키네스테제와 하나가 되어 기능적으로 발동하고 있다. 모든 키네스테제, 각각의 <나는 움직인다>, <나는 행한다>는 상호 간에 보편적 통일로 결합되어 있고, 그때 키네스테제적 정지는 <나는 행한다>의 한 양태이다. 분명하게, 그때마다 지각에 현출하는 물체의 아스펙트 시현과 키네스테제는 병렬적이 아니라 함께 작동하고 있어서, 그 결과 아스펙트는 존재의미만을, 물체의 아스펙트로서의 타당만을 갖는다. ……."(11) "이와 같이 감성, 즉 신체 내지 신체기관의 자아-활동적 기능 발동은 모든 물체 경험의 근본에 본질적으로 속해 있다."(12) 감성은 물체 현출의 연속적 연관을 이루게 할 뿐만 아니라, 키네스테제적으로 기능하는 신체성과 하나로 결합해 있다. 따라서 신체는 자아의 자발적 의지에 의한 자유운동의 담당자임과 동시에, 모든 수동성의 담당자이기도 하다. 이런 의미에서의 신체는 물체적으로 구성되는 것이 아니라, '나의 신체'mein Leib이다. 공간적 존재자인 신체는 물체적으로 키네스테제에 의해 구성되지만, 구성하는 키네스테제는 구성되는 물체로서의 신체인 것은 아니다. 그러나 이 두 신체는 각각의 신체가 아니다. 여기서 신체의 이중 현상이 발견된다. 키네스테제는 물체적으로 그 자신을 시현하는 신체운동과 구별되지만, 실제로는 그것과 독특하게 하나가 되어 있고, 그 자신의 이중성의 신체에 속해 있다(내적 키네스테제와 외적 물체적으로 실재적인 운동).(13) 본래 휠레는 자아와 세계를 결합하는 기능을 갖지만, 이 휠레의 담당자인 신체의 이중성이 휠레가 갖는 매개적 기능의 수수께끼를 풀어주는 열쇠가 되고 있다. 클레스게스는 신체의 이 매개적 기능을 "자기자신을 매개하는 직접성"(14)으로 규정하고 있다. 즉, 자아적인Ichlich 구성성격이라는 직접성과, 자아Ich와 다른fremd 구성된 성격이라는 간접성을 통일하는 기능을 거기서 보기 때문이다. 자아는 신체와 하나임과 동시에 신체와 구별된다. 자아는 외계와 관계한다는 면에서는 신체와 하나이지만, 자기자신과 관계한다는 면에서는 신체를 내-세계-존재자로 해서 자기와 구별한다. 키네스테제적 의식은 '자기자신을 감각하는 의식'으로서 '나는 운동한다'라는 자기의식을 수반한다. 그렇다면, 정위영점으로서의 위치감각은 '절대적 여기'의 의식으로서 세계공간에서 일정한 위치를 점하는 것의 객관적 규정이 아니라, 내가 지금 여기에 있다는 것의 직접적 · 동시적 자기의식이고, 거기서 키네스테제적 의식이 실은 세계의식에 그 구조계기로서 포함되어 있다는 것을 발견하게 된다. 세계의식은 '세계가 있다'는 것의 수동적 의식임과 동시에, 세계 내에 자기자신의 존재가 놓여 있다는 것의 수동적 자기의식이다. 클레스게스에 의하면, 신체와 자아의 구별은 동시에 비적非的/nichtich이다. 직관된 것은 그 자신이기 때문이다. 그렇기 때문에 필연적으로 키네스테제적 의식은 자기의식이며, 세계의식과 신체의식과 자기의식이 거기에 집중하고 있는 것을 볼 수 있다.(15) 키네스테제적 의식이 영역적 고찰에서 충분하게 고찰될 수 없었던 것은 사상事象에 기초한 정당한 이유가 있었던 것이다. 키네스테제적 의식은 초월론적 반성을 행할 때 비로소 자기를 보여주는 세계의식의 구성요소로서, 초월론적 기능을 제약하는 수동성의 차원에 속해 있기 때문이다. 그런 의미에서 '초월론적 철학의 가능성에 관한 문제'를 거기에 감추고 있는 것이다.

2. 초월론적 주관성의 익명성

—의식과 실존

1) 자연적 태도의 재검토

세계에 들어가서 살고 있는 구체적 주관으로서의 인간은 초월론적 주관성과는 구별되지만, 그러나 지향적 주관성이란 점에서는 동일한 것이다. 후설은 주관성의 이 양의성을 주관성의 패러독스라고 부르고, 다음과 같이 묻는다. "우리들은 인간이 세계에 대한 주관임과 동시에 이 세계 내의 객관이라는 한갓된 사실성에 만족해야 할까?"(16) 패러독스는 해결되지 않으면 안 된다. 하지만 이것이 어떻게 해결될 수 있는 것일까? 보편적 에포케를 통해서 발견하게 되는 것은 존재의미를 형성하는 기능으로서의 지향성이다. 초월론적 주관성이란 바로 이 순수한 이성기능이다. 이에 반해서, 인간적 주관성은 세계관심을 중단하는 일 없이 세계 내에서 활동하는 지향적 주관성이다. 그 차이는 자기반성, 자기이해의 방식에서 확인할 수 있다. 초월론적 주관성은 세계관심을 에포케해서 바로 그 세계관심으로서 활동하는 이성기능을 그 절대적 본질에 있어서 스스로 개시해 가는 데에 반해, 인간적 주관성은 세계관심을 중단하는 일 없이 자기자신을 주제화한다. 초월론적 주관성은 순수하게 주관성의 초월론적 기능을 묻는 데 반해, 인간적 주관성은 이 기능 속에 몰입하고 대상극에 완전히 귀의해서 자기자신조차 세계적인 것으로 이해한다. 후설은 이 차이를 '초월론적transzendental'과 '세간적mundan'이라는 용어로 표현하기도 했다. 에포케에 의해서 개시되는 주관성이 초월론적인 데 반해, 에포케를 수반하지 않는 주관성은 세간적인 주관성이다. '세간적인'이란 말은 의식의 '수행양태'를 살아가고 있는 주관성의 존재방식을 나타낸다.

그런데 이 에포케를 수반하지 않고서 '세계 내에 살면서 자기를 아는' 인간의 소박한 태도는 자연적인 태도이다. 이 자연적 태도의 개념은 우선 어떻게 해서든 극복되고 돌파되어야 할 태도로서, 현상학의 전개 과정에서 환원의 출발 상황을 의미하는 방법론적 개념이었다. 그리고 개개의 존재자와 친화하며 살아가는 근저에서 활동하는 자명성을 극복하기 위해 실시되는, 자연적 태도로부터 벗어나는 태도변혁의 방법이 에포케였다. 그런데 초월론적 환원의 진행과 함께 이 방법론적 개념이었던 자연적 태도가 의식의 특정한 태도로서 또 한 번 재고할 필요가 생겨서, 자연적 태도가 갖는 초월론적 의의가 초월론적 차원에서 재검토된다. "모든 자연적 소여성과 활동은 초월론적 의미를 손에 넣어, 초월론적 차원에서 일반적으로 새로운 종류의 초월론적 과제를 설정하는 것이다."[17] 자연적 태도를 초월론적으로 재고함으로써 자연적 태도가 왜 극복되어야 할 태도이었던가를 그 초월론적 이유를 갖고 명시하게 된다. 자연적 태도가 초월론적 의식의 특정한 태도가 갖는 일면성으로서 태도론의 면으로부터 조명을 받게 되는 것이다. 즉, 자연적 태도라는 존재방식을 행할 때의 초월론적 주관성이 주제적으로 물어지고, 인간적 주관성과의 관계도 이로부터 규명을 받게 된다.

자연적 태도란 의식의 '수행양태'의 태도로서, 구성기능이 기능적으로 발동하고fungieren 있을 때의 태도이다. 이 태도는 대상으로 소박하게 향하고 있는 의식이 필연적으로 취할 수 있는 자세이다. 반성 이전의 이 소박한 태도를 후설은 자주 의식의 자기망각적 태도로 간주하고 있다. 후설은 이 비대상적 자기망각성을 익명성Anonymität이라는 개념으로 나타내었다. 자연적 태도는 초월론적 주관성이 자기망각적으로 자기를 은폐하고 있는 태도이고, 이 태도에서는 초월론적 차원이 폐쇄된 익명성 내에 있다. 자연적 태도에서 "자아는 실은 초월론적 자아인데도 불구하고 이 점을 의식하지 않고 있다."[18] 또, "자연적으로 살아가는 자아로서 나는 초월론적 자아이다. 그러나 나는 이에 대해서 아무것도 알지 못한다."

말할 나위도 없이 자연적 태도로 계속 살아가면서도 자기자신에 대한 반성은 가능하다. 소박한 태도에 기초하는 자기이해는, 예를 들면 심리학적 반성이 그렇게 하듯이, 가능하다. 그러나 심리학적 반성은 순수한 초월론적 구성적 기능을 향해서 묻는 것이 아니라, 인간적 심리학적 활동을 향해서 묻는 것이다. 바꿔 말하면, 자연적 태도 내부에서 하는 반성은 익명성을 익명성인 채로 놓아두고, 초월론적 근원기능을 그것으로서 알아차리는 데에 이르지 않는다. 한갓된 반성론적 태도변경만으로는 어떻게 해도 되지 않는 초월론적 근거의 자기은폐의 뿌리깊음이 거기서 활동하고 있다. 그것은 이 자기망각이 초월론적 의식의 자기외화에 의해서 일어나기 때문이다.

자기외화란, 이 경우 초월론적 의식이 개별적 주관으로서 자기를 형성하는 것인데, 왜 이와 같은 자기외화가 발생하게 되는 것일까? 또, 자기외화에 의해 일어나는 자기은폐는 어떤 방식을 취하는 것일까? 자기외화가 초월론적 필연성으로서 생기하는 사정에 대해서 E. 드뤼에는 다음과 같이 말한다. "의식의 외화가능성은 필연적인 초월론적 전제를 필요로 하고 있다. 즉, 절대적 의식은 자기자신을 개별적 의식으로 구성하기 위해, 그리고 세계의 현상 및 세계적 사물의 현상을 구성하기 위해, 초월론적 역능Potenz과 초월론적 의지를 뜻대로 한다. 마찬가지로, 그것은 개별화된 의식의 자연적 태도의 전제가 되어, 절대적 의식인 자기자신을 망각하는 것을 구성하기 위해, 초월론적 능력과 초월론적 <대기>를 뜻대로 해야 한다. 즉, 자연적 태도의 개별적 의식은 더 이상 방금 서술한 역능을 알지 못한다. 하지만 개별적 의식이 이 역능을 자진해서 망각하는 것이 아니라 오히려 절대적 의식이 세계적 의식을 가능하게 하기 위해 그것을 망각하지 않을 수 없었던 것이다. 세계적 · 개별적 의식은 그 자신을 지배하는 근본적인radikal 권능을 갖지 않는다. 이 의식은 그 자신을 그 자신이 유래하는 바대로 설명할 수 없다. 그 구성을 비로소 가능하게 하는 구성적 망각 작업이 그것에 필연적으로 숨겨진 채로 있어야 하기 때문이다. 세계를 사는 의식은 무-력하다. 이와 같이 초월론적으로 근거부여된, 경험적empirisch 의식의 자기인식의 무능력은, 의식이 세계 내의 <실재적 성분>으로서 자기를 이해한다는, 의식의 역사적 · 근세적 자기오해의 초월론적 전제이다. 의식을 사물 중의 하나로 보는 의식의 해석은 의식의 최대한의 자기망각이다. 의식의 자기해석 중에서 심리학적 자연주의보다 더 나쁜 것은 없다. 그리고 실제로 또한 이 초월론으로 가능하게 된 자기외화에는 초월론적으로 재차 어떤 한계가 놓여진다. 주관적인 개별적인 의식은 선험적으로 언제든 반성에 대한 능력을 포함하기 때문이다. ……"[19] 자연적 태도는 구성적 근원을 망각하고 있을 뿐만 아니라, 망각조차 망각하고 있는 무력함을 지니고 있다. 개별적 인간 주관을 구성하는 것도, 또 거기에서 자기망각을 발생하게 하는 것도 초월론적 의식의 초월론적 능력이다. 망각은 구성적 작업의 기능 발동에 필연적으로 수반될 뿐만 아니라, 기능 발동을 위한 필요조건이기도 하다. 여기에서 자연적 태도의 무능력이 초월론적으로 근거부여된 무능력이라는 점이 지적되고, 이 무능력으로 인해 의식에 관한 여러 가지 철학적 선입견이 발생했다는 점이 지적되고 있다. 드뤼에의 이 고찰은 후에 서술하는 후설의 이성의 목적론에 기초하고 있는데, 다만 자연적 태도에 숨겨진 채로 있는 초월론적 의식의 자기망각이 초월론적 이유에 기초한다고 해도 어떠한 형태로 그것이 일어나고 있는가가 문제이다.

이 자기망각 또는 자기은폐가 취하는 형태는 인간의 초월론적 주관성의 자기통각태에 나타나고 있다. 구성적 근원에서 본다면, 자연적 태도로 살아가고 자연적 태도대로 자기반성하는 세간적 주관성은 구성적 근원인 초월론적 주관성에 의한 구성적 산물이다. "나, 이 인간 그리고 마찬가지로 다른 인간은 소박성에 폐쇄되어 있는, 초월론적 기능에 의한 초월론적 획득물이다."[20] 인간적 주관의 입장에서 자기를 반성한다면 구성적 산물인 자기를 보고 있는 것이 되는데, 그때 자기가 구성적 산물이라는 것을 알아차리지 못하고 있을 뿐만 아니라 나아가 그 깊은 내면에서 활동하는 구성기능을 전혀 알아차리지 못하고 있다. 그렇기 때문에 인간적 주관의 자기반성을 초월론적 이성의 자성自省의 입장에서 본다면, 완전한 자기망각으로밖에 비춰지지 않는다. 이 자기망각은 인간적 주관의 내부에서 핵이 되어 구성적 기능을 담당하고 있는데도 불구하고, 구성적 산물 때문에 자기의 깊은 내면을 못 보고 있다는 것을 의미한다. 그리고 초월론적 이성의 쪽에서 말한다면, 자연적 태도에 구성적 근원이 숨겨져 있다고 하는 것은 구성적 근원이 자기를 객관화함으로써 스스로 이끌어 일으킨 성과이다.

그러나 이 자기객관화, 자기외화는 그 자체를 목표로 해서 의도적으로 수행된 것은 아니다. 인간적 주관성은 다른 세계적 사물과 같은 방식의 의미 산물이 아니라 구성기능을 그 자신 속에서 떠맡는 자기객관태로서 세계구성과 동시에 공共구성된 자기통각태이다. 세계화적 자기통각이란 주제적인 자기구성이 아니라 세계통각의 수반현상이다. "구체적 자아는 그렇기 때문에 우연적인 형태이어서, 자신에게 자신을 만들어 세우는 것이 아니다. 세계생적世界生的인 초월론적 주관성의 지향은 세계와 다른 존재로 향했을 만큼 능동적이지만, 이와 같은 의도의 실현을 위해 필요한 구성들을 행할 때 주관은 세계의미 속에서 파악되어, 개별화된 초월론적 주관성으로서 수동적으로 자기를 형성하고 개별적으로 특징지어진다. 이것은 결과로서 일어나는 것이지 고차적 단계의 발생이 수행되어 일어나는 것이 아니다."(21) 공구성됨으로써 초월론적 주관성의 자기망각이 발생한다. 그리고 세계의식을 사는 주관이 이 의식을 살아가고 있는 한, 자기자신을 세계적인 것으로서, 존재자의 한가운데에 있는 하나의 존재자로서 이해하고 세계적 존재자로서의 자기의 의식을 수반하게 된다. 이와 같이 세계의 자명성 속에서 자기이해도 또한 자명하게 되는 것은 초월론적 주관성의 자기망각이 세계통각과 공발생하게 되기 때문이다. 후설이 아포리아로 여기고서 그 해답을 얻고자 부심한 주관성의 패러독스의 문제는, 여기서 본 바와 같이, 주관성이 구성기능의 근원과 구성의 성과라고 하는 두 가지 극으로 분열하는 것은 무릇 동일한 주관성이 '수행태'로 있는가 없는가에 기초한다고 말하는 데에서 해결된다. "기능이 활동하는 한 기능은 자기를 숨기는 것이다."

이 해답으로부터 자연적 태도의 초월론적 의의를 점차 이해할 수 있게 된다. 자연적 태도에서 행하는 자기반성이 수행양태에 있는 자기의 직접적 이해라고 한다면, 앞에서 서술한 인격주의적 태도란 바로 이 자연적 태도를 가리킨다는 것을 이해할 수 있게 된다. "인격주의적 태도의 우위는 이 태도가 방법론적으로 선택된 태도가 아니라 오히려 우리들이 우리들 자신과 그 세계를 직접 의식하고 있는 방식이다."(22) 이와 같이 인간으로서의 직접적 자기이해야말로 자연적 태도의 이름으로 불리는 의식태도를 나타내고, 이런 의미에서 후설의 '정신'의 존재영역구성론은 자연적 태도의 초월론적 해명의 의의를 포함하고 있다고 보아야 한다. 왜냐하면, 자연적 태도는 더 이상 방법적 개념임을 넘어서 현상학적 해명을 통해서 개시되어야 할 가장 기본적 주제의 하나라는 점을 노정했다고 하는 것에 다름 아니기 때문이다.

그런데 '자연적 태도'에서 초월론적 태도로 나아가는 이행은 스스로의 활동의 성과 속에 갇힌 초월론적 주관성을 인간적 주관성으로부터 꺼내놓는 일이다. "초월론적 자아를 자신의 핵으로서 떠맡고 있는 인간은 현상학적 반성에 의해 이 초월론적 자아를 증시證示할 가능성을 자신 속에 포함하고 있다."[23] 이렇게 해서, 선환원적 상황 속에서 자연적 태도로 살아가는 인간적 주관은 그때마다 이미 초월론적 반성으로 향하는 시선 변경 내에 놓여 있지만, 초월론적 고찰에 의해 밝혀지게 된다. 그런 의미에서 초월론적 환원의 목표는, 이미 익명으로 활동하는 초월론적 주관성을 그 익명성으로부터 해방시켜서 초월론적 자기의식으로 가져오고, 익명성을 초월론적 주관성으로 명명하는 것이다. 초월론적 고찰을 통해서, 소박한 세간적 생이라고 할지라도 숨겨진 방식으로 초월론적 생을 발동하게 하는 초월론적 주관성의 "피복태被覆態"라는 것이 밝혀지게 되고, 현상학적 환원의 가능성이 자연적 태도 내에 잠재해 있다는 것이 지적되기에 이른다. "우리들은 그때마다 이미 전체의 절대적 가까움의 영역에 머물고 있다."[24] 이와 같이 숨겨져 있는 구성적 근원을 노정해 가는 것이 현상학적 방법의 목표인바, 이는 반성적 분석의 방법의 면에서 볼 때는 '지향적 은복성의 발생적 소급'의 방법이 행사되는 것으로 볼 수 있지만, 현상학적 환원의 이론의 면에서 볼 때는 구성된 피복테로부터 초월론적 주관성이 자기해방하는 것으로 해석할 수 있는 것이다. '원천의 기능적 주관성으로서의 자기자신을 명석하게 이해하기' 위해, 숨겨진 구성적 근원을 '투명하게 보기' 위해 '기능적으로 발동하고 있는 것'을 멈추는 일 없이, '기능적으로 발동하고 있는 대로' 취해내는 조작이 에포케의 방법이다. 즉, "그것은 자기자신을 그것이 있는 바대로, 그러면서 그것이 기능을 수행하고 있는 바대로 파악하고, 그렇게 해서 대상으로 한다"[25]는 자성自省의 활동이다. 초월론적 환원이란 초월론적 주관성이 자기를 외화하고 소외시킨 상태로부터 구해내는 자기발견의 방법이고, 숨겨진 채로 발동하고 있는 본래의 자기를 그대로 취해내는 자기투명화의 운동이라고 할 수 있다. 적어도 후설이 초월론적 자성을 '인간의 인간화'라고 말할 때는 이와 같은 의미에서 자기자신으로의 도달을 생각하고 있다고 보아도 지장이 없다.

그럼에도 불구하고, 이와 같은 고찰에 대해서 하나의 큰 의문을 품지 않을 수 없다. 그 의문이란, 자연적 태도로 사는 인간적 주관성과, 거기서 핵심이 되어 활동하는 자기매몰적인 초월론적 주관성의 관계를 바로 지금 본 바와 같이 초월론적 주관성의 기능과 그 초월론적 성과의 관계로만 고찰해도 좋은가 어떤가 하는 것이다. 자연적 태도에서 초월론적 태도로 향하는 태도변혁을 어렵게 하고 있는 것은 자연적 태도에서 활동하는 자명성의 현상이다. 이미 서술한 바와 같이, 자명성의 현상은 수행태로 있기 위해서 주관이 근원을 망각하고 있는 것이지만, 그러나 자명성의 현상은 그 자신 태도변혁에 의해서 근원으로 돌아가는 일을 해보지 않겠다는 것을 그대로 알아차리지 못하는 주관의 어떤 상황 속에 주관 자신이 사로잡혀 있음으로 해서 생겨나는 것이라고 말할 수 없는 것일까? 세계의 자명성의 현상이 무엇보다도 이 점을 이야기하고 있다. 세계는 항상 지평으로 현상한다. 지평 현상의 구조를 해명하는 일은 초월론적 반성에 의해 비로소 주관적으로 전개될 수 있으므로, 자연적 태도로 사는 한, 세계는 단순히 거기에 있는 것으로밖에 의식되지 않는다. 초월론적 의식이란 일체의 초월적인 것을 가능하게 하는 의식으로서 세계의식이며, 세계의식은 초월론적 반성에 의해서만 개시되는 것이다. 이렇다고 한다면, 초월론적 기능 원천을 망각하게 하는 또 하나의 이유를 세계를 자명하게 의식할 수밖에 없고, 세계의 자명성에 사로잡혀 있는 상태, 즉 주관이 세계 내에 존재하고 있다고 하는 상황에서 발견하는 것이 가능하지 않을까? 세계의 자명성은 세계의 본래의 의미가 아직 개시되지 않고 있는 반성 이전의 세계의식의 존재방식인바, 말하자면 이 의식은 세계 내에서 주관이 세계침투와 세계기투로

살 때의 세계이해를 나타내고 있다. 바꿔 말하면, 자명성 현상의 발생 기반은 의식과 세계의 근원적 공재관계라고 말할 수 있다. 그렇게 생각한다면, 태도변혁은 이 기본적 구조에 기초해서 일어나는 실제상의 제약으로부터 자기를 해방하기 위해 필요한 방법이 아닌가 하고 생각할 수도 있을 것이다. 이렇게 해서 자연적 태도에서 초월론적 태도로 향하는 태도변혁이 수행과 반성, 또는 성과와 그 기능적 근원이라는 이성기능의 초월론적 차원에 의거한 규명만으로는 완료되지 않는 측면을 갖는다는 것을 알아차리게 된다. 자연적 태도의 존재론적 제약성이라는 것은, 세계의 자명성과 초월론적 반성이라는 사태 중에서 발견되기 때문이다. 그런 의미에서, 확실히 초월론적 반성은 이 자연적 태도의 초월론적 해명이며, 이 초월론적 해명은 자연적 태도에서 활동하는 이성기능의 반성적 순화일 뿐만 아니라 이성기능에 얽혀 있는 존재론적 제약들, 즉 한마디로 말하면, 초월론적 사실성의 규명을 겨누는 것이 아닐까 하고 생각되는 것이다. 확실히 후설의 초월론적 지향적 분석에는 초월론적 사실성의 현상에 해당하는 것이 휠레 층 곧 수동성의 현상에서 발견된다. '세계론' 및 '신체론'을 돌이켜보면, 이 점은 분명하다. 그런데 후설은 초월론적 현상학의 과제를 다음과 같은 방향에서 받아들였다. 초월론적 사실성의 문제, 인간의 초월론적 존재론적 해명은 그의 궁극적 의도가 아니었다. 그의 의도는 어디까지나 이성의 초월론적 자기해명이었고, 그것을 관통하고 있었던 것은 이성의 목적론적 해명이었으며, 마침내 그로 하여금 그리로 나아가게 한 이성의 형이상학이었다. 여기서 또한 재차 초월론적 분석론의 성과와 자기해석 간의 엇갈림을 지적할 수 있지만, 그 문제를 일단 인간존재의 규정을 둘러싼 문제설정의 태도의 면에서 고찰해보자.

2) 초월론적 사실성과 하이데거

앞에서 서술한 바와 같이, 후설은 『이념들 II』의 영역구성론에서 시도한 '정신' 영역의 고찰에서 인격적 주관성을 세계연관에 속하는 존재자인 심적 주관성과 명확하게 구별하고 있다. 이런 한에서 정신은 단순한 세계적 대상의미가 아니었다. 오히려 문제는 이 정신의 고찰에서 논하는 방법론적 태도에서 발견된다. 정신의 영역적 구성이 의미하고 있는 것은 초월론적 주관성이 자기를 세계 내에서 발동하고 있는 대로의 모습으로 본다고 하는 것이며, 세계 내에 있는 존재방식에 의해 경험적으로 채색되고 수육受肉된 이성으로서 자기를 본다고 하는 것이다. 이 점에서 자아를 세계-내-존재로서 규정하는 고찰이 거기서 함께 활동하고 있는 것이다. 예를 들면, "세계를 활동의 장으로서 갖는다"고 하는 규정에서 알 수 있는 바와 같이, 세계개념은 주관의 존재방식을 나타내는 개념으로서 사용되고 있다. 따라서 이 개념은 세계(자연) 속에 포섭되는 심적 주관성을 고찰할 때 사용되는 세계개념과는 엄밀하게 구별되어야 하는 종류의 것이다. 그런데 정신의 경우든 심의 경우든 모두 영역적 구성이라고 하는 한, 일종의 대상화적 자기구성을 받는 것이 되고, 영역으로서의 대상화의 의미가 흡사 세계 내에 포섭된다는 견해를 노정하게 되는 셈인데, 그렇다면 후설의 영역론은 하나의 모순에 빠지게 되고 말 것이다.

그 이유 중의 하나는, 세계개념이 중의적으로 사용되고, 구성적 산물로서의 세계와, 활동의 장으로서의 세계가 엄밀하게 구별되지 않아, 그 결과 주관의 존재방식을 규정하는 세계개념이 영역 전체를 포괄하는 세계개념과 혼동되고 말았기 때문이다. 영역들 상호 간을 '정초함Fundieren'에 의해 관계짓고 있는 것도 마찬가지의 이유에 기초하고 있다. 정신이 정초되고 있다고 말하는 것은 첫째는 정신과 신체의 통일적 구조에 관해서이고, 둘째는 정신의 지향적 활동이 사물에 정초되고 있는 의미작용을 주로 한다는 점에 관한 것이어서, 영역 상호 간의 관계에 그것을 사용하는 것은 전혀 다른 차원에 속하는 것이리라. 그러나 설령 세계개념의 중의성이 거기서 작동한다는 점을 지적하고, 이 사이의 아포리아를 일단 해결하고 정신 영역의 고유성을 재검토했다고 해도, 역시 주관이 자기의 존재를 영역적 존재론으로서 대상적으로 고찰할 수 있는가 어떤가의 문제는 남게 될 것이다. 당시 미공개였던 『이념들 II』의 초고의 관람이 허락되었던 하이데거는 바로 이 '세계 내에 존재하는 주관'이라는 사태를 마침내 『존재와 시간』에서 기초존재론의 구상에 의거해서 받아들여서, 대상화적 방향에서 규정될 수 없는 인간존재를 존재적 장면에서 존재론적 장면으로 초월함에 의해 주제화하고, 인간 즉 현존재의 존재를 세계-내-존재로서 규정했다. 후설의 방법론에 머무는 한 충분한 깊이에서 그 의의를 주제적으로 물을 수 없었던 세계-내-존재로서의 인간존재의 규정이 현상학적 존재론의 구상에 의거해서 다시 파악된 것이다. 주관성의 근저에 남아 있는 초월론적 사실성은 대상화적 방향에 의거하는 영역적 존재론으로 다룰 수 없다고 하는 방법론적 아포리아는 그렇게 해서 해결되기에 이르렀다.

하지만 하이데거는 하나의 중대한 오해를 범했다. 하이데거는 지향성을 존재자와 존재자 사이의 존재적ontisch 관계로 파악하고, 이 지향성의 존재근거를 현존재의 존재인 '초월'에서 찾아냄으로써, 후설의 현상학에 의해 제기된 문제론을 자신의 존재론에서 심화하고 이것을 철저히 했다고 생각하면서 지향성을 존재론적으로 근거지었다고 확신하고 있었다. 본래 하이데거는 '존재 문제'를 궁극적 주제로서 추구하기 위해서 우선 존재이해를 그 존재로 하는 존재자의 존재의 해명에서 착수한 것이기 때문에 이와 같은 존재론적 구상은 그것대로 충분히 의의를 갖는 것이지만, 후설에 대한 해석으로서는 그릇된 것이었다. 왜냐하면, 하이데거가 후실의 현상학의 입장을 존재자 간에 성립하는 지향성의 입장으로 간주함으로써, 후설이 말하는 초월론적 주관성이 갖는 의의를 충분히 길어낼 수 없었기 때문이다. 하이데거가 현상의 개념을 '자기를 자기자신에 있어서 내보이는 것'이라고 규정했을 때 이 현상 개념은 존재자가 아니라 그 존재 곧 현존재의 존재를 보여주고 있는데, 이것이야말로 바로 후설이 말하는 초월론적 주관성에 해당하는 것이었기 때문이다. 대상화적 작업으로서의 지향성 즉 작용지향성, 코기토로서의 지향성은 지향성의 여러 기능 중 하나의, 그것도 상층적 기능에 지나지 않는다. 초월론적 생의 근원적 기능으로서의 지향성의 심층은 수동성의 층, 또는 그 순수하게 시간적인 구성층으로 불리지만, 이러한 심층을 딛고서 그것에 제약되어 비로소 대상화 기능이 활동한다. 그러므로 '세계-내-존재'로서의 존재론적 규정의 차원이야말로 바로 세계경험적 생으로서의 초월론적 주관성 그것이었던 것이다. 메를로-퐁티는 "현상학적 환원에 기초해서 하이데거의 <세계-내-존재>가 비로소 나타나게 된다"고 서술하고 있지만, 이것은 후설의 현상학이 하이데거의 존재론으로 가는 길을 열었다고 하는 것일 뿐만 아니라, 후설의 초월론적 주관성은 하이데거가 말하는 현존재의 존재와 동일한 사태로서 생각되어도 좋다고 하는 것이다. 서장에서 언급한 바와 같이, 후설은 의식의 개념에 입각해서 '존재 문제'를 규명해 가는 것이기 때문에, 이른바 존재자의 존재는 의식의 자기 개시를 통해 전개하는 초월론적 주관성 그것이라고 말할 수 있는 것이다. 이에 반해서, 하이데거는 '의식' 개념을 존재자 간에 성립하는 지향적 인식 관계의 장으로 간주하고, 이것을 근세적 형이상학적 개념으로 봄으로써 그것을 넘어서고자 했다. 하이데거는 의식 개념을 고의로 방기했다고 보이는데, 그래서 이 의식 개념으로 되돌아가 존재 문제를 전개하고자 한 사람이 사르트르이다. 그러나 사르트르도 또한 지향성을 후설의 『이념들 Ⅰ』에서 논하는 노에시스-노에마의 상관관계로만 받아들인다는 점에서 하이데거의 전철을 밟고 있다고 말하지 않을 수 없다. 더구나 사르트르는 노에시스-노에마 상관관계를 그대로 존재론적 차원으로 갖고 들어와서 해석하고자 하고 있다. 이렇게 정립적 의식의 층에서 대상과 의식의 관계를 파악함으로써 즉자-대자의 본격적인radikal 이원론이 전개되었다고 보아야 한다.

이와 같이 지향성을 존재자 간의 관계로서 받아들이는 한, 존재적 관계를 근거짓는 존재론적 차원은 후설의 경우 작용지향성의 가능성의 제약으로서 활동하는 초월론적 생에서 발견되는 것이지만, 초월론적 주관성의 초월론적 반성이 '세계-내-존재'로서 자기를 규정하는가 어떤가 하는 문제는 또 다른 문제이다. 왜냐하면, 후설은 초월론적 사실성의 차원을 지향적 분석론에서는 확실히 휠레의 문제론인 수동성의 분석에 의거해서 파악하고 있지만, 이로부터 그대로 주관성의 존재론적 규정을 시도하고 있는 것은 아니기 때문이다. 후설과 하이데거를 예리하게 대립하게 하는 문제점은, 요컨대 사실적 자기를 주관성의 존재규정으로 되살려서 철학의 입장으로 갖고 들어오는가 어떤가에 있다. 사상事象상 사실적 자기의 문제는 하이데거의 경우보다 후설의 철학에서 더 예리하게 노출되고 있다고 말해도 지나친 말이 아니다. 더구나 하이데거와 같이 존재론적인 것과 초월론적인 것을 동일한 차원에 놓고 시도하는 것은 상당히 억지스러운 것이고, 이 점에서 초월론적 사실성의 존재론적 해명은 어디까지나 후설이 의미하는 바의 현상학적 초월론적 분석의 차원을 용인한 뒤에 다시 다른 차원에서 시도되어야 할 것이다. 이 점은 다시 다음 장에서 서술하지만, 후설이 현상학의 자기근거짓기의 이론적 차원을 분석론에서 일단 분리해내고 있었음에도 불구하고, 그 차원을 존재론적 차원으로서 용인할 수 없었던 데에도 문제가 있다. 게다가 분석의 성과를 거기서 되살리지 않았기 때문에 후설의 현상학은 점점 더 형이상학적 색채를 강화하고 있었던 것이다. 그 이유는 앞에서 서술한 바와 같이 후설 자신이 초월론적 환원의 의의를 어디까지나 이성의 숨겨진 기능을 묻기 위한 것으로서 보고 있었던 데에 있다. 초월론적 기능의 자기은폐란, 자신의 산물 때문에 자기를 보지 못하는 것인바, 이는 이 초월론적 기능을 발동하게 하기 위해서이다. 따라서 이 기능을 취해내기 위해서 에포케의 방법론적 의의가 결정적인 중요함을 갖고 있었다. 이에 반해서, 인간적 주관성에 대한 고찰은 에포케를 실시하지 않는 일상적 생을 그대로 고찰하는 데에서 성립한다. 후기의 후설은 정신의 영역적 고찰 대신에 수행태에 있는 주관성에 대한 구체적인 고찰을 세간적mundan 현상학의 이름으로 취급하고 있다. 하지만 후설에게 있어서 세계성Weltlichkeit과 세간성Mundanität 양 개념은 동치 개념으로 사용되고 있기 때문에,[26] '수행태'를 나타내는 세간성의 개념과, 구성적 기능을 제약하는 세계성의 개념이 분리되지 않게 되어, 후설의 자기해석에 분석의 성과가 그대로 되살려지는 일이 없이 초월론적 분석론이 언급한 초월론적 사실성의 근원적 현상이 간과되게 되었다. 이것은 역시 근저에 있어서 세계 개념의 중의성이 엄밀하게 구별되지 않은 데서 파생하게 된 하나의 결과에 지나지 않는다고 말할 수도 있겠다.

후설은 '사실성Faktischtät'의 개념을 사용하고 있지만, 이 시기에 이 개념은 '실제로faktisch'라는 의미로 사용되고 있었다. 현상학적 반성에 의해 본질을 개시할 때는 하나하나 그 요소가 분리되어 주제화되지만, 수행태에 있을 때는 이러한 요소들이 통일적 사태를 형성하는 것이므로, 이것을 '사실성'이라는 용어로 취급한 것이다. 사실성의 개념은 본래 '사실Faktum'의 개념에 기초한다. 사실의 개념은 '본질' 개념의 대립 개념이다. 수행태에 있을 때에 이 사실성을 갖는다고 하는 것은, 역으로는 반성이 항상 자유변경의 본질직관으로서 행해진다는 것을 의미한다. 거기에 하나의 문제가 있다. 후설에 의하면, 일반적으로 '사실'이 현실에 존재하는가 않는가는 본질의 필연성에 대해서 우연적이다. 따라서 각각의 체험의 사실로부터 체험의 본질을 개시할 때는 이 '사실'-'본질'의 관계에 기초하고 있지만, 그러나 초월론적 주관성의 본질은 '사실'적 · 초월론적 주관성의 존재 없이는 생각될 수 없다. 거기서 사실성의 개념이 '본질'의 대립 개념으로 머물 수 없게 되는 사정이 확인된다. "내가 있다"라는 것은 유례적類例的인 사실이 아니라 이른바 절대적 사실이기 때문이다. 그 의미의 절대적 사실absolutes Faktum은 이 시기의 후설에게 있어서는 아직 충분히 생각되지 않고 있다. 그러나 후술하는 바와 같이, 본질일반성에 대한 유례적 우연체라는 성격을 벗어나서, 오히려 역으로 '본질'과 '사실'의 구별이 거기로부터 발생해 오는 이 원사실Urfaktum로서의 의식의 사실성은 후설의 최만년의 '살아 있는' 현재의 이론에서 발견할 수 있는데, 이때 이 사실성은 세계성의 개념마저 이제는 탈각한 절대적 '생기'를 의미하게 된다.

후설의 제자들은 후설 생애의 각 시기에 얻은 그의 분석의 성과에 각각 제약되면서 현상학적 존재론을 전개하고 있었다. 이 중에서 후기의 수동성의 현상에 보이는 초월론적 사실성에 충분히 주목하면서 후설의 초월론적 현상의 본래적 의의를 다시 묻는 움직임이 오늘날 상당히 넓은 범위에 걸쳐서 눈에 띈다. 후설의 해석을 각각의 방향으로 시도한 현상학자로서 란트그레베 · 토이니센 · 브란트 · 디머 · 슈트라서 등을 비롯한 많은 현상학자를 헤아릴 수 있지만, 후설 해석을 강력한 방법으로 해서 그 자신의 철학적 주제를 전개해 갔던 현상학자로는 메를로-퐁티('양의성兩義性의 현상학')나 핑크('유희Spiel의 존재론') 등을 들 수 있다. 모두 하이데거의 존재론을 중요한 매개로 삼고 있지만, 그중에서도 메를로-퐁티로 대표되는 현상학적 존재론은 포괄적인 넓이에 걸쳐서 후설의 분석의 성과를 해석하고 있다. 특히 그중에서 주목할 만한 것은 후설의 생활세계에 대한 해석이다. 이에 대해서는 다음 장의 「생활세계의 문제론」의 대목에서 언급하겠지만, 그것과 함께 최만년의 후설을 답습한 '이성의 목적론'의 사상을 채택해서, 이 형이상학적 자기해석이라고 말할 수 있는 사변적 구상의 정체를 밝혀둘 필요가 있다고 생각한다.

제4장 현대의 현상학적 존재론의 문제

1. 『위기』의 과학 비판

—갈릴레이를 단죄함

후설은 그의 최만년에 해당하는 시기에, 곧 1934년부터 37년에 걸치는 시기에 그의 현상학의 총괄적 자기결산의 성격을 갖는 이른바 『위기』-노작에 착수했다.(1) 『위기』-노작은 세상에서 말하는 바와 같이, 철학사를 통해서 현상학의 기초부여를 도모한 것에 다름 아니지만, 거기서는 '존재자 전체의 파악'을 위한 총체성 요구가 철학의 물음으로서 분명히 자각되고, 이 물음이 발생하게 되는 이유로 '무한한 것의 이념'이 유럽의 인간성에 결정적이라는 취지가 언급되며, '이성의 목적론'의 명칭 하에 후설의 최후 해석이라고도 할 수 있는 자기해석이 설명되고 있다. 『위기』의 의도는 초월론적 현상학의 역사적・필연적인 출현에 기초를 부여하는 것인데,

거기서 유럽의 근대와 본질적으로 대결하겠다는 태세가 발견되지만, 그 직접적 동기는 시대의 위기 증상을 적발하는 데에 있었고, 위기의 역사적 유래를 예리하게 추적해 감으로써 위기를 극복할 수 있는 단 하나의 가능성을 그 자신의 철학적 과제 속에서 확인하는 데에 있었다.

후설에 의하면, 오늘날 유럽의 정신적 문화의 위기는 과학의 위기이다. 과학의 위기는 뒤에 서술하는 바와 같이 유럽의 인간성의 위기인데, 이 위기는 결정적으로 물리학적 객관주의와 초월론적 주관주의가 숙명적으로 대립하고, 치유하기 어려운 분열의 형태를 취하게 된 데에 있다. 아니면, 전자의 역사적 형성 자체가 양자의 분열을 초래했다고 말할 수 있을 것이다. 즉, 후설은 근세적 자연과학의 위기를 우선 물리학적 객관주의에서 찾아내고 있는 것이며, 이 물리학적 객관주의는 근세 과학의 창시자인 갈릴레이가 '자연의 수학화'를 행한 데서 시작된다고 보고 있다.

자연의 수학화에 관한 후설의 견해를 추적해보자. 자연의 수학화란, 사상적事象的 자연을 수학에 의해 이념화하고 수학적 다양으로서 간주하는 것인데, 이 이념화의 성립 자체에 두 가지의 면, 즉 근세 자연과학의 빛나는 업적과 동시에 어두운 병증을 낳는 숙명이 수반되고 있다. 수학적인 것 중 특히 순수기하학은 선과학적·직관적 주위세계 속에서 현실적으로 경험하는 구체적 사물이 아니라 오히려 이념적인ideal 형체를 통해서 사물을 정확하게exakt 규정하고, '사물을 절대적으로 동일한, 방법상 일의적으로 규정가능한' 성질들의 기체로서 인식한다. 그러나 이념적인 형체에 관한 작업적 규정을 행하는 기하학적 방법론은 이미 직관에 소여된 사물에 대해서 실시되는 측정기술Meßkunst을 이념화함으로써 성립한다. 일상적 경험에서 사물의 현출은 항상 연속적으로 이행하고, 결코 객관성을 가질 수 없다. 그래서 측정기술이 이러한 경험적 사물에 대해서 물체적 개념을 작성하고, 물체로서의 크기·양·관계·위치·거리 등을 측정함으로써 이 물체들 간의 관계를 일의적으로 규정해 간다. 이와 같은 근사적近似的인 것을 조정하는 조작인 측정기술에는 능력의 면에서 실제상 한계가 있지만,

항상 보다 정밀하고자 하는 관심은 머무는 바를 알지 못하고 무한하게 확대해 간다. 실천적 관심은 이론적 관심으로 이행하는데, 정밀화를 의도하는 객관화 기능이 이념화되어 기하학적 사유절차로 이행하고, 측정기술이 갖는 측정의 정밀화의 이상적 완성화를 극으로 해서 '극한 형체'의 세계가 구상되게 된다. 기하학자가 취급하는 도형은 이와 같이 기술의 실천을 딛고 나서, 경험적 · 직관적 세계에 본질적인 주관적 파악의 상대성을 극복해서 성립하는 이념적 형성체이다. 갈릴레이의 의도는 이렇게 해서 '동일한 비상대적인' 세계를 손에 넣고서 진정한 존재를 인식하는 것이었다고 후설은 보고 있다.

그런데 갈릴레이가 수행한 업적은 확실하게 방법적 추상에 의한 수학적 자연의 발견인데도 불구하고, 이념의 세계를 발견함과 동시에 이 이론의 근원의 올바른 의미가 은폐되고 말았다. 후설에 의하면, "갈릴레이는 발견하는 천재임과 동시에 은폐하는 천재였다."[(2)] 그것은 갈릴레이가 '이념화의 작업이 어떻게 해서 발생하는가 하는 방법 속으로 들어가서 필증적인apodiktisch 수학적 명증의 근원으로 향해 물음을 심화하는 일'을 하지 않아서, 방법에 친숙하게 됨으로써 인식의 기원을 주요한 관심으로 삼지 않았기 때문이다.

이념화의 기반이 되는 감성적 · 직관적 물체가 주어지는 영역은, 이미 본 바와 같이, 유형적 예료가 활동하는 장이다. 감성적 경험의 사물은, 일반적 유형을 따라가면서 예료-충실의 연속적인 연관을 통해 현출한다. "직관적 주위세계의 사물은 유형적으로 유사한 사정 하에서 유사한 상태가 된다. 말하자면 그것의 <습득성>을 갖는다."[(3)] 직관적으로 주어지는 세계 전체가 그때마다 습득적으로 하나의 양식에 따라서 현출하는 것이므로, 이 유동적 연관에 측정기술이 복무하고, 이것을 일의적으로 규정해 가는 방향을 탐색하고자 하는 것이다. 하지만 경험에서 활동하는 예료는 기술을 결여한kunstlos 귀납적 인식일 수밖에 없다. 그러나 경험에서 활동하는 예료에 보이는 사물의 선소유 · 선사념을 기반으로 해서야 비로소 무한한 것으로 고조되어 가는 기술이 풍부한kunstvoll 방법론으로서 기하학적 인식이 성립하는 것인바, 이 경우 기술적 · 방법적인 이상극理想極이라는 기하학의 성격을 간과해서는 안 된다. 그런데 고차적 대상을 이념화함으로써 구성된 기하학은 이 고차적인 이념적 대상을 '흡사 자체로서 존재하는 것'과 같이 간주할 뿐만 아니라, 이 이념성의 세계에서 재차 직관적 세계로 하강하는 일을 기도해서 직관적 · 규정적 사물에 대해서 완전히 새로운 종류의 귀납적 예료의 방법을 실시하고자 했다. 한번 경험에서 유리된 기하학이 응용기하학으로서 구체적인 경험적 세계에 대해서 계측적計測的 예견을 관철하고자 하는 것이다. 이 재하강을 후설은 제2의 이념화라고 부르고 있는데, 제2의 이념화 때문에 근원적 경험세계의 망실이 더 철저하게 된다. 과학적 지知로서의 에피스테메Episteme는 그 발생 기반인 독사Doxa의 세계를 잊고 있을 뿐만 아니라, 그 세계로까지 자기를 확대해 가려고 하는 것이다. 이 '에피스테메의 요청'이 제2의 이념화로서, 근대 기술의 발전의 방향을 보여주고 있다.(4)

경험적 세계에 나타나는 물체는 질료적 충실, 즉 특수한 감각적 성질을 갖는 구체적 물체이다. 이 감각적 성질(이른바 제2성질)을 직접 수학화하는 것은 원리적으로 불가능하고, 어떤 정밀한 측정의 방법이라고 할지라도 실시 불가능하다. 그런데 제2의 이념화는 그 자체 수학화될 수 없는 성질적 측면에 대해서 '간접적' 수학화를 기도했다. 본래 형체에 관한 추상적 세계층에서 일어나는 사건이 직관적 사물의 성질적 변화에 대해 인과관계를 갖는다든가, 성질상의 변화가 형체의 영역으로부터의 인과적 사상寫像이라든가 하는 생각은 모험적이며, 일견 이상한 사상이다. 그렇지만 최초의 이념화에 의해 객관화된 이념성 세계에 이끌려서 경험세계에 대한 정확성을 갖는 측정이 개시되고, 저 이상한 사상이 자명한 것으로서 성격을 띠게 된다. 우리들이 선과학적 생활에서 사물에 즉해서 경험하는 색깔 · 소리 · 따뜻함 · 무거움 등의 성질들이 다른 물체와 인과관계를 갖는 것으로 경험되고, '진동'으로서 물리적으로 다루어지고, 형체의 세계에 속하는 순수한 사건으로서 받아들여지고 있다. 오늘날 이러한 보편적 지표는 전혀 의문의 여지가 없는 자명성으로 화하고 말았다.

물론 갈릴레이에게 있어서 이 감성적 세계의 수학화는 이미 자명한 것은 아니었지만, 최초의 이념화의 방향은 이미 제2의 이념화로 가는 길을 준비하고 있었다. 왜냐하면, 우리들은 세계에 대해서 하나의 보편적 형식을 갖고 있는 것이어서, 먼저 형체의 기하학을 갖고 다음에 충실의 기하학을 갖는다고 하듯이 두 가지 형식을 갖는 것은 아니기 때문이다. 그렇기 때문에 최초의 이념화는 제2의 이념화를 공이념화로서 유발하고, 세계의 이중의 이념화로 다다르게 되는 것이다. 이렇게 해서 보편적인, 이념화된 인과성은 이념화된 무한성 속에 모든 형체와 성질적 충실을 포섭하게 될 것이다. 후설에 의하면, 직관적 세계의 방법적 객관화로 기능하는, 세계의 간접적 수학화를 통한 전 자연의 수학화는 자연과학이 갖는 기본적인 가설이다. 그러나 이 가설은 아무리 확증되어도 가설Hypothese의 성격을 잃지 않는다. 그 이유는 측정기술의 정밀성이 완전히 실현되어야 전 자연의 수학적 측정의 정당성 여부가 증명되기 때문이다. 따라서 현실의 수학적 방법은 결코 완전한 것이 아니라 무한히 개량되어야 할 여지를 남기는 것이므로, 가설은 가설임을 결코 그치는 일 없이, 그 확증은 무한히 진행해 간다. 여기에 자연과학의 본질이 있다고 후설은 말하고 있다.

또, 자연과학적 방법의 전체 의미에 따라서, 전全 자연에 대해서 체계적 질서로 진행되는 일정한 예측이 가능하게 된다. 거기서는 선과학적 생활세계의 직관적 영역을 넘어서고, 일체를 합법칙적인 것으로 수식화하게 된다. 모든 것을 수-정식으로 환원해서 자연의 진정한 존재를 파악해 가고자 하는 근대 실증과학의 산수화하는 경향은 일견 근세 초두의 기하학적 경향과 대립되는 것 같이 보이지만, 실은 자연의 수학화라는 동일한 이념에 이끌리는 방향을 보여주는 것이며, 일체를 대수적으로 기호화하는 기호논리학도 이 방향에서 등장해 온 것이다. 자연의 수학화를 통한 물리학의 확대는 그것이 전진하면 전진하는 만큼 양화된 자연의 사실 내에 연역적 추리의 영역이 커져 가면서, 수식에 근원적 의미를 부여하고 있었던 직관은 망각되었을 뿐만 아니라 오히려 그것이 그대로 방법화되어 형식적 산수가 가장 극단에 달한 광대한 순수직관의 수학이 마침내 등장하기에 이르렀다. "모든 방법의 본질에는 기술화技術化와 하나가 되어 스스로를 외화하는 경향이 속한다."[5] 근원적 의미의 공소화空疎化로 의미가 전화하는 자연의 수학화의 성과 없는 진행은, 수학적으로 기체화基體化된 세계인 우리들의 일상세계를 곡해Unterschiebung한 데에서 유래한다. 이 곡해가 오늘날에 이르기까지 갈릴레이의 후계자들의 유산상속이 되고 있지만, 갈릴레이 또한 그 자신이 순수기하학을 따르는 상속인이었다. 그가 상속한 기하학은 더 이상 사물의 기하학이 아니라, 원原원천인 직접적 직관에서 멀리 떨어진 말하자면 테크네였다. 문제는 갈릴레이가 수학을 근세적 자연과학의 방법으로 보고 자연의 수학적 구성을 기도했을 때에 본래의 의미형성적 작업으로 돌아가 묻는 것을 게을리한 데에 있다. 후설은 그것을 "재앙이 깊은 태만"이라고 말한다. 이렇게 해서 갈릴레이는 기하학적 방법에 의해 근세적 자연의 구축을 실시했으면서도 그 자신이 이를 알아차리지 못했는데, 이로 인해 근원적 경험의 세계가 가려지게 되고, 기하학 자체가 스스로 명증적 아프리오리를 창조해서 그것에 독립된 절대적 의미를 부여하는 저와 같은 양상을 노정하게 되었다. 이념화의 의미 토대였던 일상적 생활세계는 이른바 객관적 과학 진리의 교묘한 '이념의 옷Ideekleid'을 입게 되었던 것이다. 일상적 · 귀납적 예측을 넘어서서, '과학적으로 정밀한 무한한 것으로까지 확대된 예측'으로 대체되었다. "<수학 및 자연과학>이라는 이념의 옷, 혹은 그것 대신에 기호의 옷, 즉 기호적-수학적 이론의 옷은 과학자들에게도 교양인들에게도 <객관적으로 현실적인 참인> 자연이 되어, 생활세계의 대리역할을 행하고, 그것을 숨기고 가장하는 것을 모두 포함하고 있다."[6] 이념의 옷은 방법을 진정한 존재로 받아들이고, 이념의 위장은 방법이나 수식, 이념의 본래적 의미를 이해하지 않은 채로 놓아둔다. 이러한 '의미의 곡해'에 우리들은 완전히 주술에 걸리듯 사로잡혀 꼼짝 못하게 되고 만다. 과학적 인식마저 기초로 한다면, 존재자를 모두 '남김없이 뜻대로 할 수 있다'(7)는 신뢰가 우리를 지배하고 있다. 그리고 또한 인간의 마음도 '이 보편적 추상 내부의 보충적 추상'으로서 심리학이나 사회학의 대상 영역에서 뜻대로 처리할 수 있는 대상으로 화하고 말았다.

후설은 과학의 객관주의에 의해 이끌려 일어난 사태를 대체로 이상과 같이 서술하고 있다. 일체의 이성적 산물을 그 발생의 근원으로 환원해 가는 철학의 진정한 과제의 하나에는, 이제 이 근대 과학이 빼도 박도 못했던 객관주의를 그 발생의 근원으로 해체해서 과학의 근원적 의미를 재발견해 가는 것이 포함된다. 본래 후설은 과학의 의미 토대인 생활세계의 재발견을 궁극적 의도로 하는 것이 아니라, 이 생활세계마저 구성하는 '원原원천적으로 기능을 수행하고 있는 주관성으로서의 자기자신을 명석하게 이해하는 일'에 다다르는 것을 본래적 이해의 자기책임적 과제로 보고 있다. 그렇기 때문에 『경험과 판단』의 환원론에서도 알 수 있는 바와 같이, 이념화된 과학적·객관적 세계에서 그 발생 기반인 생활세계로 귀환하는 일을 제1단계로 하고, 다음으로 이 생활세계에서 구성적 기능인 초월론적 주관성으로 되돌아 묻는 일Rückfrage을 제2단계로 해서, 환원을 두 단계에 걸쳐서 설명하는 것이다. 『위기』의 과학 비판은 '근원명증으로 귀환함'이라는, 명증이론의 중심을 이루는 사상에서 출발하고 있다. 현상학적 환원의 철학적 의의가 다시 구체적인 역사적 상황 속에서 물어질 때 근대 유럽의 역사가 명증이론을 기축으로 해서 하나의 새로운 의의에서 재검토된다고 말해도 좋을 것이다. 그러한 역사철학적 차원에서 현상학의 본래 과제를 다시 확인하는 것이 『위기』의 의도였다고 생각된다.

후설은 초월론적 현상학의 선구자로서 데카르트, 흄, 버클리, 그리고 특히 칸트를 들고, 초월론적 동기가 이 철학자들을 몰아세우고 있었다는 점을 지적하고 있다. 하지만 그들은 각각 초월론적 과제의 수행을 완전하게 실현하지 못하고, 도중에 객관주의적인 것에 의해 저지되어, 반反초월론적인 것에 의해 좌절되고 말았다. 물론 후설은 이 철학자들을 역사적 사실에 비추어서 비판하는 것이 아니라, 우리들 자신이 '역사적으로 생성한 것'[8]으로서 역사적 상황 속에서 자기를 발견하고, 이 상황 속에서 자기자신을 철저하게 자성해 갈 때 역사의 의미가 개시되어, 이 철학자들이 어떤 이들이었는가 결정할 수 있게 된다고 말하고 있다. '정신적 선조들의 의지'를 재발견하고, "합리주의를 이 숨겨진 반反의미를 노정함으로써 파쇄하는 일"[9]은 우리들 자신의 자성이 그렇게 하게 하는 것이다. 후설은 이 역사적 성찰을 '목적론적 역사 고찰'이라고 부르는데, 초월론적 현상학의 과제 또한 이 의미에서 역사적으로 그 동기를 개시하는 것이 가능하다. "내가 가장 넓은 의미에서 초월론적이라는 말을 사용하는 것은, 자기자신에 다다르고자 하는 근세 철학의 본원적인 동기에 대해서이다. 이로써 나는 데카르트를 통해서 모든 근세 철학에 의미를 부여하고 있다."[10] 그렇지만 후설의 이 목적론적 역사 고찰은 결국 그의 '이성과 인간'에 대한 궁극적인 견해를 아는 일 없이는 충분하게 이해되지 않을 것이다. 또, 유럽이라는 개념 자체도 마찬가지로 명확한 의미를 보여주지 않게 될 것이다. 즉, 이성이 인간에게 무엇인가를 아는 일 없이는 왜 과학의 위기가 그대로 인간의 위기인가를 충분하게 읽어낼 수 없는 것이다. 이성과 인간에 관한 후설의 만년의 자기해석을 매개로 해서, 초월론적 현상학의 자기성찰이 역사적 해명과 결부해가는 상태가 비로소 이해될 수 있는 것이다. 따라서 후설이 설명하는 이성의 목적론을 다음에 해명해야 하겠다.

2. 이성의 형이상학

—후설과 헤겔

『제일철학』에서 일련의 내용들을 서술하면서, 후설이 『이념들』 시기

이래 계속 걸어온 데카르트적 방법에 있어서 결정적으로 좌절을 겪었다는 것은 제1장에서 서술한 바 있다. 현상학의 출발 지점을 충전적인 명증에서 규정하고자 하는 원초적 시작에 관한 이론이, 체계의 기초적인 부분과 분리되어 한편으로는 발생적 현상학의 방법론에 편입되고, 다른 한편으로는 완전히 다른 '시작'에 관한 이론이 구상된다. "지금 나는 시작 전에 다른 시작을 실시해야 한다."고 후설이 말하는 바와 같이, 현상학의 시작의 이론은 현상학적 환원의 동기를 주제로 해서, 현상학적 분석론과는 다른 차원에서 전개된다. "인생의 최후에 진정한 시작을 본다"고 말하는 노老후설의 술회에서 엿볼 수 있는 바와 같이, 이 시도는 후설의 전 생애에 걸친 현상학적 연구의 최후 위상에서 구상된 것이다. 이 이론은 현상학적 환원의 방법론에 대한 이론이 아니라, 일단 구성적 분석론과는 다른 차원에서 환원의 초월론적 의의를 규명하는 선- 또는 후-현상학적 이론이라고 말해도 좋을 것이다. 『위기』를 후설 자신이 현상학을 위한 예비적 해석이라든가, 또한 사상적事象的·역사적 서론이라고 부르고 있는 데서도 그간의 사정을 엿볼 수 있을 것이다.

『위기』는 확실히 과학적 객관주의의 숙환과 초월론적 주관주의 사이의 균열을 이 역사적 유래로부터 캐묻고자, 시대의 파국 상황에 대한 비판적·역사적 개시開示를 기도하고 이로부터 현상학의 과제를 확인하고자 작성된 것이지만, 이 위기 비판은 동시에 초월론적 현상학을 역사적으로 기초부여하고자 하는 시도와 표리일체를 이루고 있다. 즉, 위기의 정체를 이성의 위기로 확정하고, 또 위기의 정체를 이성의 문제로 보고 여기에 초점을 모아서, 초월론적 현상학의 역사적 필연성을 이성동기가 자기자신에게 다다르고자 이성의 목적론적 운동에 의거한다고 이야기하고, 이로부터 위기가 현상학에 의해서 극복된다고 하는 논정論定이 내려졌다. 여기서 이야기하고 있는 목적론적 이성이란 도대체 무엇일까? 후설에 의하면, 이성이란 '자기조명의 항상적 운동 속의 라치오'[11]이며, 이 이성의 운동은 '숨겨진 이성의 자기현현'의 운동이다. 게다가 이 이성 운동은 개인의 생만이 아니라 유럽적 인간존재의 생 전체를 관통해서 생기하고 있는 역사적 운동으로 간주되고 있다. 후설은 이 '이성의 목적론'의 구상 하에서 현상학적 환원으로 향하는 이성동기의 역사적 필연성을 설파하고자 하는 것이다.

후설이 '이성의 목적론'을 주장하는 근저에는 인간과 이성의 근원적 관계에 대한 후설 자신의 기본적 견해가 잠복해 있다. 후설의 이 견해는 아마도 다음과 같이 정리될 수 있을 것이다. 그것은 우선 첫째로, 이성은 자유롭게 자기를 형성하고, 자기자신에게 규범을 부여해 가는 기능을 갖는다. 둘째로, 이 이성은 인간의 생에서 자기성찰로서 활동한다. 셋째로, 자기성찰은 여러 단계와 형식을 갖추지만 최후로는 철학의 형식을 갖는 자기인식에 도달한다. 넷째로, 이 철학적 자기인식은 개인적 생의 자성自省이 아니라 보편적 자성이고 '무한한 것의 이념'의 발견이다. 그리고 이 '무한한 것의 이념'이란 존재자 전체의 파악으로서의 총체성 요구이고, 이 궁극적 인식이 철학적인 보편적 자성으로서 달성된다고 하는 생각이다.

이성은 본래 인간의 생에 '가장 깊은 내면의 것'으로서 생득적인 것이고, '인간을 가장 깊은 내면으로 향하게 하는' 활동을 한다. 그것이 인간의 자성인데, 이성으로부터 본다면, 숨겨져 있는 자기자신의 자기현현이 되는 것이다. 인간의 내면화로서의 자성을 이성의 자기현현이라고 말하는 것은 이 이유 때문이다. 후설에 의하면, 인간은 바로 그 본질에 있어서 이성적 동물Animal rational이지만, 이 규정은 어디까지나 인간이 이성 운동의 과정에서 자기의 본질에 눈떠서 인간이 된다vermenschlichen고 하는 의미이다. 그렇기 때문에 자성의 궁극 단계를 나타내는 철학적 반성은 인간이 자기의 존재에 대해서 책임을 갖는다는 것을 의미한다. 후설은 이것을 '필증성 Apodiktizität의 생으로 상기想起되고 있는 존재로서의 자기이해'(12)라는 표현으로 설명하고 있다. 그런데 후설의 이성과 인간의 근원적 관계에 관한 이 생각은 형이상학적 자기규정으로 제기된 것이라고 생각된다. 확실히 이성의 목적론의 기능은 분석에 의해 발견되는 것이지만, 이것을 분석론에서 떼어내서 사변적 선행 규정으로서 사용하는 단계가 되면, 하나의 형이상학적 규정 이외의 어떤 것도 아닐 것이다.

더구나 거기에 머물지 않고, 이 이성의 운동이 개인적 생의 자성뿐만 아니라 보편적 자성에 다다르기 위해 역사적·사회적 운동으로서 생기한다고 이야기하기에 이른다면, 이를 역사철학적 주장으로서 받아들이는 것과 다름없을 것이다. 후설에 의하면, 유럽의 인간존재와 관련해서 이 목적론은 '정신적 유럽에 내재하는 목적론'[13]이다. 즉, 유럽의 역사 전체를 통해서 자각의 궁극적 단계에 다다르고자 하는 이성 운동이 지배하고 있어서 그 최후의 극에서 초월론적 현상학이 발현했던 것이라고 후설은 말한다. "오늘날 이와 같이 많이 논의되고, 또한 생의 붕괴의 무수한 징표 속에서 기술되는 유럽적 현존재의 위기는 어두운 운명도 아니고 예견하기 어려운 악운도 아니다. 오히려 철학적으로 발굴가능한 유럽 역사의 목적론을 배경으로 해서 이해되고 예견되는 것이다. 그러나 이 이론의 전제는 우선 유럽이라는 현상을 그 중심적 본질 핵심에서 파악하는 것이다. 현재의 <위기>라고 하는 괴물을 파악할 수 있기 위해서 유럽이라는 개념이 무한한 이성 목표의 역사적 목적론으로 채택되어야 했다. 즉, 어떻게 유럽적 <세계>가 이성 이념 곧 철학의 정신에서 탄생했는지가 제시되어야 했다. 그때 <위기>는 외견상 이성주의가 좌절된 것이라고 판연하게 생각될 수 있었다. 그러나 이성적 문화가 망가진 이유는, 이미 서술한 바와 같이, 이성주의의 본질에 있지 않고, 오로지 이성의 외화 즉 <자연주의>나 <객관주의>로 몰입하는 일 속에 숨어 있을 뿐이다."[14] 이와 같이 이성의 목적론이 '무한한 이성 목표의 역사적 목적론'이 되고, 이로부터 역사적 필연성이 설명되기 시작한다. 따라서 이성의 위기는 단순히 이성의 외화에 지나지 않고, 이성의 피로에 지나지 않은 것이 되고 말 것이다. 그런데 이성의 자기소외의 현상은 분석론에 의해서는 이와 같이 제시되지 않고, 반대로 이성의 본질적 숙명으로서 통찰되고 있기 때문에, 후설이 분석에서 사변으로 나아갈 때 무언가가 탈락하게 된다고 생각할 수밖에 없는 것이다.

물론 후설의 목적론적 사상은 구성된 의미의 역사가 아니라 오히려 구성하는 주관의 역사성을 문제로 삼고 있다. 지知/Wissen의 역사성이, 핑크가 말하는 바와 같이, 구성된 의미형성체의 근거가 되는 절대적 주관성의 존재의 역사로서 문제가 되고 있다. 위기의 발생을 이 절대적 주관성의 자기소외로 파악한 『위기』-노작은 과학지科學知에서 초월론적 지知로 향하는 전회라고 하는 역사 상황을 비판적으로 주제로 삼은 것에 다름 아니다.[15] 후설의 서술은 마치 초월론적 현상학의 출현이 유럽의 역사의 완결을 선언하는 그와 같은 느낌을 주고 있지만, 후설의 의도는 철학적 자성으로 활동하는 절대적 · 규준부여적 이성의 도래를 초월론적 현상학의 역사적 의의로서 확인하기 위한 일종의 역사적 · 철학적 기투이고, 이른바 헤겔 류의 절대적 정신의 사상을 즉각 거기서 간취한다는 것은 인정되지 않는다. 왜냐하면, 역사는 거기서 완결되는 것이 아니라 오히려 '재생'하고, 도래한 궁극적 자성은 비판적 기능으로서 새로운 생을 내면화하고 정신화함으로써 '아득한 인간의 미래를 보증하기 위해'[16] 무한하게 진행되는 것이기 때문이다.

그러나 그럼에도 불구하고, 이 목적론적 사상은 역사적 도래의 필연성을 이야기한다는 점에서 무리수를 두고 있다. 본래 후설의 현상학은 매몰되고 숨겨져 있었던 기능을 발견한다고 하는 일종의 '상기想起'의 성격을 갖는다. 철학적 자각의 역사라고 말할지라도, 이 '상기'의 방법을 면할 수는 없다. '숨겨져 있었던' 유럽의 근원적 이념을 발견하고, 그것을 원창설로서 확인하는 것은 상기적 반성의 형태로 행해지는 철학자의 자기책임적 캐물음이다. 이 캐물음이 후설의 역사적 반성이며, 이는 본래 그리스의 '무한한 것을 향한 이념'의 원창설을 재생하고 반복하는 것임을 말하고자 한 것이다. 그런데 원창설-재생 사이의 목적론적 과정을 떠맡는 '유럽의 인간존재'라는 형이상학적 개념에 의해 유럽의 역사 전체를 하나의 '역사의 의미'로 화하게 한 데서 근세 형이상학적인 역사 사상思想의 큰 그림자를 볼 수 있다. 핑크는 이 점에 대해서 "지향적 의식 주해註解라고 하는 분석적 수단을 수반한 정신현상학이, 무엇보다도 우선 근세 과학의 양식을 규정하고 있는 의미 형성 과정의 해석을 통해서 실시된 것이다"[17]고 말하고 있다. 또, 후설에게는 시간이 주관화되어 있기 때문에 이성의 필연적 도래의 '언제'가 물어질 수 없을 뿐만 아니라, "왜 무한한 것이 스스로 유한성의 복면을 쓰는 것인가, 왜 본래 하나인 것이 탁한 다수성으로 나누어져 가는 것인가, 왜 이념이 자기와 동등한 순수한 에테르를 버리고서 생성으로 침강해 가는 것인가—왜 자신 안에서 쉬고 있는 정신이 전체적으로 자신의 바깥으로 나아가는 것인가"라고 하는 동기에 대한 통찰도 이 장대한 관념론적 몽상에서는 불가능하다는 점을 지적하고 있다.[18]

이와 같이 후설은 초월론적 동기에 관한 역사철학적 발상이란 점에서 헤겔로 접근한다는 것을 볼 수 있었지만, 구성적 현상학을 헤겔의 『정신현상학』과 대비해서 볼 때 일견 헤겔로 다가간 것이 보이더라도, 실은 양자는 완전히 이질적인 차원에 놓여 있는 것이 판명하다. 혹여 '의식의 경험의 학'이라는 헤겔의 규정이 후설에 들어맞는다고 생각될지도 모른다. 헤겔의 정신현상학에 의하면, 진리 내에 있는 것의 진정한 인식은 절대자를 그 절대자성에서 인식하는 절대적 인식이다. 절대자는 지知와 대상의 부정적 대립을 통해서 자기자신을 전개하고, 최후로 자기자신을 절대자로서 아는 정신인바, 이 자기전개의 완결의 단계에서 생성의 역사를 전체로서 파악하는 것이 정신의 현상학이다. 이에 반해서, 후설의 현상학은 현상학적 환원에 의해서 '진리의 구성적 근원으로서의 절대적 의식'으로 몸을 옮기고, 그러면서 '길잡이'의 방법이 보여주는 바와 같이, 구성된 의미 산물을 그 구성적 근원으로까지 소급해서 노정해 가는 과정에 자기수정적 변증법적 성격이 보이지만, 그러나 절대적 의식은 구성적 작업의 영역에 지나지 않는다. 여기에다 또한 현상학적 반성은 헤겔과 같이 실재의 전체성을 지知에 의해 되찾는 것이 아니라, 반대로 일체의 구성된 지知가 기초하는 기반인 근원적인 경험과, 또 거기서 활동하는 수동적 원신념을 노정하는 것이다. 이와 상관적으로, 언제나 이미 거기서 활동하고 있는 세계의 수동적 현상을 드러내는 것이기도 하다. 이렇게 해서 후설의 현상학은 지知에 의해 되찾을 수 없는 실재세계의 근원성을 보여주었다. 후설이 헤겔로 다가간다면 이는 구성적 대상층으로서의 자연이나 세계가 바로 역사적 산물로 화한다는 점과 관련해서이고, 따라서 의미형성체의 발생적 해체라고 보이는 변증법적 자기수정의 역사에서 양자는 만나지만, 대상화적 구성에 선행하는 '뜻대로 되지 않는' 수동적 발견이란 점에서는 양자는 심연을 사이에 두고 대립할 것이다. 『위기』의 역사철학은 바로 자연을 구성적 산물로서만 한정한다면 사상事象에 적합한 사변적 발상이 되겠지만, 이와 같이 고차적인 의식층만을 딛고서 현상학적 환원의 이론을 구상하는 것은 분석이 도달한 차원을 무시하고 분석의 성과를 간과하는 것이리라.

그렇다면 분석의 성과의 의의를 어떻게 캐물을 수 있을까? 핑크는 저 예의 국제대회에서 발언할 때 구성의 존재론적 본질을 파악하고, 또 후설이 충동적으로 계속한 '지향적 분석론'의 진행을 이해하기 위해서는 사변적 사유로서의 존재사유가 필요하다고 제창하고 있다. "현상의 현상성은 결코 그 자체 현상의 소여성이 아니고", "존재자의 현출은 그 자체 현출하지 않기" 때문에, 선행적 사유가 필요하다고 말하고 있다. 하지만 『위기』에서 설파된 이성의 목적론과 같은 역사철학적 사변에 대해서는 오히려 의혹을 던지고 있다. "<분석론>이 구체적 해석들 속에서 움직이는 한, 성과가 풍부하다. 그렇지만 그것이 총체적 생의 존재의미에 대해 반성할 때는 불모의 논증에 떨어지고 만다. 후설 현상학의 생 개념은 사변적으로 논의된 것이 아니다."[19] K. H. 폴크만-슐룩도 후설이 본원적originell 명증이라든가 직관의 확실성이라고 하는 형이상학적으로 선결정된 개념에 의거하면서도, 스스로는 '형이상학적인 근본적 물음에 태만하기' 때문에, 충실적 직관의 원리가 지반을 잃고서 불안정한 것이 되었다는 점을 지적하고 있다.[20] 분석의 성과가 무엇인가는 후설의 분석론의 테두리 내에 머무는 한 규정 불가능하며, 존재론적 사변에 의해서야 비로소 그 의의가 본래적으로 물어진다고 하는 것이 핑크나 폴크만-슐룩의 주장이다. 본래 후설의 현상학은 형이상학과 역사를 엄격히 거부하면서 등장했다. 그런데 "일체의 형이상학을 거부한 후설의 현상학 내에는 설사 숨겨져 있다 해도 사변적인 몇 가지 기본적인 요소가 있다."[21] 그리고 이 기본적인 요소는 "사상事象 그것을 현상으로 보는 해석, 개념적인 것이 후에 발생한다고 하는 요청, 방법에 대한 신뢰, 구성의 무엇인가가 규정되어 있지 않은 점, 현상학적 생 개념의 애매성, 그리고 분석의 절차 그것에 머물지 않고 다시 원양태의 우위성을 주장하는 점"[22] 등이지만, 참으로 후설의 자기해석이란 그의 분석의 성과를 존재론적 방향에서 해석한다는 것이 아니라, 오히려 분석 안에서 숨어서 활동하는 상술한 근세 형이상학적 본질을 나타내는 개념에 의존한다는 것을 고백하는 것과 다름없는 것은 아닐까?

후설의 현상학적 분석의 심화가, 현상학의 철학적 전제가 된 명증 개념을 필두로 하는 근세 형이상학적 개념을 넘어서고 근세 주관주의의 입장의 전회를 촉구하는 차원을 열어가는 것과는 달리, 후설의 자기해석이 오히려 이 전제개념들에 의거하면서 그 자신의 분석의 성과를 근세 형이상학의 역사적 유산에다 위치부여했다고 하는 것은 피상적인 것이다. 오히려 이 점에서야말로 후설의 현상학이 근세 형이상학의 역사의 본질적 차원에서 수행하고 있는 중요한 역할을 발견할 수 있는 것이 아닐까? 독일관념론에서 근세 주관주의의 사변이 완성된 이후에, 데카르트 · 칸트를 경유하는 근세 주관주의의 방법론적 자성自省의 방향이 후설에 와서 철저화되었다. 사변을 거부하는 방법론을 철저히 수행했기 때문에, 마침내 근세 형이상학적 전제는 자기붕괴를 초래하게 되었고, 형이상학적 입장의 전회를 촉구하는 차원의 개시에 다다랐으며, 이제까지 사용되고 있었던 개념의 부적절성 때문에 개념은 항상 양의성을 띠어 오게 되었다. 후설이 만년에 조우한 난관이 바로 이 '사상事象으로서 일어난 전회'를 몸으로 체험했다는 것을 이야기하고 있는데, 그는 이 전회를 전통으로 복귀하기 위해 표면화하거나 주제적으로 취급한 적이 없었다. 전통을 거부했던 후설이 전통을 향해 비장한 그러나 평범한 회귀의 길을 걸었다는 점에 도리어 현상학이 갖는, 근세 주관주의를 철저화한 데서 온 좌절의 면이 보다 잘 보이고 있는 것이다.

그렇다면 분석론을 진행함으로써 생기하고 있었던 것은 대관절 무엇이었을까? 이미 세계론이나 신체론을 논한 대목에서 시사한 바와 같이, 근원적 자연의 동향, 의식과 세계의 근원적 상호침투, 신체를 통한 세계-내-존재로서의 사실성, 수동적 휠레나 이로부터 촉구되는 현상학적 환원의 총괄적인 의의 변경 등이다. '현상학의 현상학'으로서 기도된 오늘날의 현상학적 존재론에 의해 이 사태들에 대한 해석이 시도되고 또 그 해석을 통해서 존재 문제가 탐색되고 있는데, 이에 대해서는 다음 절에서 검토하겠다.

다른 한편으로, 후설의 분석론이 '사변적 과잉'과는 달리 분석의 꾸준한 길을 따라가며 어떤 방향으로 심화했으며 어떤 경지에 도달했는가 하는 것도 매우 흥미로운 문제이다. 후기의 후설은 지향성을 에고-코기토-코기타툼으로서 규정하고 있다. 이 중 에고 곧 순수자아의 문제는 종래 초월론적 주관성의 자아극Ichpol으로서 논해져 온 것인데, 이 자아극이 시간론을 철저히 함으로써 시간과 맺는 관계 속에서 반성의 조명을 받고, 거기서 '살아 있는 현재'의 이론이 전개되어 온다. 또한 이 차원에서 후설이 형이상학적 사실로서 그 승인의 차원을 모색하고 있었던 신神의 문제가 시사되는 것이다. '살아 있는 현재'에 대해서는 제5장에서 고찰하겠다.

3. 생활세계의 문제론

—메를로-퐁티 · 슈트라서의 논의와 푼케의 반론

현상학적 환원의 방법론적 의의에 대한 『위기』의 서술은, 과학적 · 객관적 태도에서 생활세계로 귀환하고 이 생활세계에서 초월론적 주관성으로 향하는 환원이 실시된다는 순서를 밟고 있다. 제1단계인 생활세계로 향하는 귀환은, 이미 초월론적 환원의 시야 속에서 '총체적 현상학적 태도에 속하는 에포케'로서 진행되고 있고, 초월론적 에포케과 관련해서 '최초로 필요한 에포케'로 간주되고 있지만, 그러나 이 단계에서는 엄밀한 의미에서 '진정한 초월론적 에포케'가 실시되고 있는 것은 아니다. 후설은 이 단계의 에포케에서는 모든 객관적 · 과학적 인식의 실시에 대해서만 에포케를 행한다고 서술하고 있는데, 이는 아직 자연적 태도 속에 놓여 있다는 것을 나타내는 것이다. 단, 방법론으로 보아 이 자연적 태도는, 브뢰크만이 정리한 바와 같이, 방법에 편입된 '소박하지 않은 자연적 태도', 즉 현상학으로 가는 길을 시작하는 자연적 태도로 보아도 좋을 것이다.[23] 생활세계는 소박한 자연적 태도에서도 물론 주제화될 수 있지만, 그러나 세계의 주어진 상相에 대한 정합적인 보편적 관심을 이 생활세계로 향해서 세계라고 말하는 것이 우리들에 대해서 성립하는 방식을 물을 때, 거기에 총체적 태도변혁, 관심의 전회가 필요하게 된다. 이와 같이 생활세계에서 (궁극적으로 기능을 수행하고 있는) 주관성으로 향해서 묻는 제2단계의 '완전히 단 하나의 양식을 갖는 보편적 에포케'에 의해 자연적 태도에서 현상학적 태도로 총체적인 태도변혁이 비로소 실시되게 되어, 세계는 초월론적 현상으로 화하게 된다.

그런데 『위기』의 환원론에 등장하는 이 생활세계의 개념을 둘러싸고 후설 해석자들 간에 활발한 논의가 이루어지면서, 후설의 이제까지의 환원이론에 어떤 변질이 찾아왔다고 보는 해석, 바꿔 말하면 생활세계에서 초월론적 주관성으로 향하는 환원은 생활세계를 발견하기 위한 필요한 방법론적 조작이라고 보는 해석이 오늘날의 유력한 후설 해석으로서 출현하고 있다. 이 해석에 의하면, 현상학적 환원이란 "과학적으로 해석된 세계의 배후에, 모든 과학에 앞서서 직접적 경험에 의해 이미 체험되어 주어져 있는 세계로 귀환하는 일"[24]을 의미한다. 이 해석은, '과학적 세계의 그림자에 가려서 볼 수 없게 되었지만 본래는 과학에 근저에 가로놓여 있는, 근원적 지향을 재발견하기 위한 방법적 절차가 현상학적 환원의 본래의 임무이다'라는 것을 말하고자 하고 있다. 이 해석은 제2단계의 에포케에서는 제1단계의 에포케의 본래 의도를 실현하기 위한 매개적 역할만을 인정하고, 이성의 자기현현인 초월론적 주관성의 자기개시를 현상학적 환원의 본래 의도로 보지 않는 것으로, 초월론적 반성을 매개로 해서 자기와 세계의 공共존재인 의식의 본질을 규명하는 것을 겨냥하고 있다.

이 방향에서 독자적인 영역을 열고, 오늘날의 현상학적 사상운동의 지도적 역할을 수행한 사람은 메를로-퐁티이다. 그의 『지각의 현상학』은 지각의 분석을 통해서 의식과 세계가 교섭하고 있다는 것을 밝혀내고, 의식의 실존론적 본질을 개시하는 것을 기도하고 있다. 메를로-퐁티에 의하면, 의식은 세계기투이지만 세계를 다 포괄할 수 없고, 간단없이 세계로 향해서 초월해 가는 '세계로 향하는 존재'이다. 인간과 세계는 추상적으로 분리할 수밖에 없으며, 양자는 신체에 의해 육화된 의식(원原믿음)을 통해 밀접하고 분리될 수 없는 관계에 놓여 있다. 그리고 세계는 '내가 사유하는 것이 아니라 내가 사는 것'이며, 인간존재와 날것의 존재가 접촉해서 나타나는 것으로, 항상 미완결적이고 '다 길어낼 수 없는' 불투명성을 갖는다. 이 '살아지는 것'인 세계의 개념에 의해, 후설이 말하는 '뜻대로 되지 않는' 생활세계가 실존론적으로 받아들여지고 있다. 의식은 신체를 통해서 이 세계 내에 닻을 내리고 있고, 결코 끝나는 일이 없는 교섭을 통해서 세계 내에 입주하고 있다. 의식은 신체의 양의성(이중 현상)에 의해서 세계에 관계하고 있다. 즉, 신체를 통해서 세계에 닻을 내리고 세계에 내속하지만, 신체를 통해서 개시하는 것이다. 신체적 의식은 끊임없이 자신의 바깥에 있고, 항상 사물과 마주치면서 열리고, 사물과의 공재를 본질로 하고 있다. 이로부터 사물의 의미를 형성해 가는 것이므로, 의미의 발생은 결코 완결되는 일이 없는 것이다. 또 사실성이 이와 같이 의식의 '개방성'과 하나가 되고 있는 것이므로 현상학적 반성에 의해 의식으로 환원되는 것은 나와 세계의 사실성이고, 따라서 반성은 세계의 불투명한 사실성을 투명화해 가는 과정을 의미하게 된다. 그리고 불투명성을 다 투명화할 수 없다는 의미에서 현상학적 반성은 완결을 목표로 하면서도 결코 끝나는 일이 없는 것, 본질적으로 미완결적인 것이 되지 않을 수 없는 것이다.

이미 「수동성의 현상학」 및 「현상학적 세계론」의 절에서 고찰한 바와 같이, 일체의 인식작용에 앞서서 의식은 언제나 이미 수동적으로 기능하고, 세계로 향해서 스스로를 맡기고 있는 존재인데, 메를로-퐁티의 현상학은 후설의 분석론에 보여준 이 수동성 현상을 철저하게 실존론적으로 해명하고자 의도한 것이라고 말할 수 있다. 메를로-퐁티는 후설이 작용지향성과 기능하는 지향성을 구별하고 있었다는 것에 주의를 촉구하고, 전자는 대상화적 · 정립적 지향성인 작용지향성인 데 반해 후자는 "세계와 우리가 자연적으로 선술어적 통일을 형성하고 있다"는 것을 서술하고 있는데,[25] 후설이 말한 수동적 종합이나 세계 믿음의 분석은 의식이 순수한 내면성이 아니라 '자기로부터 외출하는 것Aus-sich-gang', 즉 하이데거식으로 말하면, 탈-자적 실존Ex-istenz이라고 그가 규정하길 촉구하는 것을 여기서 가부없이 확인할 수 있을 것이다. 의식을 이와 같이 확실하게 존재론적으로 규정하는 것은, 현상학적 환원을 세계를 초월한 절대적 주관성으로 향하는 환원으로서가 아니라 오히려 세계와 자아의 이어짐을 떼어내어 결국은 사물과 우리의 공재인 근원적 지향을 재발견하기 위한 방법론적 기술로서 설명하는 것에 다름 아니다. 이로부터 종래의 형이상학이 세계를 절대적 아프리오리로부터 해석하고자 세계를 넘어서는 절대적 시점을 상정하고자 행한 기도는 엄혹하게 비난을 받게 된다. 대체로 이와 같은 절대적 시점 등이 있을 수 있는 일은 없다고 하는 것이 메를로-퐁티의 일관된 주장이다. 그에 의하면, 후설 자신이 이 점을 알아차리고 있었다. 즉, 후설이 그 발족 이래 초월론적 환원이 불가피하게 형상적인 것이라고 계속 경고해 온 것은, 반성은 구성된 것을 그 본질에서 파악할 수밖에 없다는 것, 반성은 지향적 생의 구도를 단순히 재현할 뿐이므로 구성된 것과 일치하는 것도 아니고 그 순수한 산출도 아니라는 점을 가리키는 것이라고 말한다.[26] 그렇기 때문에, 후설은 언제든 '절대적 의식으로 귀환함'을, '조금씩 습득되고 실현되는 일이 결코 달성되지 않는 다양한 조작을 위한 명칭'으로 제시하는 것이며, 결국 구성적 의식이란 예사롭지 않은 노력에 의해 우리가 구성한 것이고, '우리의 시도에 의해 추정되고 가정된 주관'인 것이다. 이 점이 명확해지는 것은, 후설의 사상이 성숙하면서 '세계의 지적 소유의 기투'인 구성이 한층 더 '우리가 구성하지 않았던 사물의 배면을 발견하는 방법'이 되어 가는 데에서 엿볼 수 있다. 확실히 '고전 철학이 우리에게 남긴 지식 세계의 초상肖像을 최후까지 밀어 진행시켜서 보는 것'이 필요하다. 이로부터, 남겨둔 모든 것 즉 노에마로 인정할 수 없는 것을, 예를 들면 대지를 개시할 수 있게 되기 때문이다.(27) 이와 같이 메를로-퐁티는 만년의 후설이 구성적 의식의 분석이 수행하는 역할을 보고 있었다고 말하는데, 이 해석은 이제까지 보아온 바와 같이 분석론에 관한 한 충분히 납득이 가는 것이다. 그런데 구성적 의식의 초월론적 자성自省을 철학적으로 근거짓고자 하는 시도로 보이는 『위기』의 '절대적 이성'의 형이상학의 구상은 일체를 다 노에마화하는 이 절대적 주관을 방법으로 상정했다고 하기보다는, 오히려 그것을 형이상학적 '기체' 개념으로 등장하게 함으로써 그대로 고전 철학의 전통으로 다시 돌아가게 되었다.

그런데 의식이 신체적 의식으로서 세계 속에 닻을 내리고, 거기서 시점視點을 갖는 것은 인간의 경험의 명증이 우리의 실존과 분리될 수 없다는 것을 의미한다. 그 이유는, 역사적 · 사회적 · 문화적 맥락Kontext에서 독립해 있는 진리는 존재하지 않기 때문이다. 이로부터 인간에 대한 경험과학과 철학의 관계가 재고되지 않으면 안 된다. 이 점과 관련해서도 메를로-퐁티가 수행한 공적은 크다. 오늘날 현상학과 과학의 관계를 각각의 특정한 계역Gebiet에서 연구 주제로 삼고 있는 일군의 현상학자들이 출현하는데, 이 관계의 원리적 고찰을 기도한 것으로서 슈트라서의 『현상학과 인간에 관한 경험과학』을 들 수 있을 것이다. 그의 주장은 우선 직관의 방법에 변증법적 방법이 보완되어야 한다는 견해에 기초하고 있다. 그에 의하면, 본래 이 두 방법은 후설의 현상학적 방법에 계기로서 함께 속하고 있다. 일반적으로, 후설의 방법은 직관적 방법이라고 말하지만, 이 방법이 실제로 사용될 때는 유형적인 어려움에 직면하게 된다. 즉, 충실적 직관 등은 구체적으로 도달할 수 없는 것이다. 지각의 예를 든다면, 사물이 관점적으로 Perspektive 주어져서 일면적으로 현출하지 않을 때, 다른 면은 현재적現在的이어도 자체소여가 아닌 것이 된다. 동일한 것을 사물과 함께 주어지는 시공적 지평에 대해서도 말할 수 있는바, 지평은 수반소여이긴 해도 자체소여는 아니다. 또, 예료 지평도 자체소여가 아닌바, 사물이 다른 사물에 의해 가려지거나 숨겨지거나 할 때 지향되지 않는 가상의 존재라는 것이 일어난다. 또, 동일한 사물이 역사적이거나 사회적 혹은 실용적인 견지에서, 예를 들면 도구로서, 물질로서, 기하학적 도형으로서 나타나는 일이 있다. 사정이 이렇기에 젊은 후설의 직관주의에 대해 이론異論이 제창되고, 직관적 방법의 한계가 입에 오르내리게 된 것이다. 그러나 슈트라서에 의하면, 직관의 원리는 비난되어야 할 것이 아니라 다른 원리인 변증법에 의해서 보완되어야 하는데, 예를 들면 지각의 경우 제한되는 관점Perspektive을 초월해 가는 목적을 갖는 입장을 교체함으로써 시공적 입장을 변화하게 해서 보는 것이 가능하다. 이것은 분명히 '선술어적 변증법'이고, 제한되는 지평의 체계적인 지양이다.[28] 후설 자신은 이 점을 모르고 있었다고 말할 수 없는 것은, 예를 들면 '역사적 주위세계'라든가 '고향세계', '문화세계' 등의 명칭 하에서 객관에 관한 구성의 다종다양한 양식을 고려하고 있었다는 것이 간취되기 때문이며, 그뿐 아니라 무엇보다도 '환원론'과 관련해서 자연적 태도에서 심리학적 반성으로, 다시 심리학적 반성에서 초월론적 반성으로, 부정의 부정을 통해서 세계의 변증법적 지양을 도모하고 있었다는 것을 읽어낼 수 있기 때문이라고 한다.[29] 단, 후설은 '변증법'이라는 말을 사용하고 있지도, 그것을 자각적으로 주제화하지도 않았지만, 변증법을 현상학의 방법으로 간주함으로써 경험의 명증에 실존론적 의의를 발견하고자 했다고 한다.

즉, 어떠한 명증이라 할지라도, 그대로 두면 비명증으로 전화하고 마는 것이므로, 모든 소박한 명증을 변증법에 의해서 지양해야 한다. 예를 들면,

자연적 정립을 반자연적 정립에 의해 음미해 갈 때 자연적 정립이 수정되지 않는다면, 그것이 참인 것에 대해서 반정립이 생각될 수 있을 뿐만 아니라 그것을 살아갈 수 있고 실존할 수 있기 때문에, 자연적 정립의 효용 범위는 사실상 제한되게 된다. 이와 같이 변증법은 사유의 필연성뿐만 아니라 실존적 필연성을 문제로 삼고 있는데, 이 변증법에 의해 변증법 자체를 대상으로 갖는 원명증을 발견해 가는 것이 철학이다. 변증법은 실존 상호간이 실존한다는 의미를 발견해 가는 노력에 다름 아닌데, 그것에서 발견되는 원명증에는 어떤 것이 있는 것일까? 슈트라서에 의하면, 이 원명증은, 예를 들면 너와 우리에 대한 실존을 자신에 포함하는 나의 실존이고, 또 너와 우리로 향하고 있는 것이고, 너와 우리를 통해서 우리의 주위세계의 사물과 본질을 사념하고 있는 나의 지향존재이다. 또, 내가 나의 변화무쌍한 경험에, 너와 우리 그리고 무엇보다 나 자신에게 있어서 상대적으로 지속하는 존재를 부여하는 기호나 상징이나 언어. 어떠한 의미도 그것 없이는 발견할 수 없는 나의 신체. 또 나의 신체에 의해 노정되는 시간과 공간. 인식 · 도덕 · 문화 · 종교의 영역에서 의미 있는 것을 실현하고, 인격적 · 논리적 · 심미적 · 종교적인 실존의 면에서 성장해 가는 인간의 특수한 정서를 연관짓는 나의 시도. 나에게 의미를 갖는 모든 것의 지평을 형성하는 세계. 이러한 것, 요컨대 인간의 경험의 영역을 나타내는 것이 원명증의 이름으로 불리는 것이다. 명증들이 발견되는 경우 현상학적 철학자는 유의의한 작업이 가능하지만, 단 그것은 "우리가 현상학 하에서 이해하는 것은 인간의 실존을, 그것이 다른 존재자와 변증법적으로 결합되는 상相과 관련해서 기술하고 해석하는 철학이다."[30]라는 점에서이다.

이와 같이 슈트라서는 후설에서 메를로-퐁티로 이어지는 선에서 현상학이 행하는 경험구조의 분석의 의의를 해석한다. "우리들이 말하는 현상학이란, 인간적 실존을 대상으로 해서 갖는 지혜Weisheit이다. 그것은 어떠한 <엄밀한 과학>도 아닌바, 아마도 철학일 것이다."[31] 현상학자는 인간 경험의 근본구조를 노정함으로써 경험적empirisch 인간지人間知의 연구에 빼대와 틀을 부여해주고, 경험과학자의 자기이해에 공헌한다. 그들이 관여하고 있는 현상들이 어떤 차원에 정주하고 있는 것인가를 발견함으로써, 경험과학자들에게 적절한 대화의 상대가 되어주는 것이다. 왜냐하면, 철학자는 세계 내의 인간의 존재에서 출발해서 모든 인간적 현존재의 형식을 철학적으로 투명화해 가고자 노력하기 때문이다. 다른 한편으로, 경험과학의 성과에 철학자는 자신의 원리를 적용하는 권리를 갖고, 그 시대의 경험과학자와 대화를 통해서 이 원리가 사용될 수 있는가 어떤가를 검토한다. 즉, 현상학적 철학은 경험과학의 성과를 이용할 때 그의 논증의 내용을 풍부하게 만들지만, 또 다른 면에서는 원명증의 수정을 필요하게 만들기도 한다. 거기에, 변증법에서 발생한 원명증에 기초하면서도 그것에 만족하지 않는 실존을 변증법의 체계 속에서 노정하는 현상학의 본령이 있다. 현상학자는 19세기 이래의 과학주의와는 완전히 다른 빛 속에서 '과학'이라는 현상을 보았다. 과학적 사유는 인간성을 의식화하는 과정 중의 하나의 위상에 지나지 않는다. 슈트라서에 의하면, 인간적인 것을 경험적으로 기술하고 규정하면서도, 그것에 어떠한 폭력도 가하지 않는다고 하는 것은 과학의 역사의 전환점을 의미한다. "아마도 현상학에 있어서는, 과학성의 새로운 탄생을 맞이해 조산부가 되어 함께 활동하는 일이 유보되고 있다."[32]

생활세계의 개념을 중심으로 한 현상학의 현대적 전개의 방향을 추적해 보았는데, 생활세계의 개념이 후설의 현상학에서 점하는 위치는 역시 세계 개념의 다의성에 제약되어 있는 것 같다. 『위기』의 서술을 따르는 한, 생활세계의 개념은 한편으로는 근원적 명증을 의미하는 경험적 세계의 대상인 '자연적 세계' 개념의 계보를, 나아가서 의미형성체를 나타내지만, 다른 한편으로는 자연적 태도로 살아가는 인간의 주위세계를 나타내는 선환원적 상황 개념이다. 후자의 의미로 받아들인다면, 이미 「자연적 태도의 재검토」라는 대목에서 논한 바와 같이, 세계의 수동적 현상이나 신체의 이중 현상과 서로 얽혀 있기 때문에, 지금 서술한 방향에서 현상학적 환원의 존재론적 의의를 파악하는 것이 가능하다. 그런데 생활세계의 개념이 어디까지나 의미형성체이어서 환원을 위한 '길잡이'에 지나지 않다고 생각한다면, 이 개념은 완전히 다른 의의를 띠어 간다. 이 견해에 기초해서, 오늘날의 '생활세계의 형이상학'에 이론異論을 제창한 사람은 G. 푼케이다. 푼케의 주장에 의하면, 『이념』에서 『위기』로 가는 길은 시종일관 방법론으로서의 현상학을 주제로 하고 있다. 그렇기 때문에, "과학의 위기에 대해서 기술적·과학적 세계파악의 근원에 대한 물음을 형성하는 것이 현상학의 과제이지, 반과학적 형이상학을 요청하는 것이 과제였던 것은 아니다."(33) 생활세계의 개념은 대상 개념이기 때문에, 생활세계적 자명성을 현상학의 출발기반으로서 세우는 것은 현상학의 몰락을 의미한다고 말하고, 이를 경계하고 있다. 또, 이성의 역사성에 의해 객관적 역사도 발생하게 되는 것이므로, 생활세계의 개념은 철저하게 역사적 개념이고 현실에서는 다종다양한 양상을 노정하고 있기 때문에, 생활세계로 귀환해서 거기에서 출발하는 것은 어떻게 보아도 과학의 말살이고 오늘날의 과학의 위기를 타개하는 길을 폐쇄하는 것이 된다고 말하고 있다. "현상학적 분석은 이론적 파악이 어떻게 실천적인가를 투명하게 한다. 거기에 기회가 있다고 말할 수 있다. 그러나 생활세계의 분석은, 오늘날의 의식을 위해 어떤 방식으로 자성自省의 인간이 과학적 세계파악으로부터 아마도 해방되어 있을 생활세계와 세계기투의 문제에 관련되어 있는가 하는 것을 선취하는 것은 가능하지 않다."(34) 게다가 생활세계의 형이상학에 의해, 전혀 통제되지 않는 비합리주의가 쇠사슬로부터 풀려나게 되리라. 그러나 본래는 과학적 에피스테메도 생활세계적 독사도 모두 주관-제약적이며, 그것을 노정하는 것은 초월론적 주관성에 대한 현상학적 반성뿐이다.

이와 같이 푼케는 이성 기능으로서의 초월론적 주관성에 대한 반성만을 현상학의 본래적인 과제로 받아들이고, 수동성의 현상에 기초하는 초월론적 주관성의 세계-제약적인 성격을 무시하고자 한다. 『위기』의 서술 속에 생활세계를 위치부여하고자 하는 한, 후설의 이성의 형이상학적 해석의 선을 따르는 그의 반론은 정당할지도 모른다. 그러나 『위기』에서도 이야기하는 바와 같이, 생활세계에서 초월론적 주관성으로 향하는 환원과 함께, 생활세계적 주관성에서 초월론적 주관성으로 자기순화해서 심리학에서 현상학으로 가는 길을 밟아야 하는 것인바, 이미 서술한 바대로, 이 점에서 구성 산물에서 구성 근원으로 향하는 면뿐만 아니라, 그것이 태도변혁이라면 깊이 초월론적 사실성을 검토할 필요가 있다는 데에 생각이 다다라야 하는 것은 아닐까? 그런 의미에서 푼케의 반론은, 후설의 현상학에서 무엇이 생기하고 있었는가, 바꿔 말하면 현상학적 분석론이 도달한 차원의 의의가 무엇인가 하고 캐물어 갈 때, 너무나도 『이념들』의 후설에 고집하고 있다고 말하지 않을 수 없다.

생활세계의 문제론의 전개들을 추적할 때, 세계의 근원적 현상과 신체의 키네스테제적 의식이 교섭하는 차원에서 목적론의 존재론적 의미를 모색한 탁월한 시도로서 란트그레베의 논문 「신체성의 현상학과 휠레의 문제」를 들 수 있다. 란트그레베는 자연은 세 가지의 의미를 갖는다고 하면서, 후설의 분석론에 나타난 자연을 다음과 같이 나누고 있다. 우선 첫째로, 객관적 자연과학의 대상인 자연, 후설이 『위기』의 과학 비판에서 보여준 예의 수학적 · 기호적으로 규정된 방법의 산물인 비직관적 자연. 둘째로, 직관적인 생활세계적 자연, 즉 생활세계적 경험에 현출하는 주위세계적 자연. 셋째로, '자연일반의 경험가능성을 구성적으로 제약하는 자연. 이 의미의 자연은 신체성에 있어서 고지되는 '주관성의 자연 측면'이고, 구성적 · 초월론적 주관성의 수동적 구조계기로서 '자연의 기저'인데, 후설은 뒤에 이것에 '자연'이란 이름을 쓰는 것을 교정했다고 말하고 있다.(35) 이와 같이 란트그레베는 수동적 세계 현상으로서 이미 제시된 근원적 자연을 '제3의 자연'으로서 채택하고, 신체적 키네스테제적 주관이 이 자연을 경험해 가는 방식에서 목적론적 사건을 보고자 하고 있는데, 그의 논구는 '살아있는 현재'의 근원적 시간의 차원에서 전개되고, 따라서 다음 장의 고찰과 필연적으로 관련되어 있으므로, 여기서는 더 이상 파고들지 않겠다.

제5장 최후의 사상적 경지

1. 절대적 자아와 살아 있는 현재
—'두 가지의 지금'

『이념들』 시기에 지향성은 노에시스-노에마의 상관관계에 의거해서 서술되고 있었지만, 현상학의 반성이 깊어짐에 따라서 이 상관관계는 '세계경험적 생과 구성된 세계 간의 상관적 선험Korrelations Apriori'이라는 규정을 받게 되었다. 그런데 지향성에는 이 상관관계항과 함께 순수자아가 속하고 있다. 그래서 후설은 지향성의 형식적이지만 충분한 규정을 에고-코기토-코기타툼이라는 3항 관계로 나타냈다.(1) 에고는 이제까지 순수자아라든가 자아극Ichpol이라는 명칭으로 불리고 있었는데, 이는 지향적 작용의 광원光源에 해당하고, 항상 동일한 것으로서 모든 의식체험에 수반되는 코기토의 수행자를 의미한다. 그런데 이제까지의 현상학적 환원은 초월론적 생을 코기토(복수 코기타치오네스)-코기타툼(복수 코기타아타)의 지향적 관계에 의거해서 분석적으로 개시開示하는 장면을 열어보여 왔지, 지향성의 자아극인 순수자아를 그다지 다룬 적이 없었다. 순수자아란 무엇인가 하는 물음이 구체적으로 물어지는 일이 없었던 것이다.

그런데 만년에 이르러서 후설은 이 순수자아를 절대적 자아라고 부르면서 이 절대적 자아의 존재방식을 묻고자 하고 있다. 『위기』에서 그는 절대적 자아로 향하는 길 역시 환원에 의해 진행된다는 생각을 서술하고 있다. 즉, 이제까지의 현상학적 환원은 최초의 환원이며, 이에 반해서 절대적 자아로 향하는 환원은 '제2의 에포케' 또는 '에포케의 제2의 자각적 변형'(2)으로서 최초의 환원이 실시된 후에 행해지는 환원이라고 말하고 있다. 또 이 환원은 유고에서는 '철저화된radikalisierte 반성'이라고도 불리고 있다. 게다가 이 제2의 에포케에 의해 이제까지의 환원이 자기수정을 받는다고 하는 지극히 중대한 발언을 하고 있다. '우리가 최초에 상정한 에포케가 원리적으로 수정되는 일'(3)이 이 철저화된 새로운 에포케 또는 반성에 의해 행해진다고 하는데, 이는 도대체 무엇을 말하고자 하는 것일까?

절대적 자아란 능동성은 물론 수동적 촉발도 포함하는, 모든 종류의 의식이 활동할 때 그 활동의 원천이 되는 것을 의미한다. 이 원천은 '절대적으로, 궁극적으로 기능하고 있는fungieren 단 하나의 자아'이다. 모든 의식 활동은 궁극적으로 이 자아기능에 기초하고 있다. 게다가 현상학적 반성 자체가 이 기능적으로 활동하는 자아에 의해 수행되고 있다. 즉, 세계를 정립하는 의식의 활동이 에포케되어도 에포케를 행하는 자아는 언제나 기능하고 있는 것이다. 그런데 『이념들』 시기 후에도 이 기능적 순수자아가 모든 의식체험을 관통하는 자아극으로서 동일성을 갖는다고 서술하고 있었음에도 불구하고, 이 동일성의 보증을 어디에서 구할 수 있는가는 밝히지 않고 있었다. 단지 이 동일성에 대해서 대상의 동일성과 원리적으로 차이가 난다는 것을, 즉 의식의 활동을 통일하는 극Pol이라는 것밖에는 알 수 없었다. 그래서 이 밝혀지지 않은 동일성을 그 성립의 근거로부터 묻고, 그러면서 자아의 동일성뿐만 아니라 자아의 근원적 기능의 존재방식을 철저하게 캐묻고자 하는 것이 이 '철저화된 반성'의 의도였던 것이다.

그러면, 자아의 동일성을 예로 취해서, 이 반성이 왜 환원의 자기수정인가를 보도록 하겠다. 우선, 자아의 동일성을 반성작용에 의해 파악한다고 하는 종래의 반성이론이 갖는 한계를 분명히 해둘 필요가 있다. 반성의 일반적 구조는 다음과 같은 자아의 자기관계를 표현하고 있다. 활동하고 있는 자아는 자기자신을 망각하고 있지만, 이 자아가 반성될 때 자아는 망각으로부터 각성되고, 반성하고 있는 자아의 지향적 객체로 화하게 된다. 이 관계에 기초해서 이제까지의 반성이론은 반성에 의해 자아의 동일성을 확인할 수 있다고 설명해 왔다. 그런데 반성이라는 '후의 각인覺認/Nachgewahren'은 반성에 앞서서 이미 성립하고 있는 동일성을 후에 자각적으로 인지하는 것에 지나지 않는다. 그렇다면, 반성에 선행해서 동일성이 성립하고 있다고 하는 것은 어떤 것일까? 가령 지금 활동하는 자아를 반성한다고 해보자. 하면, 이 자아는 반성될 때 이미 방금 있었던 자아로서 반성의 대상이 된다. 지금 활동하고 있는 것은 항상 반성하고 있는 자아이고, 반성의 대상이 되는 자아는 언제나 이미 시간적으로 흘러간 자아이다. 이로부터 다음과 같이 두 가지 정도의 문제를 이끌어낼 수 있다. 하나는 자아를 동일한 것으로 각인하는 반성은 항상 전반성적인 자아의 동일성에 기초해서 성립하는 것이어야 하고, 전반성적인 이 '에고의 동일성은 내재적 시간성의 형태로만 표현된다'고 하는 것이다. 말하자면, 반성 현상의 가능성의 근거인 전반성적 현상이 시간론에 의거해서 규명될 필요가 있다고 하는 것이다. 또 하나는, 절대적 자아는 반성의 대상으로부터 언제나 몸을 물리고, 언제나 지금 '익명적으로 기능하고 있다'고 하는 형태로만 '그 자리에 있다dabei-sein'고 하는 것이다. 후설은 이 익명적인 기능성을 '침묵의 구체태'라고 명명하고 있다.(4) 언제나 그 자리에 있는 것은 반성에 의해 대상화될 수 없지만, 항상 절대적으로 그 자리에 수반적으로 임재臨在한다는 식으로 자기자신을 시현하고 있는 것Sichselbstdarstellen이다.

그렇다고 한다면, 시간의 흐름에 앞서는 이 근원사태를 시간과의 관계 속에서 현상학적 반성에 의해 조명하는 것이 '철저화된 반성'의 의도라는 것이 이해될 수 있을 것이다. 하지만 거기에 하나의 아포리아가 발생해 온다는 것을 거부할 수 없다. 그것은 반성화될 수 없는 '자아 존재의 원양태'를 도대체 어떤 방식으로 어떤 방법에 의해 반성할 수 있는 것일까 하는 아포리아이다. 혹은, 어쩌면 철저화된 반성은 더 이상 반성이라고 말할 수 없는 것은 아닐까? 그래서 이 아포리아를 해결한다는 것이 무엇인가, 바꿔 말해 현상학적 분석론이 도달한 궁극적 차원이 무엇인가 분명히 해야 하겠는데, 그 전에 일단 자아 존재의 원양태, 언제나 그 자리에서 익명적으로 기능하는 자아의 항상적 기능성을 후설은 어떤 차원에서 말하고자 했는가, 또 반성에 앞서서 언제나 '지금' 활동하는 자아가 '방금'으로 흘러간다고 할 때 이 '흐름' 현상이란 무엇인가 하는 점에 대해서, 후설의 기술에 기초해서 미리 대략 서술해두고자 한다.

후설은 항상적으로 기능하는 자아의 존재양태를 '살아 있는 현재lebendige Gegenwart' 또는 '흐르는 현재strömende Gegenwart'라고 부르고 있다. "우리가 초월론적 생의 이 초월론적 에고를 고찰할 때, 또는 내가 어떻게 나 자신을 나 자신의 모든 선입견이나 나에 대해서 존재하는 모든 것들의 존재의미의 근원적 조건으로 앞에 두어야 하는가 하는 것을 고찰할 때, 나는 나 자신을 흐르는 현재로 발견한다."(5) 모든 존재자, 모든 구성된 것이 그 존재의미를 거기로부터 길어내 오는 '최후에 도달할 수 있는 것'을 후설은 '이 살아 있는 현재'에서 발견했다. 그리고 이 '반성이 거기서 끝나는 원현상'으로부터 모든 것이 구성되어 오는 방식을 묻고자 한 것이다. 이 구성은 시간적 자기구성이다. 시간적 자기구성이란, 의식이 스스로 흘러감으로써 자기자신에게 자기를 시현해darstellen 가는 활동을 의미한다. 후설은 그것을 시간화Zeitigung(시간적으로 생성함으로써 스스로를 시간대상성으로 구성해 가는 것)라고 불렀다. 이 시간화는 여러 단계들에서 행해지지만, 가장 근원적 형태로 일어나는 것은 자아가 자기를 시간화해 갈 때이다. 지금 기능적으로 활동하는 자아가 자기를 시간화해 간다고 하는 원적인 시간화를 후설은 자기현재태Selbstgegenwärtigung의 개념을 써서 나타내고 있다. 이 점에 대해서 헬트는 다음과 같이 서술한다. "후설은 그의 만년에 모든 초월론적 대상구성을 시간화로, 즉 <의식>의 각 단계의 시간적 존재자에 대해 지향적 고시Bekundung를 가능하게 하는 것으로 이해하고 있다. 이 시간화의 원양태는 <현재태>인바, <현재>의 양태에서 만나게 하는 것이다. 시간화의 원단계는 초월론적 자아의 자기현재태와 자기시간화이다. 이 과정의 <장소>가 <살아 있는 현재>이다."[6]

1930년에서 1934년에 이르는, 『위기』-노작에 앞서는 시기에 후설은 이 '살아 있는 현재'를 주제로 하는 시간론에 관한 연구에 전념해서, 이른바 C초고군이라 불리는 다수의 연구 결과를 작성해서 남겼다. 일반적으로 예를 들면 디머 등은 이 최만년의 시간론은 유명한 '시간강의' 시기의 시간 사상을 완전히 탈피했다고 평하고 있고(꼭 그렇다고는 말할 수 없는 절節이 있긴 하지만), 또 이 시기까지 행해 온 의식분석의 성과, 특히 수동성의 현상이나 중기의 시간론을 대표하는 '개체구성론' 등을 경과하고 있기 때문에 서술이 지극히 구체적이고, 또 종래의 시간론보다 역동적이며, 시간론의 일관된 주제를 철저히 해 가면서 이를 심화했다고 말할 수 있다.[7] 그러나 '살아 있는 현재'의 특징적인 점은 자아의 기능의 존재양태로서 '현재'의 구조가 물어진다는 데 있다.

이미 『시간강의』 이후 후설은 의식을 흐름으로 보고, 이 흐름의 '곧', '지금', '방금'의 각 위상의 그 근원적 유동을 예지Protention, 근원인상Urimpression, 파지Retention의 용어로 나타내고 있었다. 이 위상의 유동이 현재의 구체성을 형성하는데, 30년대의 시간론은 이를 어떻게 전개하고 있었을까? 이 점을 우선 묻기로 하자. 감성적 지각에서의 근원인상은 원임전原臨前/Urpräsenz, 원천점源泉点 등이라고 불리는데, 이 근원인상을 핵으로 하는 통일적 직관의 장 곧 임전Präsenz이라고도 불리는 시간적 현재는 근원인상적 지금이 유동하는 상相을 띠고 있다. '지금' 현재적인 것은 '방금'

으로 이행하고, '곧' 있으리라는 것이 '지금'으로 다가오고 있다. 즉, 임전은 '지금'을 중심핵으로 하고, '방금' 현재적이었던 것과 '곧' 다가오는 것을 포함하는 통일적 구체태이고, 그러면서 이 위상의 유동하는 통일이기 때문에, '흐르는 현재'라고 불리고 있다. 그런데 이 각 위상은 흐름에서 구체적으로 통일되고 있다. 반성의 기술적 조작에 의해 각 위상을 추상적으로 분리할 수 있지만, 구체적으로 '흐르고 있는 것'은 예지-근원인상-파지의 연속적 유동이다. 그런데 이 유동하고 있는 현재의 임전에는 어떤 한계가 있다. 그러면서 당연히 한계 그것이 유동하고 있는데, 이 한계에 의해서 임전은 하나의 폭을 갖고 임전의 장Präsenzfeld을 만들고 있다. 그런데 이 폭을 결정하는 것은 실은 대상성에 대한 자아의 지향적 관계이다. 즉, 자아가 대상에 수동적으로 촉발되고 능동적으로 대향해 가는 예의 저 관심의 활동에 의해서, 흐르는 현재의 폭이 결정되고 통일이 형성되는 것이다.(8) 그 이유는, 흐름의 원수동성이라 할지라도 자아의 수행이 그것과 관계가 없는 것은 아니기 때문이다. 흐름은 자아의 관여에 의해서 '미끄러져 가게 함 Entgleitenlassen'을 의미하게 된다. 즉, 자아가 궁극적으로 기능함으로써 유동하는 현재가 '살아 있는 현재'로서 흐르는 것이다. 그러므로 "생동성과 자아성은 동일한 것이다."(9) '살아 있는 현재'의 이 생동성은 다름 아닌 자아의 기능현재의 생동성인 것이어서, '지금' 활동하는 자아가 '흘러가게 하면서 모아들인다'고 하는 방식으로 동사적으로 살고 있는 것이다.

이와 같이 '살아 있는 현재'는 근원인상적 핵 위상을 중심으로 하고, 예지적-파지적 위상을 어두운 주변부로 해서 갖는 구체적인 통일이지만, 거기서 '지금적인 것'이 이중의 의미에서 발견된다. 우선 첫째로 '멈춰서 있는 형식'의 현재이고, 둘째로 흘러가는 시간위치의 현재이다. 즉, 근원인상에서 파지로 유동함에도 불구하고, 항상 '지금의 형식'이 항상적인 멈춰서 있는 형식으로서 남아 있다. 그런데 이에 반해서 내용으로서 흘러가고 변화해 가는 복수의 '지금'이 있는 것으로, 이 '지금' 쪽은 멈춰서 있는 형식을 빠져나가 흘러가는 시간위치를 의미한다. 시간위치의 현재는 복수의 '지금'으로서, '살아 있는 현재'의 내부에서 위상 다양성을 보여주고 있다. 『경험과 판단』의 「개체구성론」에서는 시간은 지속이고, 이 지속이 시간형식이 되어 시간질료인 대상들을 개별화하는 기능을 갖는다고 서술하고 있다. 거기서 서술되는, 시간위치가 시간대상의 개별성의 근거가 된다고 하는 생각은 '살아 있는 현재'의 이론에서도 다르지 않다. 그러나 이 이론에서 비로소 이 시간위치의 개별화가 멈춰서 있는 '지금'에 의해 가능하게 된다고 하는 것이 드러나게 된다. 그 이유는, 두 가지의 지금이 서로 상속相屬함으로써 일체의 사건이 시간의 정위치定位置를 점할 수 있기 때문이다. 멈춰서 있는 '지금'이 그것을 관통하며 흘러가는 것에 각인刻印을 찍음으로써 각인된 '지금'이 순식간에 시간위치의 '지금'으로 전화해 간다. 시간위치의 '지금'은 멈춰서 있는 현재를 통해 감으로써 비로소 교환불가능한 개별적 시간위치를 점하고, 이 시간의 개별성에 의해서 지각 또는 그때의 체험 대상의 개별성이 성립한다. 그런 의미에서 멈춰서 있는 현재는 시간위치 '지금'의 '장소'이다. 이 형식의 항상성에 의해서 임전의 장인 현재태의 흘러가는 위상들의 종합적 통일이 보증되고, 그 결과 지각 대상의 통일성이 시간적으로 원초적으로 구성되게 된다.

'살아 있는 현재'의 항상성과 유동성, 멈춰서 있으면서 흘러가고 있다고 하는 이 근본적 성격은 하나의 통일적 사태로서 이해되어야 한다. 그런데 이 통일적 사태는 어떻게 해서 반성에 의해 파악되는 것일까? 반성한다는 것은 이 두 가지 지금을 두 가지의 자아에서 본다는 것이다. 바꿔 말하면 '멈춰서 있는 지금'에서 언제든지 기능하고 있는 자아와, 흐르는 시간위치에 위치부여된 자아의 관계를 통해서 이 통일적 사태를 개시하는 것이다. 과연 거기에 저 아포리아를 풀 수 있는 가능성이 있을까?

2. 살아 있는 현재의 아포리아

—반성의 좌절과 변증법

현상학적 반성의 궁극적 의도가 이 살아 있는 현재의 주제화에 놓여 있었다는 것은 그것이 필증적인apodiktisch 명증에서 주어진다고 생각되고 있었기 때문이다. 이미 『제일철학』에서 "어떤 시간적 존재도 필증성에서 인식될 수 없다"고 말하고 있었다. 데카르트적인 "나는 존재한다Ich bin"의 순간적인 점적 명증은 결국 시간위치의 '지금' 위상에서의 자아를 나타내는 것이다. 흘러가고 사라져가는 지금 위상에 반해서, '나는 기능을 수행한다'의 자아는 항상적으로 임재하는 현現/da으로서, 언제나 멈춰서 있으면서 흐른다는 점에서, 시간화된 자아와 구별되어야 한다. 이 항상적 기능현재가 그대로 필증적인 명증에서 주어진다는 것이 현상학적 반성의 궁극적 의도였다고 하는 것은, 이 견지에서 본다면, 별로 의아스럽게 여길 점이 없는 것이다. 그러므로 '철저화된 반성'은 시간위치적 자아와 시간위치의 계열을 괄호에 넣고, 살아 있는 현재를 선-시간적 나타남으로서 드러내고자 한다.

그런데 살아 있는 현재는 '멈춰서 있는 것'과 '흐르는 것'이 통일되어 있는 원초적인 사건이다. 이 통일을 이해할 가능성은 어디에서 구해야 하는가? 앞에서 아포리아의 발생에 대해 언급했는데, 아포리아는 반성이 시간화의 현상이라는 점에 기초해서 발생한다. 왜냐하면, 반성에 의해 파악되는 것은 반성하고 있는 원리적 자아가 아니라 언제나 이미 시간화된 자아에 지나지 않기 때문이다. 자아의 기능현재가 그 자체 흐르는 것으로서 스스로를 시간위상화하며 시간화해 가는 것이므로, 반성될 때는 언제나 이미 시간화된gezeitigtes 자아로 화하고 있기 때문이다. 그렇다고 한다면, 반성할 때 '살아 있는 현재'는 항상 몸을 물리고 있는 것이 되리라. 그러나 원리적으로 반성하는 것 그것을 반성할 수 있는 것으로, 반성의 구조를 반복적 반성에 의해서가 아니라 일종의 고차적 반성에 의해서 개시할 수는 없는 것일까? 사실, 후설은 이 고차적 반성에 의해서 자기현재태를 반성할 수 있다고 생각하고 있었던 것도 같다. 그렇지만 고차적 반성이라 할지라도 반성이 갖는 시간화를 면할 수 없는 이상, 그것에 의해서 살아 있는 현재를 선-시간적 상相에서 개시할 수 없다는 것을 그도 보았다는 것은 말할 나위도 없다. 단지 고차적 반성에 의해서 반성이 발생하는 방식 곧 자아의 시간화를 추적할 수 있다고 보았을 뿐이다. 자기현재태에 눈을 향함으로써, 반성할 때 성립하는 자아의 자기분기, 반성하는 자아와 반성되는 자아 간에 성립하는 간격Abstand이 물어진다. 그렇다면, 반성에 의해서 이 간격이 발생하는 것이 아니라 오히려 반성은 이미 발생하고 있었던 거리에 기초해서 가능하게 된다는 것을 이해할 수 있다. 또 반성에 의해서 두 자아가 동일화되는 것이 아니라 오히려 선행하는 거리에 이미 다리가 놓아져 있기 때문에, 반성에 의해서 자아의 동일성이 '후에 의식된다'는 것도 또한 이해할 수 있다. 반성이 가능하게 되는 것은 이미 자기현재태에서 자아의 자기자신과의 원적原的 거리Urdistanz가 '흐르는 것'에서 발생하고 있기 때문이다. 또 기능하는 자아가 항상적으로 흐름으로써 이 거리에 이미 언제나 다리가 놓여 있고 자아는 자아와 합일하고 있기 때문에, 반성에 의해서 자아의 동일성의 각인覺認이 가능하게 되는 것이다. 이와 같이 자기반성의 가능성이 '항상적으로 흐르는 것'에 기초해 있다는 것은 확실하다. 자아분열과 자아합일은 자기현재태에서 자아가 '나누어져 있으면서 하나이다'고 하는 것에 기초하고 있다. 따라서 "반성은 궁극적으로 기능을 수행하고 있는 자아의, 전반성적으로 흐르는 자기현재태의 명확한 분절에 지나지 않는다."(10)

그러나 '살아 있는 현재'의 전반성적 통일 사태를 시간화를 매개로 해서 반성적으로 파악하는 것이 가능한가 어떤가는 별도로 하고, '살아 있는 현재'로부터 자아가 시간적으로 자기를 구성해 가는 과정을 추적하는 것이 가능하지 않을까? 자아의 자기현재태에서 생의 흐름은 항상 자기를 시간적으로 구성하고 시간화해 가는데, 이 시간화는 우선 '최초의' '내재적' 초월로서의 시간화이다. 시간화는 여러 단계들을 경과하면서 세계적 의미의 시간화로까지 이르게 되는데, 후설은 시간화에 의한 객관태를 '존재하게 된 것Ontifikation=존재태'라고 부르고 있다. 브란트는 이 시간화의 현상을 자아의 전개로 보고 추적하면서, 과거와 미래가 구성되어 가는 과정을 논하고 있다. 선-시간적 '살아 있는 현재'에서 출발해서, 자아의 자기초월에서 객관적(비세계적) 시간이 구성되어 오는 과정에, 자아의 자기소외의 자기운동을 보고자 하는 것이다. 자아가 시간적인 이상, 시간을 파악하는 것은 시간과 함께 자아가 전개해 가는 것이며, 그 의미에서 자기현재태라든가 시간화는 의식이 시간의 경과 속에 몰입하고 시간과 함께 시간을 편력함으로써, 즉 스스로 시간화함으로써 시간을 파악하는 것이라고 말할 수 있다. 한마디로 말하면, 시간을 의식하는 것은 시간화하는 것이고, 시간과 함께 흐르면서 자기를 의식하는 것이다. 후설은 자아의 기능현재가 원초적으로 생기할 때 반성의 형식을 취한다고 말한다. 이 의미의 반성은 정립적 반성이 아니라 자아의 '흐르는 자기자신과의 연속적 관계'라는 원수동적 형식의 반성인바, 이 형식을 취하며 자아가 흐름으로써 자아의 분열과 동일이 생기하고, '지금', '방금'이라는 시간 위상이 노정되게 된다. 이와 같이 연속적으로 생기하는 기능현재의 유동은 설사 비정립적일지라도 반성이라는 의식에 흐른다고 하는 것이 있다는 것에 확실히 단서를 주고는 있지만, 그러나 이것이 기능현재에 대한 직접적인 자기의식이라고는 말할 수는 없다. 더구나 이것을 기술할 가능성이 있다고 하는 것은 또 다른 문제이다.

그러므로 시간의 구성이 자아의 전개라고 할지라도, 그러한 현상학적 사상事象을 개시開示할 가능성은 도대체 어디에서 구해야 하는 것일까 하는 물음은 여전히 남는다. 헬트에 의하면, 후설은 현상학을 실시하는 초월론적 자아가, 흐르는 항상적 생을 주제화해서 능동적으로 고유한 시간화를 행하는 것이기 때문에, '현실의' 시간화는 현상학을 실시하는 나(현상학자)의 시간화라고 생각한 적이 있는 것 같다.[11] 그 때문에 현상학적 반성을 행하는 자아가 본래의 '살아 있는 현재'를 만날 수 있는 것인바, '살아 있는 현재'는 지금 반성하고 있는 현상학자의 반성에서만 기능하는 자아를 통해서 선시간적인 본래의 상相을 띠고 있다. 따라서 이 경우도 앞에서 서술한 고차적 반성의 경우와 마찬가지로, 반성인 한 '살아 있는 현재'를 반성적으로 파악하는 것은 불가능하다. 반성을 통해서, 반성을 가능적으로 제약하는 전반성성이나 '절대적으로 익명적인 존재의미'가 자기를 시간화한다는 것이 지시되는 것일 뿐이어서, 후설도 그 후 다음과 같이 서술하고 있다고 한다. "원초적으로 흐르는 것은 선-존재로서 경험불가능하다고 말할 수 없는 것이다. 그러나 말할 수 없는 것, 경험불가능한 것을 <반성적>으로 증시證示하고, 그렇게 해서 경험하고 언표의 주제로 삼는 한, 그것은 바로 존재태가 되고 만다."[12] 후설은 본래 반성에 대해서 '봄과 파악함Sehen und Erfassen'이라는 성격을 부여하고 있지만, 반성의 이 대상화 기능이 '살아 있는 현재'의 선시간적 상相을 증시할 가능성을 거부하고 있다고 말할 수도 있는 것이다. 란트그레베는 여기에 존재를 대상성과 등치하는 근세 형이상학의 실체 개념이 활동하고 있고, 이 존재 개념 때문에 절대적 주관성인 이 항상적 자아가 기술될 수 없게 되었다는 점을 지적하고 있다.[13] 그런데 기술의 불가능성은 어디까지나 반성을 통해서 파악하고자 할 때 빠지는 상태인데, 그것은 또 선-시간성을 후後로부터 파악하는 일이 불가능하다는 것으로서, 그 자체가 살아 있는 현재의 자기시간화라고 하는 사상事象을 반영적으로 나타내고 있다. 그러므로 기술의 불가능성에는 부정적으로이긴 하지만, 그런대로 사상의 본래적 성격이 지시되고 있다고 말할 수 있을 것이다. 그러면, 반성 이외의 방법에 의해서 이해하는 방식은 과연 가능한 것일까?

반성에 앞서서 반성되는 것이 있다는 반성의 구조는, 이 궁극적인 차원에서 전반성적인 반성 근거는 반성불가능하다는 사태를 그려내는데, 거기에 앞 장에서 다룬 현상학적 존재론의 하나의 출발점이 있었다고 말할 수 있다. "전반성적인 것이 있기 때문에 반성이 가능하다"고 흔히들 말하지만,

그러나 그 궁극적인 전반성성이 더 이상 반성에 의해서 개시될 수 없는 것이라고 한다면, 거기에 사변적 규정을 더함으로써 이 항상적 선행성, '끊임없이 앞서 있는 것stetig vorweg'을 존재론적으로 규정하고, 그 의의를 해명하고자 하는 시도를 기도하는 것은 당연한 추이이다. 하지만 사변적 규정으로 나아가지 않고 어디까지나 현상학적으로 동기부여된 방향에서 '살아 있는 현재'를 기술할 가능성을 탐색할 수는 없는 것일까? 헬트는 바로 이 점에서 살아 있는 현재의 수수께끼를 해명할 가능성을 집요하게 추구하고 있다. 헬트에 의하면, 후설 자신은 '멈춰서 있는 것'과 '흐르는 것'의 통일을 기술하는 일을 극복불가능한 난관이라고 보지 않고, 집중적으로 이를 사유해 가고자 하고 있었다. 그런데 후설은, 수수께끼를 수수께끼로서 주제화하지 않았음에도 수수께끼를 보고 있었던 것인데, 기술의 가능성을 둘러싸고서 불안을 품었고 또 항상 이 문제에 대한 자신의 생각에 만족하지 않았기 때문에, 1930년에서 1934년까지의 초고를 작성하길 반복했던 것이다. 헬트는 후설의 이러한 시도의 하나로서, 편시간성Allzeitlichkeit의 개념에 의거한 기술의 가능성을 탐색하고 있다. 편시간성의 개념은 시간위치에 위치부여되지 않는 이념적인 대상성(문화 대상성이나 본질 대상성 등)의 시간성격을 나타내는 개념이다. '도처에 있지만-아무데도 없음überall-nirgends'이란 규정은 시간 없는 항상성과 시간위치 불확정성을 의미하는데, 후설은 이 규정에 의해서 '살아 있는 현재'를 정지해 있는 지금nunc stans이란 말로 나타내었다. 이 도처에라는 규정은 '몇 번이라도' 하는 규정과 구별되어야 한다. 자기반성의 반복가능성에 의해서 재현전화(기억)는 자아를 몇 번이라도 발견하지만, 그때의 재현전화된 자아현재에 대한 반성은 시간위치 계열을 수반적으로 의식하고 있다. 이에 반해서, '정지해 있는 지금'에 대한 통찰은 역으로 시간위치 계열에 의한 구속을 떠나고 있다. '정지해 있는 지금'은 자발적인 이념화에 의해서 '살아 있는 현재'의 동일적인 항상성이 주제화되어 정립된 것으로서 이념적인 대상성이다. 기능현재의 총체성이 대상화되고, 흐름의 원수동성으로부터 익명적인 현재를 떼어

놓고 익명성을 극복하고자 하는 시도가 거기서 작동하고 있다. 그것은 헬트가 말하는 바와 같이, '착각 없는 사고실험'이라고도 말할 수 있다. 그런데 이 추상화를 동기부여하는 것은 무엇인가? 후설에 의하면, 그것은 현재태에 속하는 예지Protention이다. 예지는 살아 있는 자아의 활동에 의해서 단지 '곧' 다가온다고 하는 시간위상의 전화일 뿐만 아니라 유형적으로 선기지적先旣知的인 것에 대한 비주제적인 수반예기Mitgewärtigen이다. 모든 인식소유는 미지의 것, 미래의 것, 따라서 먼 것을 가까움으로 가져오는 목적론적 경과를 밟고 있다. 말하자면, 보편적인 충동적 지향으로서 예지적 예기가 거기서 활동하고 있는 것이다. 이 예지적 예기에 대한 기술을 그대로 자아에 대한 반성으로 가져온다면 어떻게 될까? 정말이지 익명적인 기능현재는 '그 자신'을 반성에게는 주지 않았다. 그러나 반성할 때 반성적 자기현재태에서 예료되고 있는 것은 아닐까? 궁극적으로 기능하는 자아에 대한 반성은 자아가 기능적으로 활동하는 것을 예료하고, 자아를 유형적으로 선기지적인 것으로 예료할 수는 없는 것일까? 이렇게 해서 항상적 기능현재의 익명성을 선취해서, 이로부터 기능현재의 '멈춰서 있는 것'을 추상화할 수 있다고 하는 것이다.

여기에 '살아 있는 현재'를 기술할 수 있는 가능성이 있다고 말한다면 있다고 할 수 있겠지만, 이 방식으로는 자아의 항상성을 파악할지라도 그 생동성을 놓치게 되는 것은 아닐까? 헬트도 "정지해 있는 지금의 의식은 일면적으로 자아의 항상성을 주제화하고, 다시 그것에 의해서 흐르고 있는 것을 뛰어넘는데, 그 결과 <본래적인> 살아 있는 현재로 가는 통로를 막고 있다."[(14)]고 말하고 있다. 후설이 의미하는 반성을 통해서 '살아 있는 현재'의 통일상을 이해하기 위한 길은 후설의 이 최후의 시도에도 불구하고 불가능하다는 것이 밝혀졌다. 그렇다면, 항상성과 통일을 이루고 있는 채로 흐름을 흐름으로서 파악하기 위해, 역시 사변적 규정의 몇 가지 시도를 부득이하게 행할 수밖에 없을 것이다.

자아기능은 비대상적 나타남으로서 언제나 이미 거기에 있으면서 모든 구성의 근원장소가 되고 있는 것이기에, 후설은 마침내 이것을 '절대적 사실absolutes Faktum'이란 말로 나타내고자 했다. 이 '절대적 사실' 개념은 '본질' 개념의 대립 개념인 '사실' 개념이 아니라, 오히려 본질과 사실의 구별의 전제가 되고 이 구별이 거기에서 발생하는 근거를 가리키고 있다. 핑크는 「프라이부르크 시대의 후설 후기철학」이라는 소론에서, 후설의 최만년의 연구에서 이 '원자아Urich', '시간을 창조하는 현재'의 사상을 발견하고 다음과 같이 보고하고 있다. "의식의 가장 근원적인 생의 깊이는 더 이상 에센티아와 엑시스텐티아의 구별에 의해 파악되지 않고, 오히려 그것은 사실과 본질, 현실과 가능성, 유례와 종, 일과 다가 거기에서 발생하는 근원처이다."[15] 이 절대적 사실이 자아의 익명성이라면, 그것은 초월론적 주관성의 익명성과 구별되는 절대적 익명성이라고 말해야만 한다. 왜냐하면, 초월론적 주관성은 태도변혁에 의해서 자연적 태도를 넘어서고 그 익명성에서 해방되어 자기자신의 반성적 개시를 가능하게 하는 데 반해서, 이 '살아 있는 현재'의 자아기능은 반성적으로 개시하는 것이 가능하지 않기 때문이다. 반성하고자 한다면 순식간에 시간의 마법 때문에 그 선시간적 원초성이 상실되고 만다. 시간의 두께를 개입시키지 않고서 '절대적 사실'에 대해 말을 꺼낼 만한 단서는 더 이상 있을 수 없다고 생각된다.

란트그레베에 의하면, 후설은 이 비대상적 자아기능을 절대적으로 자기자신에 대해서 거기에 있는 것으로서, 현상학적 환원에 의해서 발견하고자 했다. 후설은 흐르는 구체적인 현재를, 존속하는 것währendes으로서 그 절대적 본원성Originalität에서 주어지는 것이라고 생각하고 있었다. 그런데 존재를 대상과 등치하고, 반성을 파악작용으로 보는 근대적 사유의 자기규정이 후설 속에서 활동하고 있었던 것이므로, 반성을 시간화에 있어서의 자아의 자기구성으로 간주하지 않았기에, 모처럼 근대 형이상학과 결별하는 사태가 어중간한 것이 되고 말았다. 또, 초월론적 주관성의 개념 및 초월론적 주관성의 본질을 해석할 때에 사용되는 '구성'·'능작'·'초월론적 생' 등의 작업 개념이 불안정한 것이 되고 말았다. 본래 이 절대적인 대자임재對自臨在는 자유로운 것으로 확인되는 자기자신의 절대적 사실성이고, 일체의 반성에 앞서서 자기자신에 절대적으로 확실하다고 하는 자기의 자유로운 의식이며, "나는 할 수 있다"고 하는 자기의식이다.[16] 그러나 그것은 현상학적으로는 기술불가능하다고 란트그레베는 말하고 있다.

이 직접적 전반성적 자기내-존재에 대한 기술가능성의 문제와, 전반성적 자기의 행위적 · 직접적 자기의식은 일단 분리해놓고 생각해야 한다. 이제까지 보아 온 바와 같이, 기능적 자기현재는 그 자신에 있어서 항상 자기자신을 넘어 무언가의 초월로 향해서 자기를 구성해 간다. 그것을 반성적으로 파악하고자 한다면, 이미 시간화된 자아를 발견할 수밖에 없다. 살아 있는 자아현재는 시간의 두께 때문에 불투명화되고 만다. 그렇지만 오히려 이 반성 불가능성의 현상은 자아현재의 선시간성과 그 끊임없는 시간화를 어떤 방식으로 시사하는 것이다. 후설 자신은 '정지해 있는 지금nunc stans'을 흐름으로부터 추상하고 이념화하고자 시도했는데, 이는 도리어 대상화되지 않는 지금을 숨기고 마는 것이 되었다. 그러나 '도처에 있지만-아무데도 없음'이란 규정에는 이 반성에 의한 자아은폐화의 비밀에 다가가는 실마리가 숨어 있다고 생각된다. 헬트는 전반성적 자아 복수성에서만 유일하고 결코 시간화하지 않는 '내적 취약함'에서 생기하는 자아의 자기인수에서 이 사상事象을 개시할 반성의 가능성을 발견하고 있지만,[17] 그러나 자아의 투명성과 불투명성, 가시성과 파악불가능성이라는 양의적 구조를 개시할 가능성은 어떤 의미에서도 반성으로는 도달할 수 없는 것이다. 스스로 자아의 자기초월적 운동에 의해서 시간화되면서, 자아의 근원적 기능을 내적인 자유의 의식에서 각지覺知해서, 이 자아의 양의적 구조를 그대로 개시해 가는 것은 현상학적 자성이 변증법적 방법을 매개해야 한다는 것을 의미한다고 말할 수도 있다. 브뢰크만에 의하면, 후설은 반성 이전의 자기의식의 역사와, 반성의 역사를 동일시하고 말았는데, 자아가 그 자신에게 도달하는 변증법적 과정과 반성의 과정은 구별되어야 한다.[18] 자기의식은 반성에 의존하지 않고 반성에 앞서 있으며, 자기의식을 가능하게 하는 것은 '살아 있는 현재'에서의 근원인상-파지의 흐름의 자아분열이다.[19] 브리크만은 이 순수자아의 자기정립이라고 하는, 거의 도달하기 어려운 사태, '그것이 아니다라고 하는 방식에서 다르게 있는 것'이라고 하는 성격을 갖는 존재의 자기조명이 현상학으로 가는 길의 목표라고 말한다. 이로부터 자주 지적되는, 후설의 철학은 미완결적인 반성의 철학이라고 성격짓는 것을 승인하고 있다.[20]

'살아 있는 현재'의 비밀을 비밀로서 언급하는 것에는, 하이데거가 존재의 진리에 대해 말할 때의 어법과 어떤 가까움이 보인다. 하이데거에게 존재자의 현현성과 존재의 은닉성의 상속적相屬的 통일은 존재와 존재자의 이중성격적인zweifalt 존재의 활동이며, 존재자로 하여금 존재자이게 하는 존재의 사유는, 이 활동에 인간의 사유가 그대로 거두어져들어 가는 사유이다. 비형이상학적 비표상적 사유인 시작詩作적 사유, 즉 단순한 말Sagen은 바로 이 존재의 활동에 다름 아니지만, 그러나 이 존재의 사유에 대해서 말하는 것은 하이데거가 말하는 준비적 사유 즉 '존재물음'의 입장에 서 있는 것이다. 하지만 이 사유는 뛰어넘고 싶은 심연을 거리에 두고 대립하고 있는 것이 아니라, 준비적 사유에서 존재의 시작詩作적 사유로 향하는 길은 사유가 존재로 불러들여져 가는 추상追想적 선先사유의 길이며, 추상追想하면서 앞선 것을 상想하는 원환 사유가 차차로 나선을 좁혀 가면서 마침내 물음이 물음의 성격을 벗어나서 단순한 말Sagen이 될 때까지 기다리는 사유의 귀향歸向의 길이다. 핑크는 후설이 '초월론적 현재'에 관한 문제영역을 개시할 때, '절대적 형이상학'이라는 용어를 사용한 것에 대해서, 그것은 사태에 적절하지 않다고 말하고 있다. 그리고 후설의 무궁한 반성의 운동 진행은 결코 '정의적定義的인 성과의 형태로 고정되어서는 안 되고', 언제나 개방적으로 놓아두어야 한다고 하며, 그것을 '사유의 길이라고 하는 단순한 어의語義에 있어서의 방법'[21]이라고 서술하면서, 거기에 '살아 있는 현재'의 비밀이 비밀로서 언급될 가능성을 시사하고 있다.

3. 해후의 현상학으로 가는 길

—신인가 자연인가

후설에 의하면, '살아 있는 현재'는 이성의 목적론적 사실이었다. '살아 있는 현재'의 자아기능은 모든 것을 의미부여의 원리에 의해 합리화해 가는 목적론적 극한 이념을 목표로 해서 활동하고 있다. 『위기』에서 '무한한 것 속에 있는 텔로스'라고 부른 것은 이 합리성의 이념이었다. 그러므로 자아기능의 근원사실은 말할 나위도 없이 목적론적 구조의 이성사실을 의미하지, '세계 내에 있음'이라는 사실Daß을 말하고자 하는 것이 아니다. 그렇다고 한다면, 이 근원 사실인 목적론적 합리성의 근거는 도대체 무엇일까 하고 묻게 된다. 왜냐하면, 기능현재는 이 목적론적 합리성이 활동하는 장소이긴 해도 그 근거는 아니기 때문이다. 후설은 이 의미의 근거를 신神이라 이름하고, 신 곧 생의 안에서 활동하는 극한 이념이 합리성을 가능하게 한다고 생각하고 있었던 것 같다. H. 홀은 목적론적 이념인 신이 자아기능에서 자기의 존재의미를 발견한다고 해도, 그 방식은 후설 자신에게는 수수께끼인 채로 보류되고 있었다고 전하지만,(22) 그러나 신이 이 자기현재의 근거로서 나의 자유의 가장 내면에서 활동한다는 것을 추정하는 것은 어려운 일이 아니며, 헬트의 추찰이 보여주는 바와 같이, 근거로서의 신은 숨겨진 공共현재의 방식으로 활동하기 때문에 신의 공현재도 또한 아마도 경험가능하리라고 생각되는 것이다. 그런데 이와 같이 의식의 사실을 신에 의해 근거짓는 시도는 헤겔에서 볼 수 있는 이성의 형이상학적 절대화가 어떤 면에서 좌절되었다는 것을 의미한다. 여기서 뜻밖에도 이제까지 철학사에서 간과되고 있었던 저 만년의 피히테를 덮친 지식학의 변모라고 하는 사건을 떠올리는 것이 가능하다. 피히테는 초기에는 지식의 절대적 근거로서 활동하는 의식의 절대성을 사행事行/Tathandlung이라고 말했지만, 만년의 지식학에서는 이를 신의 현현의 도식이라고 보았다. 의식이 신을 향해서 무한하게 자기를 넘어서 감으로써 자기의 본질을 올바르게 파악하게 된다고 하며, 지식의 절대화를 피하고자 했다. 즉, 지식학이 일체를 지식화하는 목적은 일체를 주관으로 환원하는 데에 있는 것이 아니라, 생을 명석하게 하고 진리를 가상과 구별하는 일을 가르치는 데에 있다고 하는 것이 만년의 피히테의 생각이었다. 지식학의 이 변모에 의해서 피히테는 보통 말들 하는 바와 같이 헤겔의 길을 채비한 것이 아니라, 오히려 이성을 절대화하는 헤겔적 관념론에 빠지는 것을 피하고자 한 것이다. 후설 현상학의 입장은 본래 피히테의 사변적 사유의 입장과 다르긴 하지만, 양자 간에는 어떤 가까움이 보인다. 이성의 궁극적 자성自省의 차원에서 생기해 오는 신이라고 하는 절대적 근거의 발견은 근세적 이성의 형이상학이 세속화된 신학의 가면을 쓴 것이라고 말할 필요까지는 없고, 이성의 버팀목을 결국 신앙의 지반에서 갖는다는 것을 스스로 고백하는 것이라고 말할 수 있겠다.

그런데 후설의 '살아 있는 현재'의 이론은 한편으로는 이와 같이 근세 형이상학의 숨겨진 지반을 노정하고 있지만, 다른 한편으로는 '살아 있는 현재'의 사실이 이성의 사실을 포함하는 것만은 아니라는 것을 가르치는 것이며, 바로 이 점에서 후설 철학이 갖는 두 가지의 얼굴을 엿볼 수 있다. 후설의 '살아 있는 현재'의 이론은 자아의 기능현재라고 하는 자아활동의 면만을 분석하는 것이지, 흘러오거나 흘러가고 있는 선소여적인 것을 다루고 있지는 않다. 말하자면 근원인상으로서의 내용을 사상捨象하고 있는 것이다. 따라서 '살아 있는 현재'의 이론을 이해하고자 할 때 이 이론이 갖는 추상성을 잊어서는 안 된다. 실제로 이 자아기능이 살아갈 때 '살아 있는 현재'의 하나의 구조계기로서 활동하는 것이며, '살아 있는 현재'의 근원사실은 '이성의 사실'뿐만 아니라 이성이 선소여적인 것을 받아들이고 있다고 하는 사실도 포함하는 것이다. 자아의 세계구성적 기능에 앞서서, 세계(예의 제3의 자연)가 의식에게 자기를 보내올 수 있다는 것은 근원인상의 '이미 거기에'의 성격을 나타내는 것이다. 앞에서 자아를 향한 촉발과 지향과 자아의 호응이 초월론적 현재에서 동시적으로 생기한다고 서술했는데, 휠레적인 것과 자아기능이 만남으로써 의식의 구성과 함께 일체의 차이가 거기로부터 원초적으로 발생하게 오는 것이다. 예를 들면, 훌은 이 초월론적 현재를, 일체의 우주적 차이, 가령 주관-객관 분열, 세계와 내세계적 사물, 세계와 자아, 그 밖에 시공간상의 일체의 차이가 발생해 오는 사건Ereignis으로 고찰하고 있다.(23) 후설은 그의 최만년의 유고에서 이 초월론적 현재에 있어서 "일체의 형태가 거기로부터 솟아올라오는 바의 형태 없는 근거를, 생의 근거를 갈라놓는 금으로, 근원존재의 부정성으로 파악하고자 했다."(24)는 것이 핑크에 의해 전해지고 있는데, 핑크 자신이 이러한 의미의 초월론적 현재의 의의를 계승해서, 무형태의 근거로부터 여러 가지 사물이 출현해 와서 체류하는 방식이라든가, 모든 유한한 사물의 개현開現과 몰락은 세계의 유희Spiel라는 것을 설파하는 우주론적 형이상학을 전개했다.(25) 이러한 현대의 우주론적 현상학은 니체에 관한 현상학 쪽의 해석(26)과 함께, 현상학으로부터 산출된 존재론의 한 변형으로 간주할 수 있을 것이다. 그것은 어찌 되었든 간에, 이러한 핑크적 해석도 또한 '살아 있는 현재'를 단순히 자아의 기능적 현재의 절대적 사실로서가 아니라, 근원소여적인 것과의 근원적 만남으로서 통찰하고 있는 것이라고 말해야 할 것이다.

앞에서 든 신체성의 현상학과 휠레의 문제에 관한 란트그레베의 연구는 바로 이 '살아 있는 현재'에서 신체성을 매개로 해서 근원적 자연과 자아의 해후가 생기하는 일을 고찰한 것이다. 이제까지 서술해 온 필자의 생각도 그것에 가까운 것이므로, 그가 이야기한 바를 부연하면서 '살아 있는 현재'란 무엇인가를 조금 더 밝혀내보자. 우선 그는 우리들을 촉발하는 것의 근거가 후설의 경우는 칸트의 경우와 같이 인식불가능한 것이 아니라는 점을 지적한다. 키네스테제적으로 움직이는 신체의 분석이 보여주는 바와 같이, 우리들이 감각을 받아들이는 방식 내에서 '자연의 기저'가 스스로를 고시하고 있다. 즉, '자연의 기저'는 신체운동의 '나는 할 수 있다'와 연관되는 것으로 경험할 수 있기 때문이다. '나는 할 수 있다'의 자기운동은 사유의 자발성과는 다른 일종의 자발성을 갖고 있고, 동시에 자기이해를 수반하고 있다. 이 자기이해는 거기서 활동하는 힘의 근원적 경험이다. 예를 들면, 물건을 손으로 움켜쥐는 것은 '내가 의지意志한다'로서 활동하는 충동인바, 이때 스스로의 움직임을 아는 것이고, 동시에 또한 움켜쥔 것의 저항 곧 힘의 반작용도 경험하는 것이다. 왜냐하면, 활동하는 힘을 목적론적인 것으로, 목표로 향하는 것으로 경험하는 것이기 때문이다.

여기서 말하는 목적론적 힘의 경험은 「세계론」에서 언급한 근원적 자연의 수용Empfängnis을 의미하는데, 이로부터 근원적 경험(지각)의 감각소여를 소여로서 규정하는 근거가 물어진다. 말할 나위도 없이 감각에서 감각되는 것은 자아와는 이질적인 것이며, 후설은 이것을 '최후의 질료'란 말로 나타내었다. 본래 그 자체로서는 규정불가능한 이 질료는 키네스테제적 자기운동과의 관계 속에서 규정가능하게 된다. 즉, 우리들을 촉발해 오는 것은 '나는 할 수 있다'라는 충동에 맞서서 단순히 거기에 주어져 있다. 바꿔 말하면, 이 '주어져 있는 것'은 언제나 이미 '거기에' 있는 것이다. 이 '이미, 거기에'라고 하는 시간적 규정은 이미 서술한 바와 같이 의식의 구성의 전제를 이루는 근원적 규정이고, 시간의식의 시간화의 종합에 기초하고 있다. 그 자체로서는 규정불가능한 궁극적 질료도 시간적 규정만은 면할 수 없는 것이고, 필연적으로 시간화되는 것이다.

그런데 이미 본 바와 같이, '살아 있는 현재'의 폭은 자아관여에 의존하는 것이었다. 왜냐하면, 주어진 것을 '촉발해 오는 것'으로 고정하고자 하는 자아의 충동이 있기 때문에, 흐르는 지금의 '이미, 거기에'의 성격을 갖고서 주어지는 것이 있다고 하는 것이다. 즉, 우리가 목표로 향하고 그것을 실현하고자 주어지는 것을 고정하고자 하는 것이므로, '이미 거기에' 있는 것을 '방금'으로 미끄러져 가는 것으로, 또 미끄러져 가는 것을 저항으로 경험한다. 거기서 힘의 활동을 근원적으로 경험하는 것이 가능한데, 이 힘은 말할 나위도 없이 목적론적으로 활동하는 힘이다. 주어지는 것은 '이미, 거기에'에 있는 것이고, 우리를 향해서 도래하는 것이고, 우리의 '나는 할 수 있다'

를 요구하는 것이다. 즉, 우리에게 주어지는 것은 우리의 '나는 할 수 있다'와 하나가 되어 방금으로 미끄러져 가면서, 우리의 능력이 목표로 하는 것을 실현하기 위해 파지Retention와 기억에 고정되는 것을 요구해 온다. 이와 같이 목적론적으로 활동하는 힘이 키네스테제적인 '나는 할 수 있다'라고 하는 나의 자유 속에서 스스로를 고시告示하고, 우리의 목표로 향하고 있는 바에서 우리의 본질을 구성해 온다. 우리에게 도래하고 있고, 흘러가고, 우리를 향해서 고정화를 촉구해 오는 것이야말로 궁극적 질료이고, 근원적 의미의 '자연'인 것이다.

그러나 그렇다고 해서, 우리를 향해 다가와서 우리를 요구하는 것을 '질료로도, 정신으로도' 특징지을 수 있는 것은 아니다. 그것은 바로 사건Ereignis이라고 말하지 않을 수 없다. 이 점에 대해서 란트그레베는 "우리가 우리의 세계를 우리의 세계-내-존재라고 부르는 운동의 근거는, 그 자체 경험 속에서 우리에게 도달된다고 하는 것, 또 그것이 우리가 자기자신을 경험하는 방식 속에서 이해된다고 하는 것, 즉 우리를 조우하게 하고 우리의 자유를 요구하는 하나의 사건으로 이해된다고 하는 것이 제시되기 때문이다"[27]라고 서술하고 있다. 이 사건은 역사 속에서 그때마다 여러 가지로 자기를 보여주지만, 그러나 그것은 '우리 자신의 능력에 대립하는 뛰어난 힘을 갖는 것'이며, 우리를 우리의 현존재와 자유 속에서 목적론적으로 (세계에) 활동을 가하는 것으로 정립하는 것이다.

근원적 자연의 수용이란, 근원적 자연에 의해 우리가 요구된다는 것을 의미하고, 이때 이 자연의 동향은 스스로를 보냄으로써 스스로를 숨긴다고 하는 데 있다. 이 점에 대해서 란트그레베도 또한 그의 논구에서 다음과 같이 결론을 내리고 있다. "그러나 그 때문에, 우리를 향해 다가와서 우리를 요구하는 권능Macht은 주어지는 것의 '이미, 거기에'를 통해서 우리를 위치 부여하거나 요구하거나 하지만, 그러나 주어지는 것의 이 이미-거기에서 동시에 스스로를 숨긴다. 우리가 질료라고 부르는 것은 촉발의 미지의 근거인 것이 아니다. 그것은, 이러한 관계 속에서 우리에게 주어지는 <질료>가 이렇게 나타날 때 스스로를 숨겨 감과 동시에, 그것과 하나가 되어서 그것이 우리를 요구하는 한, 우리에게 명명백백한 것이다."(28)

아마도 '살아 있는 현재'는 근원적 자연과 이성기능이 근원적으로 상호 해후하는 장이 아닐까? 「세계론」에서 서술한 바와 같이, 의식의 대상화적 기능이 생기하는 것은, 의식을 향해서 스스로의 객관화를 촉구해 오는 근원적 자연의 동향에 대해서, 동시에 자아의 수락이 대응하기 때문이다. 즉, 촉발과 대향과 자아의 호응이 초월론적 현재에서 동시적으로 생기하는 것이다. 1920년대의 시간론은 아직 개체구성론의 면에서 설명되고 있었기 때문에, 자아의 기능적 익명성이 시간과 관련해서 거론되지 않았다. 그렇기 때문에, 수동적 자연시간이 빚는 (지각) 직관의 통일은 무엇인가 자연 쪽의 시간기능이 행사하는 것으로 생각되고 있었다. 그런데 '살아 있는 현재'의 이론은 그러한 주관적 · 내재적 시간과 객관적 · 자연적 시간의 대립 이전의 차원을 열고 있다. 그러면서 자아와 시간의 관련이 명확하게 되어서, 개체구성론에서 간과했던 '열려진 현재'의 확정이 가능하게 된 것이다.

후설도 '멈춰서 있으면서 흐르는 현재'를 '세계현재'란 말로 나타내고 있는 경우가 있는데, '살아 있는 현재'는 자아의 비대상적 사실성만이 아니라 비대상적 휠레도 또한 '이미, 거기에' 있다는 것을 나타내는 것이다. 따라서 목적론적 촉구는 극한 이념적 방향에서 오는 촉구로서가 아니라, 근원적 자연의 말건넴이라는 촉구로 이해되어야 할 것이다. 본래 이 촉구는 '질료로도, 정신으로도' 특징지어져서는 안 된다. 그것은 바로 일체의 인식이나 세계해석에 앞서서, 자연적 태도에서는 도저히 헤아릴 수 없는 차원에서 일어나고 있는 존재자와의 근원적 해후의 사건이라고 말해야 할 것이다.

마지막으로 덧붙여 두고 싶은 것은, 본서의 주제의 하나였던 후설의 의도와 분석의 성과 간에 벌어져 있는 균열이 이 목적론을 촉구하는 것의 정체를 둘러싸고, 또 '살아 있는 현재'의 사실의 해석을 둘러싸고 최후의 차원에서 재차 확인되었다는 점이다. 결국 이성의 절대화는 휠레의 문제를 사상捨象한 데서 유래한다. 왜냐하면, 휠레의 문제를 사상하면, 초월론적 사실성의 지표인 신체성, 제3의 자연인 근원적 자연에 이르는 통로가 막혀 버리기 때문이다.

맺는말

후설의 현상학의 길은 진리 발견을 위한 자기수정의 길이다. '길잡이'의 방법이 보여준 바와 같이, 환원할 때 먼저 발견되는 것은 이미 의미로 형성된 것들인데, 이는 더 이상 근원적인 것이 아니라 항상 성과이고 의미의 침전이다. 환원은 그 자체가 성과이기 위해 필요한 조작이며, 이 조작을 통해 현상학은 구성의 성과로부터 숨겨진 자기를 되찾는 상기想起의 길을 걸을 수 있었다. 즉, 이 상기의 방법에 의해 의식의 구성에 역행하는 것이 가능했고, 과학의 세계에서 과학 이전의 생의 세계로 돌아가는 일이 가능했다. 역사적 세계에 대해서도 또한 마찬가지로 역사적 소여로부터 그 근원창설로까지 그 발생의 경과를 밟고 원초적인 의미와 태도를 재발견하는 것이 가능하게 되었다. 후설은 『위기』에서 근대 과학의 의미를 노정해서 보여주었는데, 이는 역사의 의미가 형이상학적 사변에 의해서가 아니라 역사적 상황의 개시開示에 의해서 발견되는 것이고, 그 개시의 방식이 상기의 방법에 의해 기도되었다는 것을 말해주고 있는 것이다. 현상학은 역사 내에서 움직이는 자기소급의 운동이고, 인간의 모든 행위가 의미의 역사를 짊어지고 있다는 것을 가르치고 있다. 자연과학적 의미의 자연도, 생활세계적 주위세계의 자연도 역사적 산물이다. 그런데도 후설 현상학의 길은 어떤 의미에서도 역사화되는 일이 없이, 역사에 앞서서 역사를 짊어지고 있는 원초적인 것에 도달했다.

이제까지 보아 온 바와 같이, '근원명증'의 사상을 기본적 상정으로 해서 출발한 후설 현상학의 분석의 길은 사물이나 자연의 근원적 해후의 차원을 개시하기에까지 이르렀다. 그것은 더 이상 현상의 본질을 개시하는 것이 아니라 오히려 현상을 개시하기 위한 조건으로 간주되는 것을 개시하는 것을 의미한다. 즉, 명증의 가능성을 제약하는 것을 개시하는 것, 바꿔 말해 명증이 성립하는 장소를 개시하는 것을 의미한다. 후설은 그것을 현상으로서 기술하고자 할 때 어떤 역설적 상황에 떨어졌지만, 그러나 그 자신 현상의 그늘에서 나타났다 숨었다 하며 스스로를 말 건네 오는 것을 보고 있었다. 구체적인 분석의 진행은 자주 이 의미에서 근원적 현상의 차원에서 언급되고 있다. 하나는, 지각의 분석 및 키네스테제적 의식의 분석에서 발견된 근원적 자연의 수동적 현상이고, 또 하나는 절대적 자아의 임재적 자기시현의 반성불가능성이다. 게다가 이 두 가지 근원적 현상은, 이제까지의 철학에서는 숨겨져 있었던 자아와 자연의 근원적 해후의 사건으로서 '살아 있는 현재'에서 상속相屬하고 있다는 것이 간취되고 있다. 의식은 '살아 있는 현재'를 그대로 비대상적으로 알아차릴 수 있지만, 시간의 흐름으로 일어나는 의식의 시간화, 즉 의식의 자기구성에 의해 그것을 놓치고, 가리고 만다. 그렇게 해서 의식은 자기소외를 그 운명으로 해서 세계의 구성으로 나아가지만, 그러나 그럼에도 불구하고 세계가 다 대상화되지 않는 것은, 세계가 대상화에 앞서서 이미 존재하면서 대상화를 촉구하고 그러면서 스스로를 숨기기 때문이다. 하이데거가 『예술작품의 근원에 대해서』에서 세계와 상속적相屬的 항쟁을 하면서 자기를 숨기는 대지에 대해 말하고, 메를로-퐁티가 다 길러내기 어려운 '야생의 존재Être brut'에 대해서 말하는 것은 이 차원에서이다. 본래 근원적 자연은 자연 자체Ansich가 아니라, 우리의 의식의 근저에서 활동하는 숨겨진 촉구로서 수동적으로 의식(신념)되고 있는 것일 뿐이다. 우리는 이 근원적 자연과 만나면서 그것을 대상화해 가는데, 이렇게 대상화 활동을 하는 중에 후설이 자연적 태도라고 부른 저 의식의 본성적 경향 때문에 근원적 자연이 시야에서 사라지게 되고, 마침내 가장 낮은 단계의 대상화 작업에서 현상하는 경험의 다양한 세계도 자취를 감추어 가게 된다. 우리가 세계를 다 대상화하지 못하면서도 간단 없이 대상화를 계속해 가는 것은 곧 자기의 근원으로부터 차차 멀어져 가는 것이지만, 이 이 멂에 있어서 또 이 멂 때문에 대상화된 세계 속에서 세계의 해석이 발생하게 된다. 후설이 과학의 객관주의에서 찾아낸 것은 바로 이 의식의 구성적 자기소원화에 기초해서 발생하는 세계해석이었다. 구성된 것, 게다가 이념화된 고차적 대상이 어느덧 그 자체로 존재하는 진정한 존재로 간주되는 것은, 구성하는 이성을, 또한 우리가 그것을 살아가고 있는 경험의 세계를, 바꿔 말하면 근원의 기반을 완전하게 망각하고 있기 때문이다. 하이데거가 존재망각이라 부르는 것도 후설의 분석적 사상事象 속으로 되돌아가 본다면, 이와 같은 원초적 세계의 역사적 망실과 가까운 뜻을 갖는 것이리라.

현상학은 근원이 멀다는 것을 알아차리고서, 근원을 재발견하고 근원에 가까운 곳에 머물기 위한 돌아감의 길이다. 이 돌아감은 근원적인 것을 지켜보는 것이리라. 메를로-퐁티는 "철학은 하나의 확실한 지知가 아니라 일체의 지知의 원천을 우리로 하여금 잊지 않게 하기 위해 망을 보는 것이다."[(1)]라고 말하고 있다. 근대 과학이 놓친 경험의 세계를 회복하고, 근세 형이상학이 상정한 절대적 이성으로 환원하는 것을 거부함으로써 결국 근원적인 생생한 존재 하에서 정주하는 '야생의 정신'을 되찾는 것이 그가 노리고 있었던 것인데, 그것은 곧 후설의 현상학 속에서 생기하고 있었던 것이다. 후설의 분석이 최후의 시기에 도달한 경지는, '살아 있는 현재'에서 원초적인 목적론적 사건이 생기하고 있다는 것을 고하고 있다. 자연과 자아의 원초적 해후 곧 사건Ereignis이 거기에 시사되고 있다. 근원의 가까움에 머물고자 하는 것은, 후설 현상학의 의미로는, 이 근원의 장소에서 모든 의미가 원초적으로 발생하는 방식을 망보는 것이 될 것이다. 확실히 원초적 해후의 의의를 올바르게 '언어로 가져오는' 것은 그의 분석론의 테두리에서는 가능하지 않은 것이었다. 그렇기는커녕 『위기』의 이성의 형이상학적 자기해석은 이 근원적 사상을 은폐하고 절대적 이성의 관념론으로 기울어짐을 심화하고 있었던 것이다. 그러나 그 동안의 사정을 숙고해 볼 때, 명증이론을 기축으로 하는 현상학의 출발의 입장과 그 귀착점 사이를 밟아간 후설의 편력에는 그가 근세 형이상학의 극복이라는 사건을 몸소 체험하고 있었다는 징표가 담겨 있다는 것을 충분히 이해할 수 있다.

오늘날의 현상학적 운동의 전개의 방향을 몇 가지 들어 왔는데, 하이데거와 같이 존재의 사유로 말하든, 핑크와 같이 우주론적 사변으로 나아가든, 또 메를로-퐁티를 중심으로 한 방향에서 원초적 사상事象의 양의성에 기초하는 현상학을 제창하든, 혹은 최근에 보이는 바와 같이 현상학의 중성적 성격에 물질적 실재성을 유입하고자 마르크스적으로 해석하든, 어느 것이든 후설 자신이 걸어온 분석을 항상 다시 밟아본다고 하는 작업만은 소홀히 하지 말아야 할 것이다.

마지막으로, 후설의 현상학이 우리에게 특히 가르치는 것은, 우리가 학문이나 문화를 이해할 때, 문제가 되는 것은 이미 해석된 세계상이나 완성된 사상 체계가 아니라 그것들이 어떤 경험으로부터 어떻게 발생해 왔는가 하는 것을 충분히 확인해 가는 일이 얼마나 중요한가 하는 점이다. 사람은 누구나 생을 이해하고 있지만, 그러나 생의 근원으로부터 생을 이해한다는 것은 예사로운 일이 아니다. 일상생활이 생이고 있는 그대로의 현실이라고 생각한다면 이러한 생각에는 이미 여러 가지 선입견이나 전통적 지견知見이 쌓여 있고, 이른바 손때 묻어버린 기성물이 많이 들어 있다. 또 정합적인 이론을 그대로 써서 생이나 세계를 해석할 때 생을 한 측면으로부터 방법적으로 주제화할 수 있긴 하겠지만, 그것에 사로잡히는 한 도리어 점점 전체로서의 생은 간과될 뿐이리라. 요컨대, 우리가 그것을 살아가고 있는 경험 그것을 순화해 가는 일이 없다면 생의 비밀은 해명되지 않는다. 이론적 지식을 포함한 모든 지知의 발생을 그 근원을 향해 묻고, 경험의 구조와 의의를 그 근저로부터 끝까지 밝히지 않는다면 인간의 생의 숨겨진 의미가 어떻게 발견될 수 있겠는가?

원본 후기

본서는 『현상학이란 무엇인가』라는 표제가 붙어 있지만, 서술의 내용은 오늘날의 현상학적 철학 사상을 그 전폭에 걸쳐서 대략적으로 서술하는 것을 피하고, 오로지 후설의 후기 사상에 초점을 맞춰서, 현상학이 단순히 학설이 아니라 하나의 운동이라는 것을 그리고자 했다. 본서의 집필을 마치고 난 지금, 과연 이 시도가 '현상학이란 무엇인가'라는 물음에 충분히 답하고 있는가 어떤가에 대해서는 심히 염려되는 바가 있다. 단지 조금이나마 만년의 후설이 직면한 사상思想상의 내적 상극相剋의 모습을 보여주며, 후설 사상의 두 얼굴—서구 근대의 정신적 지반으로 회귀함 및 이를 초극함—을 짚어냈다고 생각한다. 이 경우 전통을 초극함이란, 이성개념을 서구 고유의 형이상학적 이성개념으로부터 구출하고, 철학으로 하여금 오늘날의 인간 현실로 향하게 하는 지평을 열 수 있었다는 것을 의미한다. 이런 의미에서 현상학은 장래의 학문이고, 우리에게도 현상학적 연구는 금후의 과제라는 것을 확인해두고 싶다.

본서의 출판을 맞아서 이제까지 현상학을 비롯해서 여러 가지로 학문상의 지도를 베풀어주신 미야케 고이치三宅剛一 선생님께 이 기회에 감사의 뜻을 올리고 싶다. 또 본서의 출판을 중개하느라 애쓰신 오케타니 히데아키桶谷秀昭 씨, 본서를 집필할 기회를 주신 무라카미 이치로村上一郎 씨께도, 또 여러 가지 폐를 끼친 야마자키 히로유키山崎弘之 씨께도 충심으로 감사의 말씀을 드리고 싶다.

1967년 10월 30일

닛타 요시히로

주

서장

(1) E. Husserl, Über den Begriffen der Zahl, psychologische Analysen. Habilitationsschrift 1887.

ders., Philosophie der Arithmetik. Psychologische und logische Untersuchungen. 1891.

ders., "Bericht über deutsche Schriften zur Logik a. d. Jahre 1894" in: Archiv f. system. Phil. IV, 1897.

ders., Logische Untersuchungen. Erster Teil : Prolegomener zur reinen Logik. 1900.

ders., "Selbstanzeige des ersten Teils der Logische Untersuchungen" in: Vierteljahrschrift f. wiss. Philosophie, XXIV, 1900.

ders., Logische Untersuchungen. Zweiter Teil: Untersuchungen zur

Phänomenologie und Theorie der Erkenntnis. 1901.
ders., "Bericht über deutsche Schriften zur Logik i. d. Jahren 1895-1898" in: Archiv. f. system. Phil., IX, 1903.
ders., "Bericht über deutsche Schriften zur Logik i. d. Jahren 1895-1899" in: Archiv. f. system. Phil., X, 1904.
ders., "Philosophie als strenge Wissenschaft" in: Logos, Bd. I, 1910/1911
ders., Logische Untersuchungen: Band I: Prolegomena zur reinen Logik; Band II: Untersuchungen zur Phänomenologie und Theorie der Erkenntnis I. 1913.
ders., Ideen zu einer reinen Phänomenologie und phänomenologischen Philosophie. 1913. 池上鎌三訳,『純粋現象学及現象学的哲学考案』, 岩波書店, 1913.
ders., "Brief an A. Metzger, 4 IX 1919" in: Jahrbuch d. Görres-Gesellschaft 1953, 62 Jrg.
ders., "Brief an R. Ingarden, 5 IX 1918" in Ztschr. f. phil. Forschung, XIII, 2. 1959.
ders., "Erinnerungen an F. Brentano" in: G. Kraus c. s.: Franz Brentano. Zur Kenntnis seines Lebens und seiner Lehre. 1919.
ders., Logische Untersuchungen. Band II, 2. Teil: Element einer phänomenologischen Aufklärung der Erkenntnis. 1921.
ders., "Brief an R. Ingarden, XII/1924" in: Ztschr. f. phil. Forschung, XIII, 2. 1959.
ders., Herausg.: Martin Heidegger. Vorlesungen zur Phänomenologie des inneren Zeitbewusstseins. 1928. 立松弘孝訳,『内的時間意識の現象学』, みすず書房, 1967.
ders., Formale und transzendentale Logik. Versuch einer Kritik der logischen Vernunft. 1929.
ders., "Phenomenology" in: The Encyclopaedia Britannica. Vol. XII. 1929.
ders., "Nachwort zu meinen Ideen zu einer reinen Phänomenologie und phänomenologischen Philosophie" in: Jahrbuch f. Phil. und phän. Forschung; 1930:

Husserliana. Bd. V. 1952.
ders., "Husserl" in: Philosophen Lexikon. Hauer, Ziegenfuss und Jung. 1937.
ders., Herausg. v. L. Landgrebe. Erfahrung und Urteil. Untersuchungen zur Genealogie der Logik. 1939. 1948.
ders., "Die Frage nach der Geometrie als intentionale-historisches Problem" in: Revue internationale de Philosophie. 1939, i; in: Husserliana, Bd. VI. 1954.
ders., "Entwurf zu einer Vorrede zu den, 'Logische Untersuchungen' (1913)" in: Tijdschr. v. Phil. 1939, I.
ders., "Brief an R. Ingarden, 19 III 1930" in: Ztschr. f. phil. Forschung, XIII, 2. 1959.
ders., "Brief an D. Cairns, 21 III 1930" in: Phaenomenologica, Bd. IV. 1959.
ders., "Phänomenologie und Anthropologie" in: P. P. R., 2. 1941/42.
ders., Cartesianische Meditationen, in: Husserliana, Bd. I, 1950. 山本万二即訳, 『現象学序説一デカルト的省察錄』, 創文社. 1954.
ders., Pariser Vorträge, in: Husserliana, Bd. I. 1950.
ders., Die Idee der Phänomenologie. Fünf Vorlesungen. Husserliana, Bd. II. 1950. 立松弘孝訳, 『現象学の理念』, みすず書房. 1965.
ders., Ideen zu einer reinen Phänomenologie und phänomenologischen Philosophie.
Erstes Buch: Allgemeine Einführung in die reine Phänomenologie. Husserliana, Bd. III. 1950.
Zweites Buch: Phänomenologische Untersuchungen zur Konstitution. Husserliana, Bd. IV. 1952.
Drittes Buch: Die Phänomenologie und die Fundamente der Philosophie. Husserliana, Bd. V. 1952.
ders., Die Krises der europäischen Wissenschaften und die transzendentale Phänomenologie. Husserliana, Bd. VI. 1954.
ders., Erste Philosophie (1923/1924). Erster Teil: Kritische Ideengeschichte.

Husserliana, Bd. VII. 1956.

ders., Erste Philosophie (1923/1924). Zweiter Teil: Theorie der phänomenologischen Reduktion. Husserliana, Bd. VIII. 1959.

ders., Phänomenologische Psychologie. Husserliana, Bd. IX. 1959.

ders., Zur Phänomenologie des inneren Zeitbewusstseins (1893/1917) Husserliana, Bd. X. 1966.

ders., Analysen zur passiven Synthesis. Aus Vorlesungen und Forschungsmanuskripten 1918/1926. Husserliana, Bd. XI. 1966.

(2) E. Fink, "Das Problem der Phänomelogie Edmund Husserls," in: Studien zur Phänomenologie 1930-1939. 1966. S.182.

(3) Ebd. S.189.

(4) Ebd. S.197.

(5) E. Fink, "Was will die Phänomenologie Edmund Husserls?" in: Studien zur Phänomenologie 1930-1939. S.167.

(6) Husserliana, Bd. VI. S.140.

(7) E. Fink, "Das Problem d. Phä. E. Husserls." S.200.

(8) Formale und transzendentale Logik. §59.

(9) Husserliana, Bd. VI. S.109.

(10) Aus der Einleitung zu: E. Husserl, Entwurf einer 'Vorrede' zu den Logische Untersuchungen' (1913), hgg. v. E. Fink,: Tijdsschrift voor Philosophie. Bd. I/1-2, 1939.

(11) A. Diemer, Edmund Husserl. 2 Aufl. 1965, S.54.

제1장

(1) S. Strasser, "Einleitung" zu Husserliana, Bd. I. S.XXIX.

(2) Vgl. J. M. Broekman, Phänomenologie und Egologie. 1963. S.16 f.

(3) Vgl. L. Landgrebe. Der Weg der Phänomenologie. 1963. S.18-S.27.

(4) 이 강의는 'Idee der Phänomenologie'란 제명을 달아 Husserliana, Bd. II에 수록되었다.

(5) Ideen I. 2 Aufl. 1922. S.56.

(6) Ebd. S.84.

(7) Ebd. S.85.

(8) Ebd. S.93.

(9) Ebd. S.79.

(10) Husserliana, Bd. VIII. S.461.

(11) 바로 판명되는 바와 같이, 일반정립을 이와 같이 이해하는 입장이 데카르트적 방법의 명증이론이며, 이 방법을 내버림으로써 일반정립의 성격부여가 일변하고, 일반정립을 선입견으로 하는 생각도 수정되지 않을 수 없게 된다. 「현상학적 세계론」 참조.

(12) Ebd. S.73.

(13) Ebd. S.74.

(14) Husserliana, Bd. VI. S.156. S.158.

(15) 갖가지 가능한 방법에 대해서는 Husserliana, Bd. VIII. S.219-S.301에 그 시도가 보인다.

(16) L. Landgrebe, a. a. O. S.165.

제2장

(1) 이 강의는 'Phänomenologische Psychologie'란 제명을 달아 Husserliana, Bd. IX에 수록되었다. 또한 보유로서 "Der Encyclopaedia Britannica Artikel", "Amsterdamer Vorträge"와 그 밖에 1926년의 강의들이 수록되어 있다.

(2) Husserliana, Bd. IX. S. XXVII.

(3) Ebd. S.55.

(4) Ebd. S.58.

(5) Ebd. S.60.

(6) Erfahrung und Urteil. 2 Aufl. 1954. §87. S.409-S.419.

(7) Fr. u. tr. Logik. §85.

(8) Husserliana, Bd. XI. S.340.

(9) Vgl. A. Diemer, a. a. O. S.60.

(10) U. Claesges, Edmund Husserls Theorie der Raumkonstitution. S.34.

(11) Husserliana, Bd. XI. S.117.

(12) E. u. U. S.79.

(13) Husserliana, Bd. XI. S.198.

(14) Vgl. Eds. S.117-S.148.

(15) E. u. U. S.79.

(16) H. Drüe, Edmund Husserls System der phänomenologischen Psychologie. 1963. S.275.

(17) Ebd. S.275.

(18) E. u. U. S.83.

(19) Ebd. S.126.

(20) Ebd. S.172.

(21) Ebd. S.182.

(22) Ebd. S.191.

(23) Ebd. S.191.

(24) Ebd. S.198.

(25) Ebd. S.214.

(26) L. Landgrebe, a. a. O. S.62.

(27) E. u. U. S.25.

(28) Ebd. S.25.

(29) Ebd. S.25.

(30) Ebd. S.26.

(31) Ebd. S.33.

(32) G. Brand, Welt, Ich und Zeit. 1955. S.16.

(33) Ebd. S.17.

(34) Ebd. S.20.

(35) Ebd. S.35.

(36) Ebd. S.21 f.

(37) L. Landgrebe, Philosophie der Gegenwart. 1952. S.71.

(38) Vgl. A. Diemer, a. a. O. S.172 f.

(39) E. Fink, "Welt und Geschichte," in: Husserl und das Denken der Neuzeit, 1959. S.152.

(40) E. Fink, "L'analyse intentionnelle et le problème de la pensée spécuative," in: Problèmes actuels de la phénoménologie, 1951. p.38.

(41) R. Ingarden, "Über den transzendentalen Idealismus bei E. Husserl," in: Husserl und das Denken der Neuzeit, S.190-S.204.

(42) A. Diemer, a. a. O. S.174.

(43) M. Theunissen, "Intentionaler Gegenstand und ontologische Differrenz," in: Philosophisches Jahrbuch, 70. Jahrgang 2. Halbband. S.344-S.362.

제3장

(1) L. Landgrebe, Der Weg der Phänomenologie. S.157 f.

(2) Husserliana, Bd. IV. S.359.

(3) L. Landgrebe, a. a. O. S.161.

(4) Husserliana, Bd. IV. S.254 f.

(5) Ebd. S.163.

(6) Husserliana, Bd. I. S.168.

(7) Husserliana, Bd. IV. S.150.

(8) Ebd. S.145.

(9) Ebd. S.149.

(10) Ebd. S.150.

(11) Husserliana, Bd. VI. S.108.

(12) Ebd. S.109.

(13) Ebd. S.164.

(14) U. Claesges, a. a. O. S.110.

(15) Vgl. Ebd. III. Teil. S.117-S.144.

(16) Husserliana, Bd. VI. S.184.

(17) Ebd. S.209.

(18) Ebd. S.109.

(19) H. Drüe, a. a. O. S.261.

(20) Husserliana, Bd. VI. S.212.

(21) H. Drüe, a. a. O. S.278.

(22) L. Landgrebe, a. a. O. S.155.
Vgl. ders., "Die Phänomenologie der Leiblichkeit und das Problem der Materie" in: Beispiele, 1965. S.299.

(23) Husserliana, Bd. IV. S.211.

(24) G. Brand, a. a. O. S.51.

(25) Vgl. J. M. Broekman, a. a. O. S.105.

(26) Vgl. M. M. Theunissen, a. a. O. S.362.

제4장

(1) 후설은 1935년 5월 7일 빈 문화재단의 초대를 받아 「유럽적 인간성의 위기에 있어서의 철학」이란 제목의 강연을 했던 것이 『위기』를 쓰게 된 외적 인연이 되고, 같은 해 프라하의 어떤 철학회로부터 초대를 받았을 때 시도된 강연이 후에 확장되어 본래 의미의 『위기』-노작이 되었다. 다음 해인 36년 베오그라드 거주의 A. 리베르트가 편집하는 "Philosophia" 지誌 제1권에 『위기』의 제1부와 제2부에 해당하는 부분이 발표되었다. 제3부도 발표될 예정이었지만, 다시 쓸 계획 때문에 보류되었다. 1937년 8월 후설이 병으로 누울 때까지 꾸준히 이 작업이 계속되었지만, 그럼에도 불구하고 주요 부분은 완결되지 않은 채 끝났다.

당시 조교였던 핑크는 후설한테서 이 작업에 대해서 깊은 내막의 상담을 받고, 또 속기수고에서 주요 부분을 베껴서 초고를 작성했다. 이것이 오늘날 Husserliana, Bd. IV에 수록된 제3부에 해당한다. Husserliana, Bd. VI에는 빈 강연을 포함한 3편의 논문 및 후에 정리된 연구초고(『위기』–노작에 속하는 것)가 수록되어 있다. (편집자 W. Biemel의 서론 참조)

(2) Husserliana, Bd. VI. S.53.

(3) Ebd. S.28.

(4) Ebd. S.31.

(5) Ebd. S.48.

(6) Ebd. S.52.

(7) L. Landgrebe: "Die Bedeutung der Phänomenologie Husserls für die Selbstbesinnung der Gegenwart" in: Husserl und das Denken der Neuzeit, S.216.

(8) Husserliana, Bd. VI. S.72.

(9) Ebd. S.76.

(10) Ebd. S.100.

(11) Ebd. S.273.

(12) Ebd. S.275.

(13) Vgl. Ebd. S.318.

(14) Ebd. S.347.

(15) E. Fink: "Welt und Geschichte" S.150.

(16) Husserliana, Bd. VI. S.348.

(17) E. Fink, a. a. O. S.152.

(18) Ebd. S.153.

(19) E. Fink, "L'analyse intentionale et la problème de la pensée speculative" p.38.

(20) K. H. Volkmann-Schluck, "Husserls Lehre von der Idealität der Bedeutung als metaphysisches Problem" in: Husserl und Problem der Neuzeit, S.240

(21) E. Fink, a. a. O. S.82.

(22) Ebd. S.82.

(23) Vgl. J. M. Broekman, a. a. O. S.66.

(24) L. Landgrebe, a. a. O. S.219.

(25) M. Merleau-Ponty, Phénoménologie de la perception. 1945. XIII.

(26) ders., "Le philosophe et son ombre," in: Edmund Husserl 1859-1959. S.218.

(27) Ebd. S.218.

(28) S. Strasser, "Intuition und Dialektik in der Philosophie Edmund Husserls," in: Edmund Husserl 1859-1959. S.152.

(29) Ebd. S.153.

(30) ders., Phänomenologie und Erfahrungswissenschaft vom Menschen. 1964. S.249.

(31) Ebd. S.250.

(32) Ebd. S.283.

(33) G. Funke, Phänomenologie——Metaphysik oder Methode? 1966. S.156.

(34) Ebd. S.155.

(35) L. Landgrebe, “Die Phänomenologie der Leiblichkeit und das Problem der Materie” S.301.

제5장

(1) Husserliana, Bd. VI. S.173 f.

(2) Ebd. S.190.

(3) Ebd. S.190.

(4) Ebd. S.191.

(5) Vgl. K. Held, Lebendige Gegenwart. 1966. S.67.

(6) Ebd. S.VIII.

(7) 후기 시간론에 관한 연구서로서는 G. Brand, A. Diemer, K. Held, G. Eigler의 것이 있지만, 본장의 논지를 전개할 때는 특히 헬트의 연구에 빚지고 있는 바가 컸다.

(8) 관심의 현상에 대해서는 본서 S.94 참조.

(9) K. Held, a. a. O. S.28.

(10) Ebd. S.82.

(11) Ebd. S.100.

(12) Ebd. S.103.

(13) L. Landgrebe, Der Weg der Phänomenologie, S.201.

(14) K. Held, a. a. O. S.134.

(15) E. Fink, “Das Spätphilosophie Husserls in der Freiburger Zeit” in Edmund Husserl 1859—1959. S.113 f.

(16) L. Landgrebe, a. a. O. S.196 ff.

(17) K. Held, a. a. O. S.165 u. S.171.

(18) J. M. Broekmann, a. a. O. S.132.

(19) Ebd. S.126.

(20) Ebd. S.203.

(21) E. Fink, a. a. O. S.114.

(22) H. Hohl, Lebenswelt und Geschichte. 1962. S.87.

(23) Ebd. S.55.

(24) E. Fink, a. a. O. S.113.

(25) ders., “Welt und Geschichte”, S.158.

(26) Vgl. ders., Nietzsches Philosophie. 1960.
E. Heftrich, Nietzches Philosophie, 1962.

(27) L. Landgrebe, “Die Phä. d. Leiblichkeit. u. d. Problem d. Materie” S.301 f.

(28) Ebd. S.301.

맺는말

(1) M. Merleau-Ponty, Signes, Le philosophie et la sociologie. p.138.

| 해설 |

<지知>의 재편을 준비한 선구적 작업

와시다 기요카즈鷲田淸一

1968년의 저작. 후설의 후기 사상을, 남아 있는 방대한 초고군의 연구를 주축으로 해서 철저하게 검증하고, 그것이 최종적으로 봉착하고 있는 문제 차원을 밝혀내고, 그리고 그 작업을 통해서 최종적으로 후설 현상학의 전개를 서구 철학에서 가장 본질적인 사건의 하나로서 그려낸다고 하는 장대한 모티브로 일관된 서물書物이 마치 입문서와 같은 체재로 살며시 상재되었다. 기노쿠니야紀伊國屋신서의 한 책, 닛타 요시히로新田義弘의 『현상학이란 무엇인가』이다.

이 해에는 이외에도 요시모토 다카아키吉本隆明의 『공동환상론共同幻想論』이 간행되었고, 다음 해인 1969년에는 히로마츠 와타루廣松涉의 『마르크스의 지평』이 나오고 동시에 『세계의 공동주관적 존재구조』라는 이름으로 3년 후에 통합되는 논문군論文群의 단속적 연재도 시작된 데서 알 수 있듯이, 60년대 말은 전후戰後의 사상을 생각한다는 점에서도 큰 의미를 지닌 저작이 집중적으로 공간公刊되는 시대였다.

닛타 요시히로의 『현상학이란 무엇인가』는 대학의 어둠침침한 연구실에서 후설이라는 한 철학자의 방대한 수고군手稿群과 그에 관한 문헌집을 성심껏 펴서 찬찬히 읽으며 해석하는 완전히 고독한 작업 속에서 완성된 것이다. 그것도 결코 평이하지 않은 현상학의 술어를 구사해서 쓴 지극히 전문적인 책이다. 그럼에도 불구하고 이 서물은 당시 젊은 철학자들뿐만 아니라, 예를 들면 사회과학자, 정신의학자, 그리고 과학이론 · 과학사 전공자 등에 조용하게, 그러나 깊이 침투하고 있었다.

그 첫째 이유는, 아마도 당시 '대학 비판'의 형태로 집약되었던 ≪과학 비판≫의 문맥에서 구할 수 있을 것이다. 근대 과학의 객관주의적 자세는, 과학에서 생生의 의의를 잃게 했다고 하는 후설의 '객관주의 비판'의 논의에서 자신들이 종사하는 ≪과학 비판≫—그것은 <지知>의 체제를 근본적으로 재편성하길 요청하는 것이기도 했지만—의 철학적 근거를 예감한 것이라고 생각된다. 그 선도적인 역할을 한 것이 닛타의 『현상학이란 무엇인가』이고, 또 그 2년 후에 기다 겐木田元의 손에 의해 2차에 걸쳐서 점차로 역출된 후설 최만년의 저작 『유럽 학문들의 위기와 초월론적 현상학』이었다. 또, 기다 겐이 다키우라 시즈오滝浦静雄와 짝이 되어 차차로 번역 간행하고 있었던 메를로-퐁티의 『지각의 현상학』을 위시한 저작이 후설의 후기 사상의 단편이나 흔적을 그 분석의 여러 국면에서 주옥을 보듯 엿보게 했다. 그리고 이것들에 의지해서 당시의 학생들은 땅 밑에 숨어 있는 그대로 후설 만년의 사상의 광맥군을 발굴하고자 그것을 손으로 더듬으며 후설의 강의 작업에 침잠하고 있었던 것이다.

닛타 요시히로가 이 서물에서 시도한 것을 후설의 만년에 조교로 일했던 란트그레베의 언어를 빌어 요약한다면, "무역사적 선험주의와 근세 합리주의의 완결을 의미하는 초월론적 주관주의의 좌절"이라는 사건을 그것이 갖는 사상적인 함축과 함께 전체로서 그려내고 있다고 하는 것이 되리라. 그러나 그 면밀한 작업 과정은 어디까지나 연구서로서 성심껏 기술되고 있어서, 특히 수사修辭에 공을 들이고 있는 것이 아닌데도 독자에게 깊은 감동을 주고 있다. 그것은 닛타가 분석하는 후설의 우여곡절한 사고의 과정이, 끊임없이 그 자신을 배반하고 마는 곳까지 자기를 파고드는 철저한 궤적을 그리고 있기 때문이다. 그간의 사정에 대해서 닛따는 앞에서 지적된 '초월론적 주관주의의 좌절'이라는 사태를 '형이상학의 종말'로서 재파악하면서, 다음과 같이 서술하고 있다.

> 문제는 꽤 복잡하다. …… 양자의 전회를 비교해볼 때 전회의 형태는 완전히 상이하지만, 전회가 기초하는 사건은 '형이상학의 종말'이라는 완전히 동일한 사건이라는 것을 알 수 있다. 하이데거는 이 사건을 그의 철학의 주제로 삼아 자각하고 이에 정력적인 사유를 집중하지만, 후설은 이 사건의 와중으로 몸을 찢어 갔다. 그 결과 후설의 사상의 걸음은 이후 계속해서 비극적인 분열에 사로잡히게 되었다. 후설에게 있어서 사상事象 그 자체에서 발생하는 이 좌절은 한편으로는 현상학의 방향을 크게 전회하게 하고 방법상 새로운 국면을 다시 심화해 가는 자세를 취하지만, 다른 한편으로는 그의 철학의 기본적 입장에서 오는 자기해석은 이 사건의 본래의 의미를 은폐해 가게 된다. 후기의 후설에 특히 현저하게 나타나는, 분석의 성과와 자기해석 간의 엇갈림은 이 전회가 후설에게는 자기이해적인 전회가 아니라 사상 자체에 의해 어쩔 수 없이 초래된 전회라고 생각된다. (본서 58쪽)

여기서 지적되고 있는 것은, 후설의 현상학적 분석 속에서 숨겨진 채로 활동하고 있는 여러 전통적이고 사변적인 개념계기가 바로 '초월론적 주관주의'의 전회와 초극을 촉구하는 (후설 자신에 의해 개척된) 문제지평을 재차 막고 만다는 사실이다. 그리고 이에 대해서, 후설이 그 자신의 분석에 가하는 자기해석은 "그의 분석의 성과를 존재론적 방향에서 해석한다는 것이 아니라, 오히려 분석 안에서 숨어서 활동하는 상술한 근세 형이상학적 본질을 나타내는 개념에 의존한다는 것을 고백하는 것과 다름없는 것은 아닐까?" 하고 다시 닛타는 묻는 것이다.

여기에서, 닛타의 후설 독해는, 후설이 직면했던 이 '초월론적 주관주의의 좌절'이라는 사태를 다시 초월론적/존재론적으로 파고드는 그 자신의 사색으로 전회시킨다. 그 시작을 행하면서 그가 후기 후설을 분석해서 얻어낸 몇 개념 계기들은 ≪코기토≫로서의 초월론적 주관성의 활동을 제약하는 '사실성'과 관련된 것이다. 이 '사실성'은 말할 나위도 없이 경험적 사실을 가리키는 것도 아니고, 형이상학적 사실을 가리키는 것도 아니며, 오히려 우리들의 세계경험을 가능하게 하는 초월론적 차원에서 물어져야 할 '사실성'을 의미한다. 예를 들면, '지평'·'세계'·'수동성'·'수용성'·'신체성'(혹은 키네스테제)·'살아 있는 현재' 등의 개념이 그러한 것이니, 요컨대 ≪코기토≫로서의 초월론적 주관성의 지반으로서 활동하는 익명적인 것이나 비주제적인 것(의식이나 반성의 주제적인 대상이 될 수 없는 것)의 존재 차원이다. 그리고 이 개념군들이 그 후 그대로 현대 철학의 중심 문제로서, 다른 철학의 조류도 말려들게 하는 형태로 논쟁과 탐구의 테마가 되어 갔던 경위를 아울러 생각하면, 본서가 미친 영향의 크기를 알 수 있을 것이다.

이것들 이외에도 본서의 공간 후, 예를 들면 1973년에 타자나 모나드 공동체의 문제를 둘러싼 후설의 방대한 유고군이 3권본으로서 공개되자마자 곧바로 닛타가 본격적으로 씨름하게 된 <상호주관성>이라는 문제 영역이 있다. 이 문제 영역은, 세계의 구성이 복수적 주관의 공동적인 관계에 의해 매개되어 있는 사태를 분명하게 제시함으로써, 인식이나 존재와 같은 철학의 전통적인 문제 공간에 역사적인 <공동성>이라는 개념계기를 직접적으로 편입시킬 때, 진리론·존재론·과학론 등 철학의 기초 이론이 어떻게 변모하지 않을 수 없는가를 우리들에게 문제의식을 갖고 추구하도록 한 것이었다. 이 상호주관성을 둘러싼 논의는, 진리의 재판정이 복수의 주관성의 관계 속에서 설정되어야 할 근거를 제시한 것이기도 했던 것이니, 이것과 짝이 되어서 후기 후설의 사상을 구성하고 있는 <생활세계>라고 하는 또 하나의 중요한 문제 사항과 함께 과학방법론과 지식론 일반에 큰 지각변동을 예상하게 하는 것이었다.

저자 자신의 문제 관심은 정확히 10년 후에 공간된 저작 『현상학』(이와나미岩波전서)에서 분명히 엿볼 수 있는 바와 같이, 현출하는 것과 현출함 간의 차이에 대한 반성에서 시작된 현상학적 반성을, 그와 같은 현출을 가능하게 하는 '존재론적 차이성'의 생성을 향한 물음으로 거슬러가는 형태로 존재론적으로 심화해 간다. 다른 한편, 구성/상호주관성이라는 개념형概念型을 구사하면서 행하는 세계존재의 상호주관적인 매개구조의 연구는 그것에 기묘하게 부합하는 물상화/공동주관성이라는 개념형을 사용하는데, 이것 또한 닛타와 마찬가지로 세계현출의 '로서' 구조에 주목하면서 『존재와 의미』의 장대한 체계를 구축해 가고 있었던 히로마츠 와타루廣松涉의 작업과 겹쳐지는 형태로—이것은 아마도 닛타 자신에게도 뜻하지 않은 것이었겠지만—다음 세대의 연구자들에게 계승되어 간다. 어찌 되었든, 철학적 태생도 사고의 스타일도 다른 두 명의 철학자가 70년대에서 80년대에 걸쳐서, 철학의 영역뿐 아니라 사회과학 · 과학사 · 정신의학 · 인류학 등의 영역에도 공통의 문하생을 가졌다는 것은 꽤 흥미로운 사실이다.

본서 『현상학이란 무엇인가』가 상재된 후, 70년대에 들어서 여러 가지 <지知>의 측면에서 전개된 논쟁, 특히 가다머나 리쾨르, 하버마스나 아펠을 위시해서, 해석학이나 구조주의, 비판적 합리주의나 비판이론, 또 푸코의 계보학 등을 교차하는 형태로 전개된 여러 가지 철학 상의 논쟁에 일본의 철학연구자들이 본격적으로 대응해 갔던 것도, 혹은 본서와 격투를 벌인 연구자들의 일부가 여기서 검증된 초월론적 현상학의 발상을 분석철학이나 해석학적 철학, 언어이론이나 과학론, 사회학이나 정신분석이론과 접속하면서 각각의 연구 영역에서 자주 발견적인 연구를 산출했던 것도 첫째로는 세계구성의 초월론적-역사적(사실적)인 조건을 겨냥하는 철학적인 사고의 지평이 이 『현상학이란 무엇인가』의 저자에 의해 충분히 개척되어 있었기 때문이라고 말해도 아마도 과언은 아닐 것이다. 이 서물이 남긴 4반세기에 걸친 족적을 상기하면서, "철학이란 그 시대가 사상 속에서 파악된 것이다"고 하는 헤겔이 『법철학』 서문 속에서 서술한 언어를 문득 연상하게 된다. (오사타 대학 조교수)

옮긴이 후기

"닛타 요시히로의 『현상학이란 무엇인가』(1968)는 후기 후설에 대한 탁월한 소개로서 막대한 영향을 미치며," (시모미세 에이이치下店榮一, 「일본에서의 현상학 수용」, 『현상학 사전』, 302쪽)

본서 『현상학이란 무엇인가』가 상재된 후, 70년대에 들어서 여러 가지 <지知>의 측면에서 전개된 논쟁, 특히 가다머나 리쾨르, 하버마스나 아펠을 위시해서 해석학이나 구조주의, 비판적 합리주의나 비판이론, 또 푸코의 계보학 등을 교차하는 형태로 전개된 여러 가지 철학 상의 논쟁에 일본의 철학연구자들이 본격적으로 대응해 갔던 것도, 혹은 본서와 격투를 벌인 연구자들의 일부가 여기서 검증된 초월론적 현상학의 발상을 분석철학이나 해석학적 철학, 언어이론이나 과학론, 사회학이나 정신분석이론과 접속하면서 각각의 연구 영역에서 자주 발견적인 연구를 산출했던 것도 첫째로는 세계구성의 초월론적-역사적(사실적)인 조건을 조준하는 철학적인 사고의 지평이 이 『현상학이란 무엇인가』의 저자에 의해 충분히 개척되어 있었기 때문이라고 말해도 아마도 과언은 아닐 것이다.(와시다 기요카즈鷲田清一, 본서 해설)

좋은 책이란 이런 책을 두고 하는 말 같다. 나는 이렇게 전문적인 책이 1968년에 간행된 이후 쇄에 쇄를 거듭해 온 이유를 이 책을 번역하면서 더 잘 알게 되었다. 저자 닛타 요시히로新田義弘는 후설의 후기 사상을 깊게 명쾌하게 분석해내고 있을 뿐만 아니라, 후기 사상에 이르는 도정도 넓고 명확하게 설명하고 있어서 후설 사상의 맥을 알고자 하는 사람한테는 이 책이 더없이 좋은 책이라고 생각한다.

본서 뒤에 붙은 와시다 기요카즈鷲田清一의 해설을 읽으면 이 책의 간요를 알 수 있고 또 이 책이 일본의 지성계 또는 학계에 끼친 영향을 알 수 있을 것이다. 해서 굳이 내가 이런저런 말을 덧붙일 필요가 없겠지만, 불교학자로서 한마디 소감을 말해두겠다. 저자와 생각이 다른 것인지는 잘 판단이 서지는 않지만, 이 책을 읽고 나서 나는 더욱더 '의식의 분석'에 집중하며 후설을 공부해야겠다는 생각이 들었다. 저자가 메를로-퐁티를 따라 신체와 세계의 사실성을 강조할 때는 오히려 반대로 이성사실이 더 강조되어야 하는 것은 아닌가 하는 의문이 들 정도로. 물론 이런 나의 생각은 후설이 초극하고자 했던 근세 합리주의의 주관성이나 이성사실을 담고 있는 것은 아니다. 나는 불교학자이기에 불교 수행을 통해 얻고자 하는 지혜와 자비를 항상 마음에 두고 후설의 책이나 연구서를 읽고 있기 때문에, 비록 윤회할 때마다 현현하는 신체와 자연적 세계의 사실성을 떠나 철학할 수 없다 할지라도, 이 사실성의 선善의 사실성이 되기 위해서는 절대적 주관성이나 이성사실의 문제, 또 법신불法身佛의 문제를 버릴 수는 없다고 생각한다. "왜 나는 번뇌 때문에 괴로워하는가?", "왜 나한테는 번뇌가 일어나는가?", "무엇이 나로 하여금 번뇌를 끊게 하는가?" 등 번뇌의 일어남과 끊음이라는 문제가 오랜 세월 내 마음속에 자리 잡아 왔기 때문이다. 신체와 세계 또는 자연의 상속相屬관계, 그리고 이로부터 심心과 색色이 생기한다는 것은 궁극의 지혜를 얻어가는 과정에서 얻은 아주 중요한 깨달음이지만, 저자도 놓치지 않고 있듯이, 이는 후설이 치밀하게 행한 '의식의 분석'을 통해서 얻은 것이다. 불교는 엄밀하게 식識을 분석하고 있기 때문에, 이 식의 분석을 오늘날의 새로운 관점에서 보강하고 강화하기 위해서라도 후설이 행한 '의식의 분석'을 버릴 수 없고 따라서 이 점에서 주관성을 버릴 수 없다고 생각한다.

불교 문헌을 연구할 때도 일본이 이룬 불교 연구 성과의 힘을 절감했지만, 이 책을 번역하면서 일본 현상학계가 구미의 현상학자들이 눈여겨볼 정도로 참 수준이 높구나 하는 생각을 지울 수 없었다. 우리나라를 강점했던 당시에도 일본인들은 구미로 유학을 가 산스끄리뜨나 빨리어 원전을 통해서 불교를 배워 오고, 또 현상학을 비롯한 철학을 배워 왔는데, 저들의 식민지를 겪은 우리나라는 이렇게 늦되는구나 하면서 말이다. 아직도 식민지 문화를 완전히 벗어나지 못한 나라 우리나라! 식민지 문화를 청산하고 또 이 힘을 바탕으로 언제가 통일이 되었을 때, 우리 문화가 낮은 단계에서부터 다시 시작하지 않도록 문화의 격을 어떻게 하면 높일 수 있을까? 여러 가지 방식이 있겠지만, 내가 이렇게 불교와 철학의 원서를 읽어가면서 번역하는 일도 식민지 문화를 이겨내는 한 방식일 것이다. 그런 점에서 나한테 번역하는 일은 일종의 문화운동이다. 이 땅의 깨어 있는 사람들이 그러하듯, 나도 앞서 가는 구미나 일본의 좋은 책을 번역해서 우리 문화의 격을 높이는 데 적으나마 힘을 보태고 싶다. 이는 물론 내 학문의 격을 높이는 것이기도 하겠지만.

후카우라 세이분의 『유식삼십송풀이』를 출간할 때 옛날 말투가 많아 번역이 힘들었다고 고백한 적이 있는데, 이번에 이 책을 번역하면서 일문 자체가 영문 못지않게 번역하기 힘들다는 것을 알았다. 일문의 구조가 우리말의 구조와 비슷하다고 해서 만만하게 생각해서는 안 된다는 것을 절실히 깨달았다. 내가 그만큼 부족하기 때문일 것이다. 읽는 분들은 오늘날 불교 공부를 올바르게 하려면 철학을 같이 공부해야 한다고 생각하며 현상학과 인지과학 책 번역에 나선 한 불교학자의 노력을 귀히 여겨서 알차고 즐겁게 읽어주길 바란다. 내 한 사람의 노고가 여러 사람의 기쁨이 되었으면 좋겠다.

내 번역을 아름다운 책으로 꾸며주는 도서출판 b의 여러분들께 감사의 말씀을 드린다.

2014년 7월 13일
아주 작은 산 수조산秀朝山에서
박인성 드림

마음학 총서 3

현상학이란 무엇인가

초판 1쇄 발행 | 2014년 12월 30일

지은이 닛타 요시히로 | 옮긴이 박인성 | 펴낸이 조기조
기획 이성민, 이신철, 이충훈, 정지은, 조영일 | 편집 김장미, 백은주
인쇄 주)상지사P&B
펴낸곳 도서출판 b | 등록 2003년 2월 24일 제12-348호
주소 151-899 서울특별시 관악구 미성동 1567-1 남진빌딩 401호 | 전화 02-6293-7070(대)
팩시밀리 02-6293-8080 | 홈페이지 b-book.co.kr | 이메일 bbooks@naver.com

ISBN 978-89-91706-87-3 93100
값 | 22,000원